◆《山径春行图》 南宋 · 马远

◆《寒江独钓图》 南宋·马远

◆《踏歌图》 南宋·马远

◆《四景山水图》 南宋·刘松年

◆《蕉荫击球图》 南宋·佚名

◆《斗茶图》 南宋·佚名

孝治章第八
子曰昔者明王之以孝治天下也不敢遺小國之臣而况於公侯伯子男乎故
得萬國之懽心以事其先王治國者不敢侮於鰥寡而况於士民乎故得百
姓之懽心以事其先君治家者不敢失於臣妾而况於妻子乎故得人之懽

◆《孝经图卷》 南宋·佚名

◆《瑶台步月图》 南宋·陈清波

品梦粱录

纪连海

纪连海 著

中国出版集团
中国民主法制出版社
全国百佳图书出版单位

图书在版编目（CIP）数据

纪连海品梦粱录 / 纪连海著 . — 北京：中国民主法制出版社，2025. 7. —（大家轻读系列）. — ISBN 978-7-5162-4040-3

I. K295.5

中国国家版本馆 CIP 数据核字第 20259QJ526 号

图书出品人： 刘海涛
总 策 划： 贾兵伟
图书策划： 张秋红
责任编辑： 张秋红

书 名 / 纪连海品梦粱录
作 者 / 纪连海 著

出版·发行 / 中国民主法制出版社
地址 / 北京市丰台区右安门外玉林里 7 号（100069）
电话 /（010）63055259（总编室） 63058068 63057714（营销中心）
传真 /（010）63055259
http: //www.npcpub.com
E-mail: mzfz@npcpub.com
经销 / 新华书店
开本 / 32 开 880 毫米 ×1230 毫米
印张 / 8 **字数** / 110 千字
彩插 / 8 页
版本 / 2025 年 7 月第 1 版 2025 年 7 月第 1 次印刷
印刷 / 三河市宏图印务有限公司

书号 / ISBN 978-7-5162-4040-3
定价 / 99.00 元（全二册）

总序

根据我们的常识，宋朝的历史可以简单概括为“积贫积弱”四个字。首先提出宋朝“积贫积弱”一说的，是国学大师钱穆先生。钱穆先生在《国史大纲》中曾有“宋室内部之积贫难疗”“宋代对外积弱不振”之语。而宋朝“积贫积弱”说的集大成者，则是另一位大历史学家翦伯赞先生。翦伯赞先生在《中国史纲要》中曾说：“王安石（被宋神宗）召入政府，用为参知政事，要倚靠他来变法立制，富国强兵，改变积贫积弱的现状。”在这里，翦伯赞先生已将“积贫积弱”作为一个完整的词提了出来。自此之后，宋朝“积贫积弱”

说流传渐广，日益深入人心。

但国学大师陈寅恪先生却认为，“华夏民族之文化，历数千载之演进，造极于赵宋之世”。著名宋史学家邓广铭先生则说，“宋代的文化，在中国封建社会历史时期之内，截至明清之际的西学东渐的时期为止，可以说，它是已经达到了登峰造极的高度的。”而钱锺书先生所说的“在中国文化史上有几个时代是一向相提并论的：文学就说‘唐宋’，绘画就说‘宋元’，学术思想就说‘汉宋’——都得数到宋代”，则为陈寅恪、邓广铭二位先生的观点做了很好的解释和说明。

无独有偶，陈寅恪、邓广铭、钱锺书等先生关于宋代已经“登峰造极”的观点也得到了国际史学界绝大多数史学家的认可：德国经济史学家贡德·弗兰克说：“宋代中国在重要技术、生产、商业发展方面和总的经济发展方面尤为突出。”英国剑桥大学李约瑟研究所名誉所长、英国科学院院士李约瑟博士在《中国科学技术史》中说：“中国古代的科技发展到宋朝，已呈巅峰状态，在许多方面实际上已经超过了18世纪中叶工业革命前的英国或欧洲的水平。”法国著名汉学家谢和耐在

《南宋社会生活史》中说:“13 世纪的中国在近代化方面进展显著,比如其独特的货币经济、纸币、流通证券,其高度发达的茶盐企业……在社会生活、艺术、娱乐、制度、工艺技术诸领域,中国无疑是当时最先进的国家,它具有一切理由把世界上的其他地方仅仅看作蛮夷之邦。”日本学者薮内清在《中国·科学·文明》中说:“北宋时代是中国历史上具有划时代意义的时代……在这个文化发达的历史潮流中,有许多惊人的成就。甚至有人认为,北宋时代可以和欧洲的文艺复兴时期以至近代相比。”也正因为如此,才有了英国史学家汤因比所说的那句名言:“如果让我选择,我愿意活在中国的宋朝。”

“积贫积弱”也好,“登峰造极”也罢,宋朝历史的本来面目,到底是什么样子呢?陈寅恪、邓广铭、钱锺书等中国学者和贡德·弗兰克、李约瑟、谢和耐、薮内清、汤因比等外国学者是根据什么得出上述这些结论的呢?

作为现代人,从没见过当年盛景的我们,该如何来了解宋朝呢?宋代孟元老的笔记体散记文《梦华录》,为我们详细地描绘了北宋末年东京汴梁的社会和地理风貌；而吴自牧仿照《梦华录》的体例所著的笔记《梦粱录》，则为我们详细地描绘了南宋末年行都临安府的社会和地理风貌。对于我们而言，《梦华录》也好，《梦粱录》也罢，都是当时当地的百科全书，有助于我们了解宋朝的历史。

那么，《梦华录》和《梦粱录》这两本书，到底讲了哪些内容呢？《纪连海品梦华录》和《纪连海品梦粱录》将为您详细解读北宋首都东京汴梁和南宋行都临安府的方方面面。

纪连海

2024年11月27日

目录

一、《梦粱录》：南宋都城临安的“百科全书” / 001

二、《梦粱录》的时空：富庶的南宋都城杭州 / 029

三、杭州的岁时节令与民间习俗 / 071

四、由朝廷主导的重要礼仪庆典活动 / 109

五、杭州的历史沿革、城池桥梁与街道坊巷 / 137

六、杭州的郊庙宫殿与官署建置沿革 / 167

七、杭州的文化教育机构与宗教场所 / 201

八、西湖胜景与杭州人的日常生活 / 219

后　记 / 245

“

如果让我选择，我愿意活在中国的宋朝。

——阿诺德·汤因比

（英国史学家）

华夏民族之文化，历数千载之演进，造极于赵宋之世。

——陈寅恪（国学大师）

”

壹

一、《梦粱录》：南宋都城临安的『百科全书』

英国史学家汤因比曾说：“如果让我选择，我愿意活在中国的宋朝。”在很多史学家眼里，宋代是一个繁荣和令人向往的朝代。

如果有人问我，古代的都市大概是什么样子的，我首先就会想到北宋的都城东京和南宋的行都临安府。北宋的都城东京和南宋的行都临安府的出现，标志着典型的商业城市在中国开始出现。它们所展现出的面貌，在中国的都市中一直保留到了 20 世纪上半叶。

宋代的社会经济和文化空前繁荣。作为中国古代唯一一个没有宵禁的朝代，宋代诞生了早市、夜市和“鬼市”。每到正月十五上元节，北宋的都城东京和南宋的行都临安府都张灯结彩、人潮涌动，完全不逊色于现代的大都市。

那么，作为现代人，从没见过当年盛景的我们，该如何来了解北宋的都城东京呢？当然是阅读宋代孟元老的笔记体散记文《梦华录》一书啊！无独有偶，若要了解南宋的行都临安府，那就要看吴自牧仿照《梦华录》的体例所著的《梦粱录》一书了。与《梦华录》为我们详细地描绘了北宋末年东京的社会和地理风貌一样，《梦粱录》也为我们详细地描绘了南宋末年行都临安府的社会和地理风貌，可谓是当时当地的一部百科全书。

需要说明的是，《梦粱录》一书的书名，来自唐人“黄粱梦”的故事。《梦粱录》全书二十卷，分为一百六十九目。其中的前六卷按照一年四季的先后顺序，从元旦大朝会、元宵、清明、端午、中秋、重阳、冬至等，直到除夕，逐一记述了一年中丰富多彩的节日习俗和民间活动的盛况，以及官方祭祀的隆重场面。而后十四卷则详细记载了南宋行都临安府的历史沿革和城池桥梁、街道坊巷、郊庙宫殿等建筑，三省枢密院等中央、地方官署的建置、职能和职官名目，贡院和各类学校等文化教育机构，佛寺、道观等宗教场所，山川园林和西湖胜景，以及户口、物产、民俗、历代人物事迹、百戏杂剧等。

值得注意的是，虽为仿照《梦华录》的体例所写，但《梦粱录》也有自己的创新之处。

一是在写作手法上，与《梦华录》注重对风俗节日、宫廷礼仪、城市布局等方面的记录不同，《梦粱录》更注重对南宋行都临安府的城市面貌、商贩叫卖声、街头艺人的表演等细节的描述；

二是在侧重点上，与《梦华录》侧重于描绘北宋东京的城市风貌和历史背景不同，《梦粱录》更侧重于描绘南宋行都临安府百姓的日常生活。

《梦粱录》为我们了解南宋时期的历史文化提供了宝贵的资料。从《梦粱录》的序中可以看出，吴自牧对南宋行都临安府有着深深的怀念之情，因此写下了这本书，以记录那个时代的风土人情。虽然关于吴自牧的生平事迹和《梦粱录》的写作年代，我们知之甚少，但《梦粱录》却成为后人研究南宋历史文化的重要资料。

（一）作者疑云：《梦粱录》的作者与成书时间

从文献典籍来看，关于《梦粱录》的作者吴自牧的生平有以下两种说法。

一是新安吴氏说。这种说法最早由福州市林则徐纪念馆的官桂铨先生在其《吴自牧小考》一文中提出："我在明藏书家徐氏《红雨楼书目》卷四集部最后的'家集类'中看到一条有关吴自牧的重要线索：'《新安吴氏倡于篇》一卷。唐吴少微、吴巩，宋吴自牧、自中。'"官桂铨先生据此推断："吴自牧原籍新安，为唐文学家吴少微的后裔，后迁居钱塘，遂为钱塘人。有弟名吴自中，亦能文。"此后，宋史学家李裕民先生在其《四库提要订误》（增订本）一书中参引了官桂铨先生的说法，也认为吴自牧原籍新安郡（今安徽省黄山市休宁县），是唐代文学家吴少微的后裔。此外，明弘治《徽州府志》《宋元学案补遗》和《新安文献志》中，都有关于吴自牧的记载。《新安文献志》还明确记载了新安吴自牧的卒年，是在嘉熙元年四月二十日（公元 1237 年 5 月 16 日），享年七十七岁。由此，可以大致推断出新安吴自牧的生卒年份，其生于公元1161年，即宋高宗赵构绍兴三十年至三十一年之间，卒于1237年即嘉熙元年。但问题是，在《梦粱录》的序中，作者自署甲戌岁中秋日。而此处的甲戌，不论是咸淳十年（1274年），还是元统二年（1334年），都晚于嘉熙元年（1237年）。因此，《梦粱录》的作者吴自牧，与《红雨楼书目》所载《新安吴氏倡于篇》中的那个吴自牧，应该是两个同名同姓但生平经历完全不同的人。

二是仕履不详说。这种说法以《四库全书总目提要》为代表：“《梦粱录》二十卷，宋吴自牧撰。自牧，钱塘人，仕履未详。”其后，众多的书籍、辞典都沿用此说，如《四库全书总目·卷七〇·全宋文》《中国人名大辞典》《中国历代人名大辞典》。

关于《梦粱录》的成书年代，吴自牧《梦粱录·序》：“昔人卧一炊顷，而平生事业扬历皆遍，及觉则依然故吾，始知其为梦也，因谓之‘黄粱梦’。矧时异事殊，城池苑囿之富，风俗人物之盛，焉保其常如畴昔哉！缅怀往事，殆犹梦也，名曰《梦粱录》云。脱有遗阙，识者幸改正之，毋哂。甲戌岁中秋日，钱塘吴自牧书。”

其中的“一炊顷”，指做一顿饭的时间；而“时异事殊”“缅怀往事，殆犹梦也”，指的应该是在元军攻陷临安之后。而公元 1274 年南宋行都临安府尚为南宋君臣所掌控，吴自牧本人不应有如此沧桑之感。

当然，仅凭作者自序中透露出的感情色彩来断定年代，似难服众。因为就在此前的 1273 年，历时近六年的襄阳之战以南宋的失利而告结束。此战对双方势力之消长变化影响甚大，正如南宋降将刘整所说，“无襄则无淮，无淮则江南唾手可下也”。襄阳城破，稍有远见的人都会感到南宋政权也终将为强大的元朝所灭，由此生出“时异事殊”“殆犹梦也”的感慨，也不足为奇。因而，要断定《梦粱录》的成书年代，最终还是要回到《梦粱录》一书中去寻找线索。

首先，《梦粱录》一书中五次提到“度宗”，四次提到“度庙”。且不说是否应该避讳的问题，单说宋度宗赵禥谥号的确定，是在咸淳十年八月初六（公元1274年9月20日），而吴自牧《梦粱录》自序中所题的时间为甲戌岁中秋日。如果这里的“甲戌”确实是咸淳十年的话，甲戌岁中秋日应为公元1274年9月29日。那么，从八月初六宣布宋度宗赵禥的谥号，到八月十五吴自牧成书，仅有九天的空隙。而“度宗”之称谓又散见于全书，因此，基本可以断定，吴自牧不可能仅用九天的时间便完成了《梦粱录》一书的写作。

其次，宋代避讳制度甚严。绝对不能和历任皇帝的名字、年号相冲，连同音字也不允许使用，以至于宋朝只有“鉴子”而没有“镜子”，武大郎只能卖“炊饼”而不能卖“蒸饼”。据著名史学家陈垣先生的《史讳举例》记载，“蜃”（宋孝宗赵昚同音）、“郭”（宋宁宗赵扩同音）在宋代都是必须避讳的。但从《梦粱录·卷七·倚郭城南桥道》和《梦粱录·卷七·倚郭城北桥道》不避“郭”字，《梦粱录·卷十二·江海船舰》中的“神龙怪蜃之所宅”不避“蜃”字等内容来看，将其成书年代断为1274年，是很难让人信服的。

最后，《梦粱录》一书某些篇章中对于南宋行都临安府的描写，不仅不似南宋末年的语气，甚至完全不似宋朝人写宋朝事。如《梦粱录·卷五·驾宿明堂斋殿行禋祀礼》：“《宋朝会要》：服衮冕”，其中“《宋朝会要》”一词，显然并非宋朝人的称谓。又如《梦粱录·卷七·杭州》：“宋太平兴国年间”，《梦粱录·卷九·六院四辖》：“宋初为市买司”，《梦粱录·卷十二·西湖》：“宋庆历间”，《梦粱录·卷十三·都市钱会》：“宋朝开宝中”等，皆不似宋人口气。

由此可见，《梦粱录》作者自序中所记成书时间“甲戌岁中秋日”中之“甲戌”，应该不是1274年，而是1334年。

（二）梦醒时分：“黄粱梦”与《梦粱录》

我们知道，《梦粱录》一书的书名，源自唐代文学家沈既济创作的传奇小说《枕中记》。《枕中记》描述了不得志的士子卢生在道士吕翁的帮助下做了一个美梦。卢生在梦中享尽荣华富贵，而梦醒之时连一顿黄粱饭都未煮熟，此即“黄粱梦”的由来。

引人注意的是，《枕中记》一书中，卢生的“黄粱梦”是娶了出身于清河崔氏的温柔贤惠的妻子后，中了进士，先任陕州牧，又升为京兆尹，最后荣升为户部尚书兼御史大夫、中书令，封为燕国公。他的五个孩子也是高官厚禄，嫁娶高门。卢生儿孙满堂，一生享尽荣华富贵。吴自牧在《梦粱录》里又描写了哪些南宋末年曾经的“黄粱梦”呢？

一生曾三次到过杭州的意大利著名旅行家马可•波罗笔下的杭州，“城内处处景色秀丽，让人疑为人间天堂”“的确是世界其他城市所无法比拟的”。北宋柳永《望海潮》中说享有“东南第一州”美誉的杭州“参差十万人家”，但至北宋末年杭州户数已达20万。南宋定行都于杭州并改名为临安府后，大批北方流民、士大夫南迁至行都临安府居住，人口陡增，外来人口迅速超过本地居民。到公元1170年前后，行都临安府户籍数为104699户，如果以每户五人计，则人口总数当超过 50 万。1250 年前后，行都临安府户籍数增至 111336 户，人口总数则相应接近 60 万。1270 年前后，行都临安府户籍数为 186330，人口总数应为 90 多万。事实上，从户籍调查获知的数字是最低数，因为其中既未包括来访旅客，或许也未包括行都临安府的驻军人数。因此，到南宋灭亡前夕，整个行都临安府地区的人口总数应有 100 多万人。而当时西方最发达、最繁荣的意大利威尼斯，人口不过 10 万而已，与行都临安府相比，最多算是小城镇。

值得注意的是，南渡流入行都临安府的人员中，有着众多的店铺主和各种手工业匠人、摊贩，以来自东京开封府者为最多，他们大多在行都临安府恢复营业。著名的如《梦粱录》记载的鱼羹宋五嫂便是东京汴梁人。

值得注意的是，从事工商业的市民约占行都临安府城区居民的三分之一，成为行都临安府人口结构中的重要组成部分，由此形成了《梦粱录·卷十三·铺席》所言“客贩往来，旁午于道，曾无虚日”的局面。另外，行都临安府作为政治中心，聚集了约占城区人口四分之一的各级官吏，这也是一个巨大的消费群体。所有这些，都极大地推动了行都临安府都市商业经济的繁荣。

都市商业经济的繁荣造就了市民独特的生活方式，这种独特的生活方式逐渐扩散到行都临安府的各个阶层，即使是朝廷官员，在平日的生活中，与普通市民也没有太大的差异。当时行都临安府人的生活实际上是享乐消费型的，这反映在饮食、游赏、娱乐等生活的各个方面。

南宋行都临安府都市商业经济的繁荣使得商品市场十分发达，为适应市民的消费需求，市场的专业分工也更趋细密。

从城市到乡村镇市的商业、手工业及其他服务性行业经营者，都有自己的称呼，商业一般称为“行”，手工业一般称“作”。正如吴自牧《梦粱录·卷十三·团行》所言，“大抵杭城是行都之处，万物所聚，诸行百市，自和宁门杈子外至观桥下，无一家不买卖者”。当时市场非常繁荣，从熟食小点心到穿着衣物或家内杂物用具，都有专门制作销售的市场，每个市场都会有数十甚至上百家店铺。工商行业分工极细，是当时行都临安府工商业发达的重要标志。

如此细密的分工给南宋行都临安府市民的生活带来了极大便利，这些店铺不仅白天营业，晚上也开夜市，清晨也开早市。正如《梦粱录·卷十三·夜市》所言，“杭城大街，买卖昼夜不绝，夜交三四鼓，游人始稀；五鼓钟鸣，卖早市者又开店矣”。当时，南宋行都临安府的生活消费更具有一种精巧细致、繁复热闹的特色，光是食品，《梦粱录·卷十六》便记载了上千种。

值得注意的是，上述行业都有自己的同行组织，称为“团行”，也就是“行会”。宋代行会组织名目繁多，各行皆有行会，就连卖花、卖菜、卖水果的小商贩也有行会组织，正如《梦粱录·卷十三·团行》所言，“市肆谓之‘团行’者，盖因官府回买而立此名，不以物之大小，皆置为团行。……又有名为‘行’者……更有名为‘市’者”。

行会的主要负责人称行头、行首或行老，负责行会日常事务，充当行会与官府交涉的首席代表。就本质而言，行首仍是商人，不是官吏，手中没有公权力，但由于经常游走于商人与官府之间，行首的影响力有时甚至比政府官员还要大。

行都临安府风景秀丽，知名的游览景点很多，仅南山路一带就有一百六十九处。每逢节日，上至皇帝，下至平民，都会倾城出游。这种倾城出游又极大地刺激了消费，当时瘦西湖即有“销金锅儿”之称。而游赏与乐舞、杂耍又是紧密相连的，市民游赏的重要内容之一即欣赏乐舞杂剧、观看杂耍百戏等娱乐活动。这些娱乐活动的重要场所便是瓦舍勾栏、歌馆茶坊。南宋时行都临安府的瓦舍，城内城外不下二十三处，远比北宋东京开封府要多。

由此可见，南宋行都临安府的都市经济已经大大超过了北宋都城东京开封府。当时的行都临安府，纯粹是一个买方市场，物价不高，供给不少，生活消费中的各个方面都可以通过商业活动得到满足，这正是商业文明发达的标志之一，也是当时市民文化的物质基础。

（三）临安行都：南宋如何“定都”杭州

南宋行都临安府之所以如此繁荣，与宋高宗赵构“定都”在此有着非常重要的关系。可以说，如果宋高宗没有“定都”在此，行都临安府绝不会如此繁华。问题在于，南宋为何要“定都”临安府呢？

1. 阴错阳差继承帝位的宋高宗赵构

赵构是宋徽宗赵佶第九子、宋钦宗赵桓的弟弟，母亲韦氏出身贫寒，怀孕之前是平昌郡君，怀孕期间进封婕妤，生下赵构后累封婉容。

需要注意的是，宋代妃嫔的等级可分为以下几个层次，即正一品：包括贵妃、淑妃、德妃、贤妃和宸妃，共五人；正二品：包括太仪、贵仪、淑仪、淑容、顺仪、顺容、婉仪、婉容、昭仪、昭容、昭媛、修仪、修容、修媛、充仪、充容、充媛，共十七人；正三品：婕妤，共九人；正四品：美人，共九人；正五品：才人，共九人；正六品：国夫人；正七品：郡君；无品级：红霞帔、侍御。由此可知，赵构的母亲韦氏不受宠的程度。

赵构的母亲韦氏不受宠，赵构本人当然也不受宠。

赵构于宋徽宗赵佶在位期间历封蜀国公、广平郡王、康王。宋钦宗赵桓即位后，金军第一次南下，包围了东京开封府，康王赵构一度入金营为质。金军第二次南下后，康王赵构奉命出使金营途中，在相州（今河南省安阳市）受任河北兵马大元帅。不久，靖康之变发生，东京被金兵攻破，徽、钦二帝及百官都被金人控制。金军随后撤还北上，并立北宋太宰兼门下侍郎张邦昌为伪楚皇帝。

金军撤退后，伪楚皇帝张邦昌册封因不受宠而被金军遗漏了的宋哲宗赵煦的废后孟氏为宋太后，并让她垂帘听政。与此同时，张邦昌还派人送信给康王赵构，陈述自己之所以勉强接受金军推立，只是为了暂时缓解国家危难，并无他图。康王赵构在了解了事情的始末之后，给张邦昌回了信。时隔不久，张邦昌又献上了大宋的传国玉玺，并再次亲手书写奏章，请求宋太后孟氏继续垂帘听政，以等待康王赵构即位称帝。宋太后孟氏随即垂帘听政，张邦昌则派遣使者护送皇帝的车马服饰等物辗转到达南京应天府（今河南省商丘市）的康王赵构处。随后不久，张邦昌也抵达南京应天府，伏地痛哭向康王赵构请罪，康王赵构则对张邦昌进行了抚慰。

公元1127年6月12日（农历五月初一），在宋太后孟氏的指定下，赵构在南京应天府登基为帝，改元建炎，建立南宋。迫于当时严峻的形势，宋高宗赵构起用李纲为尚书右仆射兼中书侍郎。李纲到任后，全力组织抗金，推荐坚决抗战的老臣宗泽出任东京留守，并着手整顿军政，又建议沿长江、淮河、黄河一带招兵买马，实行纵深防御。

此时，恰逢金军再次攻宋。在宠臣黄潜善、汪伯彦的建议下，宋高宗下达了“巡幸东南”的手诏，目的地是建康（今江苏省南京市），遭到李纲的极力反对。李纲由此招致宋高宗赵构的憎恶。随后，李纲升为左相，黄潜善替补右相，汪伯彦进知枢密院事，由此形成黄潜善与汪伯彦对李纲的钳制之势。黄潜善又让自己引荐的御史张浚弹劾李纲，宋高宗赵构随后便罢免了李纲的职务。不久后，宋高宗南逃扬州，宗泽也忧愤而死。

宋高宗到扬州后，朝臣纷纷请求移居到长江南岸的江宁府（今江苏省南京市），但被宋高宗拒绝。

2. 维扬之变：宋高宗赵构烽火南渡

宋高宗之所以坚持驻跸扬州，有以下两方面的原因：第一，因为宰相汪伯彦、黄潜善缺乏长远战略。汪伯彦、黄潜善是主和派，深受宋高宗信任，在渡江争议上他们持反对意见，认为扬州是安全之地。第二，主战派的反对。主战派觉得，如果宋高宗移居到长江南岸的江宁，会让人有大宋朝廷已经彻底放弃了整个长江以北地区的感觉，从而导致人心涣散。

最终，还是金军替宋高宗赵构君臣作出了南渡的抉择。

公元 1128 年，金军分为三路攻宋：西路，完颜娄室从山西渡过黄河，进攻陕西；中路，完颜宗翰从山西太原起兵，进占山东；东路，完颜宗辅向江淮快速推进，目标是宋高宗赵构所在的扬州。公元1129年春，完颜宗翰破徐州，随后又攻下泗州（今安徽省泗县）。

此时，宋高宗尚有军队十余万人，但不足六千的金兵不费吹灰之力就占领了扬州城。宋高宗丢下百官，在向金人乞和的同时，独自逃命。在瓜洲（今江苏省扬州市邗江区），宋高宗被吏部尚书吕颐浩及礼部侍郎张浚追上，三人随后乘小舟渡江，逃到杭州（此前宋太后孟氏已被转移到杭州）。

3. 宋高宗赵构最终“定都”临安府

向金人乞和的同时，宋高宗任命叶梦得为尚书左丞，朱胜非为尚书右仆射兼中书侍郎，王渊为签书枢密院事。黄潜善、汪伯彦被外放为地方官员。

御营司武将苗傅、刘正彦忌恨王渊骤然升迁和宦官胡作非为，在杭州发动兵变。他们诛杀了王渊等人，胁迫宋高宗将皇位禅让给年仅三岁的皇子赵旉，由宋太后孟氏垂帘听政。闻讯后，正在江宁的同签枢密院事吕颐浩和正在平江府（今江苏省苏州市）的礼部侍郎张浚随即联络韩世忠、刘光世、张俊等起兵勤王。

见大势已去，苗傅、刘正彦便率叛乱士兵逃离杭州，吕颐浩引勤王之师入城。宋高宗赵构握着韩世忠的手痛哭，指示尽除逆党，韩世忠便派军队追击出逃的苗傅、刘正彦。此后论功行赏，吕颐浩升任右相兼御营使；刘光世升任太尉、御营副使；韩世忠升任武胜军节度使，充御营左军都统制；张俊升任镇西军节度使，充御营右军都统制。

公元1129年夏，宋高宗离开杭州，来到最初的南渡目的地——江宁府，并改江宁府为建康府，作为行在所。苗傅、刘正彦也被捕杀。宋高宗又下诏升杭州为临安府，这表明，南宋朝廷的行都将在这两个城市中作出选择。

宋高宗即位之初，围绕着都城的选择，曾发生过三次争论。第一次是在南京应天府时，宗泽主张返回开封；汪伯彦、黄潜善“请幸东南”；李纲则提出“并建三都”，即“以长安为西都，襄阳为南都，建康为东都”。经过一番讨论，宋高宗赵构倾向于定都建康府。不过，宋高宗在逃到镇江后，又举行了一次会议，他说了一句意味深长的话，“姑留此，或径趋浙中邪？”王渊迎合宋高宗的心思，提出了“请幸杭州”的建议，最终得到了宋高宗的认可。

苗刘之变被平定后，宋高宗再次提出了都城的问题。经过一番讨论，宋高宗暂时留在建康府。

公元1129年秋，完颜宗弼（即金兀术）继续挥军南下，渡过长江，左仆射吕颐浩请宋高宗登船入海避敌。1129年冬，宋高宗一路南逃，途经越州（今浙江省绍兴市）、明州（今浙江省宁波市）、定海（今浙江省舟山市），最后逃至温州。

1130年春，金军回师，韩世忠困完颜宗弼于黄天荡（今江苏省南京市栖霞区栖霞街道至龙潭街道沿江一带）四十日，史称黄天荡之战。宰相吕颐浩请宋高宗下诏亲征，遭到御史中丞赵鼎的反对。吕颐浩随即被罢免。宋高宗赵构再授赵鼎为端明殿学士、签书枢密院事。

公元1130年夏，金军的军事行动结束后，一方面派完颜宗弼经略陕西；另一方面，在中原扶植投降的原南宋济南知府刘豫为傀儡皇帝，建立伪齐政权。与此同时，宋高宗由海上返回越州。公元1131年1月31日（农历正月初一），宋高宗在越州改元绍兴。1131年冬，宋高宗升越州行在为绍兴府，是为绍兴地名之由来。

“绍兴”二字，“绍”为继承之意，“兴”为中兴之意，合意为“继承帝业，中兴社稷”。宋高宗改越州为绍兴府后，越州官员上表乞赐府额，宋高宗题为“绍祚中兴”，因此，是先有年号“绍兴”，再有绍兴地名，最后才有“绍祚中兴”一词。

宋高宗驻跸绍兴期间，供职于金太祖完颜阿骨打堂弟完颜昌麾下的原宋朝御史中丞秦桧南逃归宋，被宋高宗任为礼部尚书。1131年春，宋高宗又擢秦桧为参知政事。1131年秋，秦桧出任右相。与此同时，吕颐浩也被宋高宗赵构提拔为左相，位在秦桧之上。公元1131年底，宋高宗赵构以绍兴“漕运不继”为由，移驾临安府。公元1132年2月2日（农历正月十四），宋高宗抵达临安府。

1134年秋，金和伪齐联军大举南侵。宋高宗接受右相赵鼎的建议，扬言“亲征”，但当他到达平江府以后，就停滞不前。金和伪齐联军在两淮遭到韩世忠、岳飞等部宋军的顽强抵抗，无法渡江，后勤也出了问题，加上金太宗完颜晟病重的消息传来，金和伪齐联军被迫迅速退兵。1135年春，宋高宗回到临安府。恰逢从金朝回来的宋使报告了宋徽宗赵佶已经病故的消息。在复仇雪耻的氛围下，张浚趁机提议移驾建康府，宋高宗赵构便于1137年春下诏移驾建康府。

张浚主政后，企图大权独揽的第一步，便是罢去淮西军统帅刘光世的兵权，结果酿成了“淮西兵变”：原刘光世所部统制官郦琼等人发动叛乱，带领全军并裹胁百姓投降伪齐。“淮西兵变”使南宋军队蒙受了巨大损失，张浚被迫引咎辞职。宋高宗赵构随后再次任命赵鼎为左相。在赵鼎、秦桧的支持下，宋高宗于公元 1138 年春从建康府迁回临安府，临安府从此成为南宋政权的行都。

4. 宋高宗赵构为何“定都”临安府

宋高宗赵构之所以选定临安府为南宋政权的行都，主要基于以下两方面的考虑。

第一是财赋的考虑。绍兴府僻处海隅，州城狭小，其所在浙东地区的物产无法满足十几万官兵的财赋供应。而且绍兴府虽然距金人较远，但距离驻扎在江淮一带的宋军也不近，不利于宋高宗遥控指挥。因此，于 1132 年夏回到临安府的宋高宗便将由绍兴府治改成的行宫赐还地方，复为府治，表示不再考虑将绍兴府作为行都的候选地。

第二是区位的考虑。与绍兴府相比，临安府有隋炀帝开凿的运河之便，临安府所在的杭嘉湖平原（7600 多平方公里）也比绍兴府所在的宁绍平原（4800 多平方公里）更为广阔。而建康府虽然从经济地理、政治地理与军事地理等条件来看都优于临安府，但就防御一直想活捉宋高宗赵构的金兵来说，却远远不如依山靠海随时可以逃命的临安府更安全。

问题在于，为什么直到公元1138年初，宋高宗才最终作出在临安府建行都的抉择呢？

一个很重要的原因便是，南宋对金的国防线终于稳定了下来。大体上到1132年底，从川蜀到淮东的抗金防线已经基本形成，金军已经无法再次渡江南下骚扰。与此同时，长期盘踞在洞庭湖地区的杨幺武装也被消灭，众多的非政府武装也先后被荡平。到1135年，在南宋政权所控制的地盘基本稳固的同时，其内部的统治秩序也已稳定。

第二个方面的原因是，1135年刘豫伪齐傀儡政权被金人废掉，使宋高宗赵构君臣看到了与金人议和成功的切实可能性。此时的金人也意识到已经不太可能消灭国势已经渐趋稳固的南宋政权，被迫同意与宋高宗赵构和谈。

第三个方面的原因是，对于宋高宗赵构政权而言，虽然一直不断向金人乞和，但在真正得到金人同意和谈的回应之前，还不得不既在军事上与之周旋，也要在军民面前维持自立的形象。

公元1138年夏，宋高宗赵构回到临安府，从此以后再未徙居他处。《宋史·高宗本纪》载：“是岁，始定都于杭。”实际上，当时宋高宗只是颁发了一份“复还临安”的诏书，从未直言自此“定都”于临安府。这也是本书一直称临安府为“南宋行都”的原因。在首都之外另设的一个都城，称为“行都”。

贰

二、《梦粱录》的时空：富庶的南宋都城杭州

（一）盛世标配说僦屋：繁荣的房地产业

《梦粱录·卷一·正月》开篇便说，“正月朔日，谓之元旦，俗呼为新年。一岁节序，此为之首。官放公私僦屋钱三日，士夫皆交相贺，细民男女亦皆鲜衣，往来拜节”。这里的“僦屋钱”指的是房屋租赁市场中的租金。而“官放公私僦屋钱三日”则指的是每逢新年，不论是官办还是私营的旅馆，都要由财政补贴三天房屋租金。

“官放公私僦屋钱三日”正是南宋政府为了规范行都临安府的房屋租赁市场所采取的系列调控措施之一。这一政策旨在促进正月初一到初三的市场繁荣，惠及普通市民，减轻他们的经济负担。

由此也引出了一个话题：繁荣的南宋行都临

安府房地产业。

1. 繁荣的南宋行都临安府房地产业

位于钱塘江北岸的临安府在秦汉时期的发展明显滞后于位于钱塘江南岸宁绍平原的会稽（今浙江省绍兴市）。究其原因，主要是因为当时的杭嘉湖平原地势低洼，在生产力不高的古代社会不易开发。秦朝才开始设置钱唐县。东汉时，钱唐县北有吴郡，南有会稽郡，地位均高于钱唐县。

隋唐时期，杭嘉湖平原的地位得以逐渐提升。先是公元 587 年南陈后主陈叔宝升钱唐县为钱唐郡，589 年隋文帝杨坚又改钱唐郡为杭州。临近的吴兴郡也于 602 年改名为湖州。隋炀帝在位时期开凿大运河后，杭嘉湖平原得以迅速开发。到唐朝末年，杭州不但逐渐比肩于越州（今浙江省绍兴市），而且还有了“东南名郡”的美誉。五代十国时期，杭州成为吴越国的政治中心。北宋建立后，杭州更是彻底超过了越州，成为与苏州并列的东南沿海地区的中心城市之一。

宋高宗赵构将杭州定为南宋的行都后，杭州一下子吸引了大量人口涌入。许多原来北宋的达官贵人为了躲避兵灾，纷纷迁入行都临安府。大量的商人也随之云集到这里，因此人口过剩便成了政府亟待解决的问题。

南宋时期的行都临安府，是世界上人口最密集的城市。到南宋灭亡之前，行都临安府的人口总数已逾百万，直接造成了行都临安府房屋的紧张。由于这些新来者中的大部分均为逃自东京及北方诸省的高官显贵，故只得在当时的环境下尽可能地安置其住宿。尽管兴建了大量新屋，但由于人口的迅速增长，加之城市及郊区火灾频繁发生，住房问题还是未能很好地解决。《梦粱录·卷十·防隅巡警》所说“临安城郭广阔，户口繁夥，民居屋宇高森，接栋连檐，寸尺无空，巷陌壅塞，街道陕小，不堪其行”，便是南宋行都临安府的真实写照。

建筑用地极其缺乏，人口又在迅速增加，势必要求建造多层的楼宇，南宋时期的行都临安府便有了 8—10 层的高楼。如果房子有 10 层，那么便能住 10 户人家，六七十口人。平民区的房子，虽然正立面非常窄小，但进深却很大，底层通常都用于开设店铺或者作坊。

行都临安府城内的居民并非人人都有幸得到居住之所，许多无家可归者只能露天而睡，而城中屡屡发生的火灾也造成了无家可归者的增多。寺庙的小屋和院落、湖上的舟船、军队的营房和匆忙间以草席搭起的窝棚，都成为无家可归者的避难场所。

人口大量流入城市，极大促进了以房地产交易、房屋租赁为主要业态的城市房地产市场的迅速发展，房地产业作为南宋“第三产业”发展中的佼佼者，日渐独领风骚。

“有钱则买，无钱则卖”，资本已成为左右南宋行都临安府房地产市场的决定性力量，宋代也由此成为城市房地产市场最活跃的时期。

宋代房屋租赁多称僦、称赁，租金则有赁值、掠房钱之称。之所以称“掠”，是与宋代房屋租赁业来钱快有关。就经营房地产的利润而言，南宋行都临安府在诸多行业中首屈一指。至于其中的原因，则与宋代的科举考试制度有关。

宋代主要通过科举考试选拔人才，大批士子

为获取功名，要先赴诸州参加每年秋天举行的解试，取得功名后，再赴京城参加每年春天举行的省试及殿试。宋代的科举考试，考期漫长，多数考生因考试或备考只能在参加考试的城市租房居住。

南宋时期，来行都临安府参加三年一次的省试的人从数万到数十万不等。据《西湖老人繁胜录》记载，“每士到京，须带一仆。十万人试，则有十万人仆，计二十万人，都在都州北权歇”。正如《梦粱录·卷四·解闱》所言，“诸处贡院前赁待试房舍，虽一榻之屋，赁金不下数十楮”。由此可以看出，万千学子的居住需求对南宋行都临安府的房屋租赁市场发挥着重要的支撑作用。

这里要注意的是，“赁金不下数十楮”的“楮”本义指楮树，叶似桑，皮可以造纸。宋、金、元时发行的纸币，多用楮皮纸制成，故而，这里的“楮”代指南宋官府发行的纸币“会子”。

南宋年间，“会子”是真正意义上的纸币，于公元1161年由“行在会子务”发行。这次“会子”的发行，以铜钱十万贯为准备金。“会子”采用铜版印制，楮纸印刷，面额分为一贯、二贯、三贯三种，公元1163年又增加了五百文、三百文、二百文三种。

随着“会子”发行量的增多，为防止伪钞的流通，“会子”的发行有“分界”（期限）之说。1168年“会子”分界发行后，三年为一界，旧会子收回，但未严格执行。1247年甚至取消了分界发行办法，最终导致了通货膨胀，二百贯“会子”甚至买不到一双草鞋。

2. 南宋政府对房地产业的管控

南宋城市房地产业尽管有长足发展，但仍不能满足日益增长的住房需求，进而出现房屋紧缺的状况。为此，南宋政府采取了多项措施加强对房地产市场的管理与调控。

其一，通过设立房地产管理机构，加强对房地产市场尤其是官营房地产业的监管，不断完善房地产市场监管体制。早在北宋建立之初，政府即设立名为“店宅务”的房屋管理机构，地方上也设立同样性质的“楼店务”。“店宅务”和“楼店务”主要负责公房的管理、出租和维修。房屋则按面积和质量分为上、中、下三等，基本能满足不同消费人群的需要；所收租金，中央政府拿大头，地方政府拿小头。

其二，通过房地产税收政策来调控房地产市场。据《宋史》记载，五大类税赋中的“城郭之赋”指的就是“宅税、地税之类”。房屋成为资产税中的重要组成部分，房地产交易中的契税也被列为主要税种。凡田宅交易都要照章纳税，到官府办理房产买卖手续，缴纳契税，时称“印契钱”。房地产买卖通过官府办理手续的，称“红契”；私自交易的，为“白契”。“白契”相当于“小产权”，不受官府的保护。租赁房屋要签订名为“赁历”的租赁合同。在房产买卖与租赁活动中，买卖租赁契约发挥着相当重要的作用，正如南宋《名公书判清明集》所言，凡“交易有争，官司定夺，止凭契约”。

其三，监控房屋租赁价格，为无房者提供救助。南宋政府规定，无论官私出租房屋，都不得随意改变租金价格与租金缴纳的时间。与此同时，南宋政府还逐渐建立起了比较完备的贫困户救助体制，先后设立了公共福利救助机构如福田院、安济坊、居养院、漏泽园等，为鳏寡孤独提供食宿及生活费用。其中，福田院用于收容逃荒入京的流民、因天灾人祸破产的市民和鳏寡孤独无人奉养的老人；安济坊用于慈善医疗；居养院用于住房救济，即让遭了天灾的居民和无家可归的乞丐居住；漏泽园用于安葬无人认领的尸体。

公元1151年，宋高宗赵构下诏，从行都临安府到各州府县城，无论公房、私房，房租一律减半。1181年和1210年，宋孝宗赵昚和宋宁宗赵扩又分别下令，各地房租在原有基础上再降低三分之一。除了上述按比例永久性减免房租，南宋官府还有临时性的减免措施，凡遇到天灾人祸，或者官方喜丧之事，朝廷都会下旨减免三五天或十几天的房租，表达一点心意。

其四，规范房地产中介。作为房地产经纪人的“庄宅牙人”在南宋时期有了长足发展。南宋政府把“牙人”纳入房地产市场管理体系之中，为“牙人”发放从业执照“牙人身牌”，并依据《牙保法》对“牙人”的入职资格、职业能力、业务流程、权利义务、职业规范等都作出了明确规定，建立起行业组织“牙行”。

其五，实行拆迁补偿、查处违规建筑、限建限购等措施，稳定房地产市场秩序。官府将南宋行都临安府划分为八个（后扩展成为十二个）“厢”。“厢”的办公地点是“厢公事所”，长官为“厢巡检”。“厢”下设有“军巡铺”。据《梦粱录·卷十·防隅巡警》记载，“官府坊巷，近二百余步，置一军巡铺，以兵卒三五人为一铺”，称作“防隅巡警”。南宋行都临安府共有二百三十多个铺。

（二）人靠衣服马靠鞍：独特的官服制度

《梦粱录·卷一·元旦大朝会》记载：“上御正衙，有绿衣吏执剑突趋殿前，声谇厉不可晓，乃大珰走办耳。”

“大珰走办”，指的是奔走传话的当权的宦官。问题在于，为什么称这些“大珰走办”为“绿衣吏”呢？

中国古代十分强调等级观念，官员的服色制度便是这一观念的产物，而色彩在这个过程中起到了直观区分人的身份高低的作用，成了等级的标志。正如西汉贾谊《新书·卷一·服疑》所言："贵贱有级，服位有等。……是以天下望其服而知贵贱，望其章而知其势，使人定其心，各着其目。"依贾谊之见，衣服与所有名号、旗章、冠履、车马、宫室等一样，都是区别贵贱的标志。当君臣群处之时，名号、权力、旗章、车马、妻妾等都不在身边据以区分贵贱时，唯有衣服，能使"天下见其服而知贵贱"，绝不致混淆。

虽然各个朝代对官员服色的要求不尽相同，但隋代以后，紫、赤、绿、青的等级顺序逐渐定型。后面的朝代尽管有些许改动，但在色彩等级的顺序上大致不变。

正所谓"物以稀为贵"，中国古代之所以视紫为贵，主要原因在于紫色染料的原料十分珍贵，并且紫色服装的染织难度较高。从这个角度来看，古人视紫为贵的色彩观念与其由来已久的物质成本有关。

古代天然染料无外乎矿物质染料、植物染料、动物染料三类。其中，紫色矿石染料多用于绘画，难以给服装上色。植物紫色染料通常是紫草叶或蓝草，配以红花，尽管植物染紫被运用得最为广泛，但染紫所用的原材料得来并不容易。《诗经·小雅·采绿》有云："终朝采蓝，不盈一襜。""襜"是系在胸前的护裙（类似于现在的围裙），田间采集时可用以兜物。"终朝采蓝，不盈一襜"说的是采摘一天的蓝草，也没采满一衣兜，由此可见染紫所用的蓝草得来之难。动物染紫在我国唐宋时期相对较少，据记载中国早期的动物染料主要是"紫贝"，但紫贝成本极其高昂，据说两百多只紫贝所提取的色素仅够染好一件袍服，其珍贵程度可想而知。

北宋建国初期，各项制度均是承袭唐朝以及五代十国，官服制度同样也不例外。宋太祖赵匡胤规定，青色官服适用于九品以上官员，绿色官服适用于七品以上官员，绯色官服适用于五品以上，紫色官服适用于三品以上的朝中大员。宋神宗赵顼即位后，青色官服被摒弃不用，七品及以下的官员只能身穿绿色官服。六品以上的官员则身穿绯色官服，四品以上官员的官服颜色则是紫色。当然，这一时期在官服的细节上，也有了一些变化。

出于个人地位、身份的不同，宋神宗赵顼之后的宋朝皇帝会给那些立过大功的官员特赐“鱼袋”。“鱼袋”是佩戴于腰上的小荷包，共分为金、银两种不同颜色。一般来说，五品官员，可以佩戴银色鱼袋；四品以上的官员，则可以佩戴金色鱼袋。南宋时期，也沿用了宋神宗的这些规定。

除了官员的服色制度，幞头和官帽也能区分官员的品级。

幞（fú）头是我国古代男子的首服。首服也称“头衣”，泛指裹头之物，类似于今天的帽子。幞头产生之前，中原男子的首服有冠、帻、巾。

冠是一种较为正式的贵族男子的首服，通常在男子二十岁成年时开始佩戴，因此古代男子的成年礼称为“冠礼”。

帻最初是用于裹住额头发髻的布带，后来演变为有固定形状的头巾，特征是有硬挺部分可以覆盖整个头顶或者仅罩住发髻。帻在秦汉时期成为男子尤其是武官和下级官员的主要头饰，比如东汉末年孙坚常戴的“赤罽（jì）帻”，便是一种红色毛织物制的头巾。

只用一块布包头，这就是“巾”。巾在秦以前多为庶民、仆役、卑贱人所用，到汉代被上层士大夫采用，后逐渐通用。到汉末，束巾成为文人与武士的一种时尚。

女性用的被称为“巾帼”。巾帼原是古时的一种配饰，宽大似冠，内衬金属丝套或用削薄的竹木片扎成各种新颖式样，外裱黑色缯帛或彩色长巾，使用时直接戴在头顶，再绾以簪钗。这种头巾式的头饰叫巾帼。先秦时期，男女都能戴巾帼。到了汉代，巾帼成为妇女专用，逐渐引申为女子的代称，如今已是对妇女的一种尊称。三国时有一出著名的戏：诸葛亮出斜谷向司马懿挑战，但后者避而不出，诸葛亮便用激将法，派人给司马懿送去了“巾帼妇女之饰”，以示羞辱。

东晋十六国时期，北方少数民族大规模进入中原，服饰方面呈现出民族大融合的趋势。

北方的冬季特别寒冷。鲜卑贵族佩戴的风帽质地厚实，有类似围裙的下摆，与今天有护耳的栽绒帽（也称“雷锋帽”）十分相似，抵御严寒非常实用。南北朝时期，鲜卑贵族成为中国北方的统治者，鲜卑人的风帽得以迅速流行。人们将鲜卑帽略加改进，使其既轻便又可以裹住头发，干净利索，这便是幞头的雏形。

北周和隋，幞头的质料大多较为粗厚，因此系裹之后褶皱较多。到了唐代，为追求紧凑平整的效果，幞头改用薄罗纱质料。这时的幞头裹在发髻的后部，稍稍突起并微微向前倾，幞头两脚系在顶的前面，另外两脚垂在后面。

唐代，幞头成为男子常服中不可缺少的一部分，较为常见的穿搭依旧是幞头与圆领缺髈袍（又称“缺胯袍”）的组合。幞头的顶部一般较隋代的更高，因为此时的幞头里面加入了木质的衬垫物——巾子。巾子是用苎葛、藤草、篾竹或马尾在桐木模具上编织而成的。初期的巾子多为平头小样，后来逐渐变高、变圆、变尖，使用时扣覆在髻上，再用巾帕系裹。缺髈袍的领子往往成翻领形式，再搭配名为“蹀躞（dié xiè）带”的腰带和名为“长靿靴”的长筒靴，显得威武帅气。

与此同时，幞头脚也有了很大的变化，幞头脚最初是系在脑后的两根带子的剩余部分，质软而下垂，故称“垂脚”或“软脚”；后来这部分加长，便有了所谓的“长脚罗幞头”，不过此时的幞头脚仍为软质，好似飘带；再后来，在幞头脚中加装了铁丝作为骨架，便有了硬脚幞头，硬脚常常翘起，因此又被称为“翘脚”。这种流行趋势发展至五代时期，幞头脚的形状已经非常多样，有反绕向前的，有翘上而反折于下的，等等。

到了宋代，幞头成为官员的主要首服。直脚幞头是一种平直的幞头，两脚较长且直，主要为中级官员所佩戴，表示其地位较高，但仍在努力晋升。局脚幞头与直脚幞头相似，但其两脚弯曲向上，这种幞头多为高级官员所佩戴，象征着他们已经达到了更高的地位。交脚幞头的两脚交叉于头顶，通常为新科状元或者皇帝身边的近臣所佩戴，寓意才思敏捷，深受皇帝宠幸。朝天幞头是一种两脚直上朝天的幞头，主要为宰执级别的最高级官员所佩戴，表示其权力滔天，地位尊崇。另外，还有一类无脚幞头，通常为级别较低的使役之人所佩戴。

这里要注意的是，“宰执”是宰相与执政的统称，包括宰相（也称“中书门下平章事”）、参知政事（也称“执政”）和枢密院长贰（包括枢密使、枢密副使、知枢密院事、同知枢密院事、签书枢密院事等）。

宋代的幞头经过漆纱、以琴弦或铁丝为骨等各种加工之后，已经变成一顶硬壳的帽子，因此其底下可以不衬巾子。由于制作幞头的纱通常施以黑漆，故明代时幞头常被称为“乌纱帽”。到了清代，乌纱帽被清代的冠帽取代，至此，幞头的时代落下帷幕。

（三）南宋快递业的发展与出行方式的演变

1. 南宋快递业的发展

《梦粱录·卷一·车驾诣景灵宫孟飨》记载：“殿东折槛下，快行家皆执金莲烛炬，以俟登辇。

驾出和宁门，诣景灵宫行春孟朝飨礼。”

我们知道，宋高宗赵构给他逝去的祖先居住的地方一共有两个，一个是摆放木头牌位的太庙，另一个则是摆放祖先画像的景灵宫。

南宋的御街便是皇帝到景灵宫朝拜祖先画像时要走的道路，全长约 4185 米，经由太庙、朝天门、众安桥、贯桥转向西面到达景灵宫，路线和现在杭州中山路、凤起路基本重叠。御街两旁便是南宋行都临安府的商业中心，商肆林立，诸行百市样样齐全。

除了一年四次固定的“孟飨之礼”，每逢已故皇帝的逝世纪念日，皇帝还得去拜一次。逝世纪念日这次更隆重，皇帝去的时候不能带家眷，皇后妃子们第二天得组队再去拜一次。

这里的“孟”，指农历每个季度的第一个月。“孟飨”，也作“孟享”。每年四孟（孟春、孟夏、孟秋、孟冬）之时，朝廷都会举行盛大的“孟飨之礼”，以祭祀先祖，彰显帝王对祖先的尊崇与敬畏。《梦粱录·卷三·四月》记载：“上旬之内，车驾诣景灵宫，行孟夏礼。”《梦粱录·卷四·七月》记载:“七月秋孟，例于上旬内车驾诣景灵宫行孟享之礼。”《梦粱录·卷六·孟冬行朝飨礼遇明禋岁行恭谢礼》记载:“每岁孟冬，例于上旬行孟冬礼。”

这里的“春孟朝飨礼”“孟夏礼”“孟享之礼”“孟冬礼”都可以简称为“孟飨”或“孟享”。“明禋”，指明洁诚敬的献享。

《梦粱录·卷一·车驾诣景灵宫孟飨》里的“快行家”，在北宋被称为“急脚子”，也就是我们现在的“快递员”。

中国古代交通不便，信息传递困难，急件送达更是一项挑战，为了解决这一难题，便出现了“快行家”（也称“快行客”）。

“快行家”常常身穿轻便的衣物，脚踏快捷的鞋子，背负着急件，随时准备出发。他们的使命是将皇帝的诏令、官员的文件、民间的书信，送达指定的目的地。

在元宵夜这样重要的节日里，“快行家”更是扮演着重要的角色。他们手持红纱灯笼，列队随从在皇帝的身旁，随时听候差遣。

殷墟出土的甲骨文证实，商朝时的中国，就已经有类似于快递的驿传制度了。到了周朝，快递制度日益完善。据《周礼·秋官》记载，当时周王朝的官职中，便设置了主管邮驿、物流的官员“行夫”，当时“行夫”们传递的主要是政令和军情。《周礼·秋官》还记载了“行夫”的职责要求是：“虽道有难，而不时必达”，即便道路崎岖艰难，也一定要及时送达。由此看来，从古至今，快递小哥都是那么靠谱。

古代最原始、最主要的快递方式是“步传”，即靠人工步行投递，“健步”是古人对快递员最常用的称呼之一。《资治通鉴》注称，“健步，能疾走者，今谓之急脚子，又谓之快行子”。公元1093年底，在上奏给宋哲宗赵煦的《乞增修弓箭社条约状》一文中，苏轼也曾建议：“每社及百人以上，选少壮者三人，不满百人者选二人，不满五十人者选一人，充急脚子，并轮番一月一替，专令探报盗贼。”

健步其实就是邮差，不同时代叫法也不同，秦代叫“轻足”，汉代叫“邮人”“驿足”，宋代叫

“递夫”，明清叫“驿夫”。据《隋书·卷六十四·麦铁杖传》记载，陈末隋初，有位名叫麦铁杖的快递小哥，“日行五百里，走及奔马”，因为天生神力、健步如飞而成为隋朝大将，三十八岁时战死沙场，被追封为光禄大夫，谥号“武烈侯”，这也算是快递小哥的逆袭了。

春秋时期，快递开始用马运输，近距离传递物品用“单骑”，长距离传递用“接力”，马歇人不歇，快递小哥来到一个驿站休息片刻，接着换匹快马继续赶路。通宵达旦、风餐露宿，可以说是相当辛苦。

隋唐时期，由于大运河的开凿，水路快递的优势更加明显，省去了很多翻山越岭的时间，顺水行舟，路途更短。唐玄宗李隆基在位时，全国大约有 1600 个驿站，其中，水驿约 200 个，陆驿约 1300 个，水陆相兼的驿站近百个，快递小哥约两万人。

古代最负盛名的一次快递业务非杨贵妃的荔枝莫属。诗人杜牧在《过华清宫绝句》中写道：“长安回望绣成堆，山顶千门次第开。一骑红尘妃子笑，无人知是荔枝来。”将原产于广东的荔枝快递到家，在今天看来司空见惯，可放在1000多年前的盛唐，也只有唐明皇和杨贵妃才能做到了。

2. 南宋出行方式的演变

到了南宋，人们的出行方式发生了明显的变化。

一是骑行。

要问古代速度最快的出行方式是什么，那毫无疑问肯定是骑马了。但在宋朝，骑马出行是一件很难办到的事，正所谓“理想很丰满，现实很骨感”。绝大部分的宋朝人都不具备骑马的条件。那时候，马匹数量本来就不是很多，再加上又失去了燕云十六州这样的养马圣地，大宋想要马匹就必须每年花费大量的钱财从辽、金购买。而且，买到的马匹，绝大多数都要用在军事备战上面，只有很小一部分可以供给皇室和小部分高级官员使用，平民百姓想要骑马几乎不可能。因此，那个时候士大夫阶层的人骑驴的特别多。

二是坐轿。

在宋朝还有一种出行方式，就是坐轿出行。

轿子其实是一种需要人力来抬的厢式的交通工具。轿子的叫法有很多种，皇帝用的轿子就叫“辇”或“舆”，民间用也有叫“檐子”“兜子”等名称的。

一开始的时候，宋朝的轿子是没有篷盖之类的措施的，官宦人家的小姐要是出门踏青的话，她们坐的就都是那种没有门帘和窗帘的轿子，这样就可以透过窗口去感受市井中的烟火气息。后来，经过不断改进，逐渐演变成现在轿子的模样了。

这样舒适的交通工具在北宋时还是很少见的，因为那时的士大夫有着极强的人文精神，认为让人类来代替牲畜这简直就是对人尊严的侮辱，所以那时的贵族和上层人士都是以坐轿为耻的。到了南宋，由于国家的马匹大多都被金军抢走了，骑马出行不再是一件容易的事情。无可奈何的情况下，官员和贵族也只能坐轿出行了。

三是乘船。

虽然南宋的马匹数量少得可怜，但是造船业却是想象不到的先进。

《梦粱录·卷十二·江海船舰》记载："浙江乃通江渡海之津道，且如海商之舰，大小不等，大者五千料，可载五六百人；中等二千料至一千料，亦可载二三百人；余者谓之'钻风'，大小八橹或六橹，每船可载百余人。"《梦粱录·卷十二·湖船》记载："湖中大小船只，不下数百舫。有一千料者，约长二十余丈，可容百人。五百料者，约长十余丈，亦可容三五十人。亦有二三百料者，亦长数丈，可容三二十人。"

"料"是宋人对船舰的计量单位，一料是十立方尺（宋朝的一尺约为31.68厘米）。而一料容积的载重，则依货物的比重而定。千料大船大约载重三百吨，轻者排水量五百吨左右，重者排水量六百吨左右，都是大约的数字，实际数字很难换算。

值得注意的是，一开始，"料"的本义是造船所用木料的数量。而一根普通的船用木料，在正常情况下长度为五六米，直径为二三十厘米。由于这样的一根木料在水中的浮力，基本可以承载三个成年人的重量，也就是二百公斤左右，时间一长，“料”便成了船只大小的计算单位。二十料船，意思就是要用二十根木料才能造成这艘船。

3.“贾秋壑府车船”与“赵节斋所造湖舫”

《梦粱录·卷十二·湖船》记载：“更有贾秋壑府车船，船棚上无人撑驾，但用车轮脚踏而行，其速如飞。又有御舟，安顿小湖园水次，其船皆是精巧雕刻创造，俱有香楠木为之。只是周汉国公主游玩，曾一用耳。灵芝寺前水次，有赵节斋所造湖舫，名曰乌龙，凡遇撑驾，即风波大作，坐者不安，多不敢撑出，以为弃物。”

“贾秋壑府车船”与南宋末期的权臣贾似道有关。

南宋末年的权臣贾似道，字师宪，号悦生、秋壑。贾似道生活腐化，怠于政事。每日由小吏抱文书到他家中，大小政事皆由门人处理。在襄樊被围的危急形势下，贾似道依然日夜喝酒享乐，或在葛岭私第与群妾斗蟋蟀玩，或整日游乐于西湖之上。值得注意的是，南宋时期仅作军用的“车船”，却被贾似道移作自家娱乐的工具。无怪乎当时人说：“朝中无宰相，湖上有平章。”朝政如此，南宋岂有不亡之理？

“小湖园”位于西湖外湖的西南部，原本是个私家花园，后来成为“西湖十景”之一的花港观鱼景区。而乘坐“御舟”游玩的“周汉国公主”，则是宋理宗的独生爱女，其母为贾似道的姐姐贾贵妃。周汉国公主出生于公元1241年，最初被封为瑞国公主，后改封为升国公主。1261年嫁给杨太后的侄孙杨镇之后，被封为周国公主。1262年去世前，又被封为周汉国公主。

灵芝寺始建于976年，原为吴越国主钱俶（原名钱弘俶）的私家园林，因盛产灵芝，钱俶舍灵芝而建寺，故名“灵芝寺”。宋真宗即位后赐额“灵芝崇福寺”。南宋时，灵芝崇福寺规模达到顶峰，高僧贤达络绎不绝，宋高宗赵构、宋孝宗赵昚也曾多次亲临并赏金赐田。灵芝寺旁便是显应观（后改名为“昭应观”）。

吴越国主钱俶原名钱弘俶，其名字钱弘俶的由来和改名为钱俶的原因，都与一则预言吉凶的隐语有关。

中国古代，一直流行着一些预言吉凶的隐语

和预言，比如秦始皇在位时期流传的“亡秦者胡也”，王莽篡汉后流传的“刘秀当为天子”。五代十国时最流行的，则是“有一真人在冀州，开口张弓向左边，子子孙孙万万年。”人们盛传，这第一句，意指真命天子可能在冀州出世或出山；第二句，意指这个人的名字里有个字，像是方向朝向左边张开口子的弓箭一样的字——“弘”；最后一句，意指这个人的子孙后代（注意：不是这个人本人）将是真命天子。南唐中主李璟听了这句隐语和预言之后，也不管自己的祖上和后代能否与冀州发生哪怕一丝一毫的联系，马上给自己的长子取名叫作李弘冀；吴越国主钱元瓘则把自己所有儿子的名字都加上了“弘”字；南汉国主刘岩不仅把儿子的名字加了“弘”字，还取《周易·乾卦》中“飞龙在天”之意，专门为自己的名字造了个“龑”字。但上述这几个人都没有想到的是，一生换了十一个老板（即王镕、李存勖、李嗣源、李从厚、李从珂、石敬瑭、石重贵、刘知远、刘承佑、郭威、柴荣）的“最牛打工人”赵弘殷的儿子赵匡胤夺取了后周政权，建立了大宋王朝。

赵匡胤称帝后，面对实力强大的北宋，吴越国主钱弘俶先是去掉了自己名字中的“弘”字，以示避讳；后又主动献出了两浙十三州的土地、户籍归宋，史称“吴越归地”。

与贾似道将仅作军用的“车船”移作自家娱乐的工具完全不同，“灵芝寺前水次，有赵节斋所造湖舫，名曰乌龙”是宋太祖赵匡胤的十世孙、资政大学士赵与𥲅制造的用于疏浚西湖的船只。

西湖多堤，白堤、苏堤、杨堤因为唐朝大诗人白居易、北宋大文豪苏轼、明朝杭州知州杨孟瑛三人而声名鹊起，被后世誉为“西湖三大名堤”。其实，西湖还有一条同样闻名遐迩的赵公堤，它的修建者是宋太祖赵匡胤的十世孙赵与𥲅。

赵与𥲅，原名节斋，公元1220年考中进士后，前后兼知临安府长达十一年之久。1242年，赵与𥲅用从西湖里挖掘出来的淤泥修筑了一条长二百五十丈、宽二十五尺的新堤。新堤东起北新路第二桥，西至曲院，成为通往天竺寺和灵隐寺的大道，堤上建有四面堂和三座亭，夹岸遍植花柳，新堤和大名鼎鼎的苏堤相连，故有人称新堤是苏堤的一条支堤，素有“夹岸花柳一如苏堤”的美誉。苏堤在南宋时多被称为“新堤”，时人为了区分，就把赵与𥲅修筑的新堤称为“小新堤”。

当时，西湖水既要用来灌溉农田，又要供应南宋行都临安府的居民日常使用，还要用来酿酒，用途广泛且极为重要。但沿湖居民在西湖中大量种植了菱、荷、芡等水生农作物，对西湖水的饮用、酿酒等用途造成了一定的影响。南宋朝廷多次疏浚西湖，并禁止居民在湖中种植菱、荷、芡等水生农作物。公元 1247 年，两浙大旱，西湖几乎干涸，南宋行都临安府的居民面临用水困境，南宋朝廷诏令临安知府赵与𥲅迅速开湖疏浚，以解燃眉之急。赵与𥲅不敢怠慢，将湖中的菱、荷、芡等水生农作物全部除净，西湖由此恢复了往日的面貌。

为了纪念赵与𥲅，“小新堤”后来改称为“赵公堤”。赵公堤在明清时湮废，清代在赵公堤故址修筑了金沙堤，赵公堤原有的功能也被金沙堤取代。民国时期，政府把金沙堤重修成了马路，叫作金沙港路。2003 年，金沙港路拆路还堤。需要说明的是，和赵公堤一起出现在金沙港路上的，还有一座从杭州市萧山区新塘涝湖村迁来的古桥，叫毓秀桥。毓秀桥始建于公元 1829 年，2003 年按原貌迁移保护至此。

正是因为南宋经济发展的不同，水路交通成为南宋最主要的出行方式。无论是皇家贵族还是达官贵人抑或平民百姓，都可以选择乘船出行。同时，这种方式也让南宋成功地打开了水上贸易的通道。

（四）铨试法人才选拔：官员选拔趋完善

《梦粱录·卷二·诸州府得解士人赴省闱》记载：“三月上旬，朝廷差知贡举、监试、主文考试等官，并差监大中门官诸司、弥封、誊录等官，就观桥贡院，放诸州府郡得解士人，并三学舍生得解生员，诸路运司得解士人，有官人及武举得解者，尽赴院排日引试，及诸州郡诸路寓试试得待补士人，并排日引试。国子监牒试中解者，并行引试。如有避亲者，就别院引试。朝廷待士之重，差官之际，并令快行宣押所差官员入内，到殿听敕。其知贡举、监试、主文，并带羞帽，穿执乘驭，同诸考试等官，迎引下贡院，然后锁院，择日放试。”

值得注意的是，《梦粱录•卷二•荫补未仕官人赴铨》《梦粱录•卷三•士人赴殿试唱名》《梦粱录•卷四•解闱》，也有关于南宋科举考试的相关记载。上述四段材料，完整叙述了南宋官员的选拔制度。

材料中的“知贡举”是进士科的主考官，“监试”是负责监督考试的官员，“主文考试”是负责组织考试、监督阅卷工作的官员。“贡院”是科举考试的考场。“三学舍”指的是太学、宗学和武学，这三所学校在南宋时期都设在行都临安府，并且各自有着不同的教育目标和生源：太学是全国最高学府，主要面向普通士子；宗学则专为皇室子弟设立；武学负责为国家培养军事人才。

“大中门”指的是贡院的大门。“监大中门官”指的是负责监督和管理大中门的官员，其具体职责是：监督和管理大中门的出入人员，即确保只有符合规定的人员进出大中门；维护大中门的秩序，即确保门前的秩序和安全，防范非法活动；报告和记录，即记录进出大中门的人员和物品，向上级汇报相关情况。

宋代的科举，大体同唐代一样，有常科、制科和武举。但是，考试的科目、内容和方法则有很大的变化。

北宋初年，常科的科目较多，除进士科外，其他科目总称诸科。那时，各州县都没有学校，仅京城设有国子监。在国子监学习的都是官僚子弟，人数不多，有些人只是挂名而已。所以，考生的来源主要靠州县贡举，每年秋天，各州举行考试，将合格的学生解送礼部，称为“取解试”。

“取解试”作为科举考试的起点，直接决定整个科举考试的成败。唐代解试一般在七八月举行，但程序相对简单，也尚未形成定制。公元1011年，“取解试”增设了“锁院”的程序，并成为定制。

所谓“锁院”，指的是“知贡举”（主考官）、“权知贡举”（副考官）等人选确定后，立即将他们锁于贡院之中，断绝与外界的联系，以避免试题泄露。

当时大部分州县是在八月五日锁院，但又依距东京开封府的远近自由决定解试锁院的时间，距离较远者，锁院就早一些。福建较远，锁院就在七月；川、广更远，锁院就在六月。距离东京开封府较远的州县可以较早进行解试，这意味着距离较近者也可以在八月之后进行。

诸州县以距离东京开封府的远近，可自行决定解试时间的早晚，这固然体现了其制度人性化的一面，但同时也存在严重的弊端：由于各地“取解试”时间不同，便出现了制度上的漏洞，举子们需要把握好各地“取解试”的时间差，并加以充分利用，以达“多试之中，必有一得”之目的。这一问题在北宋时期一直没有得到合理解决。

南宋政局稳定之后，科举也走上了正常轨道。

公元1143年秋，宋高宗赵构下诏："限八月五日锁院。"1154年，宋高宗再次下诏："以八月五日锁院，十五日引试。"这次不仅规定了锁院的时间，连引试的时间也一并统一在八月十五。这是中国科举史上首次对一级考试时间作出统一性规定，彻底解决了举子们多处冒试的问题，得到了当时读书人的赞誉，也对明清时期的科举制产生了重要影响。

八月十五中秋节，各地举子们都在考试，众多官员都在监考阅卷，是不是有点儿不太人道呢？真是"几家欢乐几家愁"啊！

礼部进行考试（称为"礼部试"，又称"省试"）的时间是第二年春天，内容基本上与唐代一样，进士重诗赋，诸科重帖经、墨义。

帖经是科举考试中检验考生对儒家经典的记忆和理解能力的一种方法，类似于现在的填空题。考试时，考官从指定的经书中选取一段文字，用纸贴住其中的几个字或几句话，要求考生根据上下文补全这些被遮盖的内容。

墨义则是一种书面问答的考试形式，主要测

试考生对儒家经典中义理的掌握和应用能力。考生需要根据考题的要求，结合自己对经典的理解进行阐述和解答。墨义不仅考查考生的记忆力，更侧重于逻辑思维和理论分析能力。

宋初的科举，仅有两级考试：一级是各州举行的取解试，一级是礼部举行的省试。取解试由各州的判官及录事参军主持，省试则由皇帝选派的官员主持。殿试制度由此成为科举制度中级别最高的考试。这一改革的意义非同寻常，考生是否被录取为进士，需要由殿试的主考官皇帝来决定。这样，考生与主考官之间的关系就变成了天子门生的关系，天子门生成为进士的代名词。殿试的实行，不仅使科举选拔人才更加公正，而且有利于加强中央集权。宋太祖赵匡胤曾得意地说："昔者，科名多为势家所取，朕亲临试，尽革其弊矣。"

宋代的科举，最初是每年举行一次，公元 978 年冬，各州考生都已集聚礼部，因为宋太宗赵光义要亲征北汉，第二年春天的省试只好暂停。此后，每隔一年或两年举行一次。1066 年，朝廷因每年一次而应接不暇，又考虑到举子年年跋涉，十分劳苦，最终改为三年一次，之后成为定制。至于录取名额，宋太祖赵匡胤时士大夫还不热衷于出仕为宦，朝廷取士也比较严格，每次录取进士少则几人，多则200多人，每次平均录取48人。宋太宗赵光义时，因州县缺官，大规模录用士人，参加省试的举人往往多达一两万人，每次平均录取进士230人。以后录取人数不断增加。宋仁宗赵祯规定："礼部奏名，以四百名为限"，但这个规定后来逐渐被突破，至宋徽宗赵佶即位后，每次平均680多人。

宋代科举登第者大部分出身于乡下，其他为工、商子弟。虽然宋代法律一般禁止商人本人应举做官，但对其中的"奇才异行者"，也允许参加科举考试。这与西汉规定的"市井之子孙亦不得仕宦为吏"不同。另外，公元1148年《题名录》记载了这年中榜的330名进士的姓名、籍贯，其中城市出身者不到30人，宗室25人。1256年《登科录》也记载了这年中榜的601名进士的详细情况，除少数情况不明和宗室外，大多数出身于乡下，其中县城出身者不到20人，祖或父有一代做官者有113人，祖、父两代做官者有23人，曾祖、祖、父三代都做官者8人，这三部分进士合计144人。此外，还有宗室73人。在这些人中，祖、父两代不曾做官的有33人，祖或父有一代做官的23人，祖和父两代做官的3人，曾祖、祖、父三代都做官的14人。这就是说，601名进士中，出身于乡下的417人，官僚家庭出身的184人。这一情况显示，在科举登第者中，世代做官的子弟属于少数，大多数进士来自平民家庭。

出现这一情况的主要原因是中高级官员子弟可以通过恩荫得官，无须寒窗苦读，与士庶竞争。只有少数官僚子弟以科举登第为荣，在恩荫补官后又参加科举考试；还有个别子弟，拒绝恩荫所授官职，而直接应举。宋代的科举考试，实行试卷“糊名弥封”、“誊录”和“别试”制度，有效地防止了考官在阅卷时作弊。

所谓“糊名弥封”，指的是考生考试结束后，由专人将考生试卷上的姓名、籍贯等部分用纸糊起来，再交给考官评判。直到最后统计成绩时，才能拆封公布姓名。

所谓“誊录”，指的是考生交完试卷后，朝廷雇请专人将考卷重新誊录一遍，再交考官，其用意在于进一步避免“弥封”措施的纰漏。

所谓“别试”，指的是针对考官子弟特设考场考试，另派考官监考、阅卷，以防止徇私舞弊现象的发生。此外，对当朝大臣权贵的子弟往往还要多复试一次，以甄别是否有人利用权势将无能子弟的成绩拔高。这种做法唐代已有，但只限于省试，也不是定制。宋代，“别试”成为一种制度，范围也扩大了，州试和省试都相继实行。

宋代的“知贡举”不是固定的，而是采取临时差遣的方式，年年不同，不常任，且任何官员都可以充任，并另增派权知贡举若干人，互相监督。

制科是由皇帝临时下诏设置的考试科目，目的在于选拔特殊人才。汉代称为察举制，唐代称为制举，宋代则称为制科。制科考试的时间和科目都不固定，皇帝何时下诏，何时考试。考试内容广泛，涉及德行、才能、文学、军谋等多个方面。

宋代的制科远不如唐代。公元 964 年设贤良方正、能直言极谏等科，公元1005年增为六科，1029年又增为九科。但是由于种种原因，制科曾多次停罢，有时虽然举行，但应诏者极少。在宋王朝统治的320年中，制科御试仅有二十二次，被录取的不过四十一人而已。

宋朝统治者对于那些多次应试而不第的举人实行“特奏名”法，特赐各科“出身”。为了防范失意士人心生异志，宋太祖赵匡胤于969年春规定，凡举人参加过十五次以上考试者，特赐本科“出身”。此为“特奏名”法之始。

在两宋，特奏名的人数可以与“正奏名”进士相匹敌，他们虽然在中央政权并无多少发言权，但在乡村社会中却十分活跃。一个普通的读书人甚至工商、农家子弟，一旦成为特奏名进士以后，就可以跻身官僚队伍，即使多数人不能出官，也足以使自己成为地方“乡贤”，并为子孙后代的应举入仕创造一定条件。

由于特奏名的数量日益增多，因此，“乱不起于中国，而起于夷狄”。这是宋代统治者为防范士大夫卷入农民起义而采取的措施之一。

宋代的武科，始于1030年，宋仁宗赵祯亲试武举十二人，可是不久就停止了。后来，虽然也曾设立武学和恢复武举，以马射、步射、武艺、策略等作为教学和考试的内容，但是并不为当时人所重视。

南宋长期处于战争状态，武举获得更多的重视，每逢科举年，皇帝分两日“策试武举进士”“阅试武举弓马”。公元1169年，宋孝宗赵昚举行武举殿试，武举和文举一样赐给黄牒，此科共选三十三人，第一名赐武举及第，其余并赐武举出身。此后，渐渐有了“武举状元”一说。

但是，南宋武举进士多数没有被分配到军队。许多武举出身者，只是为了求得做官资格，步入仕途后，便千方百计地改入文官行列。需要说明的是，武举规模小、备受蔑视的状况，直至南宋灭亡也没有多大改变。

叁

三、杭州的岁时节令与民间习俗

《梦粱录》的前六卷，详细介绍了南宋行都临安府的元旦、立春、社日、花朝、上巳、寒食与清明、僧寺结制、端午、七夕、秋社、立秋、中秋、重阳、下元等岁时节令与民间习俗。这些岁时节令与民间习俗，类型多种多样，活动丰富多彩。有的是前朝就有但南宋又进行了创新，有的则是南宋最新开创的。

（一）元旦立春很热闹

1. 元旦

《梦粱录·卷一·正月》首先为我们描述了南宋行都临安府的元旦习俗："正月朔日，谓之'元旦'，俗呼为'新年'。一岁节序，此为之首。官放公私僦屋钱三日，士夫皆交相贺，细民男女亦皆鲜衣，往来拜节。街坊以食物、动使、冠梳、领抹、缎匹、花朵、玩具等物沿门歌叫‘关扑’。不论贫富，游玩琳宫梵宇，竟日不绝。家家饮宴，笑语喧哗。此杭城风俗，畴昔侈靡之习，至今不改也。”

“关扑”是北宋兴起、南宋盛行的一种以商品为诱饵的博戏，玩家通过投注一定的金额来赌取商品。具体玩法包括掷铜钱或飞镖等方式，根据铜钱正反面的组合或飞镖投中的图案来判断输赢。玩家如果赢了，可以免费获得商品；玩家如果输了，投注的金额便归商家所有。关扑的流行，不仅因为其带有赌博性质，吸引了大量参与者，还因为其作为一种营销手段，能够吸引更多顾客尝试购买原本负担不起的昂贵商品。宋代的商家常常利用关扑来促销，增加了购物的趣味性和吸引力。

“动使”指的是日常使用的器具或物品，有时也称为“动事”或“动用家事”。“琳宫梵宇”，泛指道观和佛寺。道教的庙宇被称为“琳宫”，佛寺则被称为“梵宫”、“梵宇”或“梵刹”。

说起“领抹”，还要先解释一下“褙子”。褙子，又名背子、绰子、绣裾，是中国传统服饰的一种，起于隋唐。褙子直领对襟，两侧从腋下起不缝合，多罩在其他衣服外穿着。流行于宋、明两朝。宋朝的褙子直领对襟，两腋开叉，衣裾短者及腰，衣裾长者过膝。宋朝女性多以褙子内着抹胸为搭配。明朝的褙子则有宽袖、窄袖两种。两宋时期，女装褙子的衣领、袖口和两腋侧缝处，常常装饰有精美的花边，这些花边在当时被称为“领抹”。宋人对于服饰的朴素风格，使得这些领抹成为点睛之笔，为女装增添了一抹亮色。

南宋行都临安府人称正月初一为“元旦”，俗称“新年”。在这一天官办、私人出租的房舍都免房租三日，人们身着鲜艳的衣服，往来拜年，相互庆贺。街坊里，小贩挑着食物、日常使用的器具或物品、冠梳、领抹、缎匹、花朵、玩具等物，沿门歌叫“关扑”。不论贫富，人们都去道观佛寺游玩，终日不绝。家家饮宴，笑语喧哗。

据《梦粱录·卷一·元旦大朝会》记载，大

年初一这天，宫廷里的庆祝活动也同样丰富多彩。周密的《武林旧事·卷二·元正》也记载：“朝廷元日、冬至，行大朝会。仪则：百官冠冕朝服，备法驾，设黄麾仗三千三百五十人，用太常雅乐、宫架、登歌，太子、上公、亲王、宰执并赴紫宸殿立班进酒，上千万岁寿。上公致辞，枢密宣答，及诸国使人及诸州入献朝贺，然后奏乐，进酒、赐宴。……是日，后苑排办御筵于清燕殿，用插食盘架。午后，修内司排办晚筵于庆瑞殿，用烟火、进市食、赏灯，并如元夕。”

太常雅乐是古代宫廷音乐的一种，由太常寺的官员负责演奏，其音乐庄重、高雅，主要用于各种祭祀和典礼活动，代表着国家的文化与艺术水平。宫架是古代宫廷音乐演奏时使用的架子，主要用于放置和支撑各种乐器。登歌是古代宫廷音乐中的一种表演形式，通常在祭祀或典礼中使用。可以看出，朝廷会在此日举办大朝会，后苑在清燕殿排办御宴，到了晚上会在庆瑞殿办晚宴，放烟花、赏灯等。

2. 立春

《梦粱录•卷一•立春》载："临安府进春牛于禁庭。立春前一日，以镇鼓锣吹妓乐迎春牛，往府衙前迎春馆内，至日侵晨，郡守率僚佐以彩仗鞭春。"

立春"鞭春牛"有着悠久的历史。据《吕氏春秋•孟春纪》记载，"先立春三日，太史谒之天子曰：'某日立春，盛德在木。'天子乃斋。立春之日，天子亲率三公、九卿、诸侯、大夫，以迎春於东郊"。

由此可以看出，周朝迎接"立春"的仪式，大致如下：立春前三日，天子开始斋戒；立春这一天，天子会亲率在都城的各级官员，到都城东郊迎春，祈求丰收。北宋以后，立春前一天要有迎春牛的活动，称之为"迎春"。

立春日当天的"鞭春"，又叫"打春""报春"，是由皇帝（或当地最高行政长官）率领文武百官祭拜，再由一长者用五色丝编织的"春杖"（即鞭子）依次击打土牛三下，称为"打春"，寓意让春牛勤于耕种，换来丰收。土牛打碎后，众人一拥而上争抢碎土，谓之"抢春"。据说抢得牛头土，大吉大利；抢得牛身土，养蚕兴旺；抢得牛角上的土，庄稼丰收；把碎土牛放在家里，其家适宜养蚕、种田；当然，据说这种土还可以治病、驱避瘟疫。后来，这种风气也随之进入了皇宫内苑，宋徽宗赵佶的《宫词》第八十四首写道："春日循常击土牛，香泥分去竞珍收。三农藉此占丰瘠，应是宫娥暗有求。"这说明此时的争抢"碎春牛"行为已经突破农业领域和农民范畴，上升为一种全民参与的风俗习惯。

需要说明的是，土牛的颜色也有变化。最初的土牛不着色。北齐时的土牛是青色。宋仁宗赵祯在位时，从牛各部位的颜色、笼头、缰绳、犁具到策牛人的衣饰和站立位置等方面都加以规定，统一土牛制作标准，这也是苏轼用"衣被丹青"形容土牛的由来。

值得注意的是，南宋行都临安府的街头同样有装饰华美的土塑小春牛出售，人们买来互相赠送，以"示丰稔之兆"。皇帝也会预先准备好数十个小春牛，待到立春这一天"鞭春"仪式过后，分赠给王公贵戚，以应节气。

（二）春日盛宴花朝节

1. 社日

《梦粱录·卷一·二月》记载："立春后五戊日为社，州县祭社稷，朝廷亦差官祭于太社、太稷坛。"

《梦粱录·卷四·八月》记载："秋社日，朝廷及州县差官祭社稷于坛，盖春祈而秋报也。秋社日，有士庶家妻女归外家回，皆以新葫芦儿、枣儿等为遗，俗谚云谓之'宜良外甥儿'之兆耳。"

社神即土地神。祭祀土地神的社日，属于自然崇拜，源于夏商周三代，初兴于秦汉，传承于魏晋南北朝，兴盛于唐宋，衰微于元明清。

社日分为春社和秋社。关于春社的时间，不同的朝代有不同的规定。宋朝规定立春的第五个戊日（大约在春分后五天之内）为春社。

我们以 2026 年春社为例。2026 年立春的时间是 2 月 4 日（己酉日），之后的戊日分别是戊午日（2 月 13 日）、戊辰日（2 月 23 日）、戊寅日（3 月 5 日）、戊子日（3 月 15 日）、戊戌日（3 月 25 日）、戊申日（4月4日）——合称六戊日，而第五个戊日（戊戌日，农历二月初七，公历3月25日，3月20日春分后第五天）便是春社，恰好符合春社应在春分前后五天之内的说法。一般来说，春社致祭乃是祈求神明保佑风调雨顺。普通农家妇女在社日还有停止做针线的忌针习俗。

除了政府派人官祭，民间也会以村为单位祭祀社神，祈求丰收。祭社神先立社，在土坛上用石砌屋，无顶，上贴“社稷之神”红纸，祭祀后，撒肉于四周以饷乌鸦。这种祭祀活动不仅是对神灵的敬仰，也是对农业丰收的庆祝。

出嫁的妇女们会在这一天带着孩子回娘家，早上去，傍晚归。外公、姨娘、舅舅们会拿些新收的葫芦，并在葫芦里装上新枣，送给外甥们，这个俗称“宜良外甥”，就是给外甥带来好运的意思。

2. 花朝

《梦粱录·卷一·二月望》记载：“仲春十五日为花朝节，浙间风俗，以为春序正中，百花争放之时，最堪游赏，都人皆往钱塘门外玉壶、古柳林、杨府、云洞，钱湖门外庆乐、小湖等园，嘉会门外包家山王保生、张太尉等园，玩赏奇花异木。最是包家山桃开浑如锦障，极为可爱。此日帅守、县宰，率僚佐出郊，召父老赐酒食，劝以农桑，告谕勤劬（勤劬：辛勤劳累），奉行虔恪。天庆观递年设老君诞会，燃万盏华灯，供圣修斋，为民祈福。士庶拈香瞻仰，往来无数。崇新门外长明寺及诸教院僧尼，建佛涅槃胜会，罗列幡幢，种种香花异果供养，挂名贤书画，设珍异玩具，庄严道场，观者纷集，竟日不绝。”

由来已久的花朝节，也叫花神节，又称百花生日。早在晋代就有过花朝节的习俗。唐代明确以二月十五为花朝节，并与正月十五元宵节和八月十五中秋节合称为三个“月半节”，成为重要节日之一。活动内容包括吃花糕、觥筹宴饮、踏青赏花、吟诗作赋、伤春怀旧等。不过，此时的花朝节只是流行于上流社会，而非全民性的节日。

到了南宋，花朝节普及到民间。既然是百花的生日，又时值仲春，踏春出游，顺便赏花、扑蝶、挑菜、赶集、拈香祈福、燃灯、骑马、泛舟等，自然是应有之义。人们最喜欢的赏花地有以下三处。

第一处是出钱塘门，到玉壶园、云洞园等处去看花。玉壶园原为抗金名将刘光世的私人园林，云洞园则为名将杨存中的园林，两处园林都沿湖而作，多有奇花异草，因此多年以后成为市民赏花的胜地。

第二处是出钱湖门，往庆乐、小湖园等处赏花。出了钱湖门，除了能看花，还有一处热闹的去处，从万松岭外到长桥，是南宋临安最热闹的瓦子——钱湖门瓦，好吃的、好看的、好玩的，都会聚在这里。

第三处是出了南宋行都临安府的南门嘉会门，便是包家山，有玉津园等园林。玉津园便是南宋主战派权臣韩侂胄被槌杀的地方。

除了看花，花朝节还有前往琳宫梵宇上香的风俗。天庆观有“老君诞会”，崇新门外长明寺及诸教院僧尼则有“佛涅槃胜会”。

清朝末年，时局动荡，花朝节逐渐退出历史舞台，如今已为世人所遗忘，空留史籍记录当年的风采。

（三）龙舟竞渡船争先

《梦粱录·卷一·八日祠山圣诞》记载：“初八日，钱塘门外霍山路有神曰‘祠山正佑圣烈昭德昌福崇仁真君’，庆十一日诞圣之辰……西湖画舫尽开，苏堤游人，来往如蚁……湖山游人，至暮不绝。大抵杭州胜景，全在西湖……此邦风俗，从古而然，至今亦不改也。”

对于南宋行都临安府的百姓来说，每年农历的二月初八可是一个非常重大的日子。一是，二月初八这一天是“祠山正佑圣烈昭德昌福崇仁真君”的诞辰，庆祝其诞辰要到二月十一这一天才会结束；二是，二月初八这一天还正好赶上“西湖画舫尽开”，也正因为如此，才有了“苏堤游人，来往如蚁”的盛大场面。

竞舟又称为龙舟争标或龙舟竞渡。南宋时的

西湖竞舟，一年中要举行数次。其中，最主要的有以下三次：第一次龙舟竞渡活动，时间为二月初八祠山圣诞时。第二次龙舟竞渡活动，时间为清明节。清明节在寒食节的第三天，此节的主要活动有上新坟、春游、观龙舟、插柳、上头（女子在出嫁前更改发式的一种仪式）等。《梦粱录·卷二·清明节》记载："此日又有龙舟可观，都人不论贫富，倾城而出，笙歌鼎沸，鼓吹喧天，虽东京金明池未必如此之佳。"第三次龙舟竞渡活动，时间为端午节。

（四）寒食清明煮酒来

对于南宋行都临安府人来说，每年的寒食和清明也是非常重大的日子。原因有三：一是，寒食、清明本身很重要；二是，"每岁清明前"的"诸库迎煮"；三是，"正当春阅时候"的"州府节制诸军春教"。

1. 寒食与清明

《梦粱录·卷二·清明节》记载："清明交三

月，节前两日谓之‘寒食’，京师人从冬至后数起至一百五日，便是此日，家家以柳条插于门上……寒食第三日，即清明节，每岁禁中命小内侍于阁门用榆木钻火……正所谓‘钻燧改火’者，即此时也。禁中前五日，发宫人车马往绍兴攒宫朝陵……官员士庶，俱出郊省坟，以尽思时之敬。……此日又有龙舟可观，都人不论贫富，倾城而出，笙歌鼎沸，鼓吹喧天，虽东京金明池未必如此之佳。”

早在先秦时期，“清明”作为一种节气名称便出现了，但直到唐朝前期，“清明”依然只是节气，并未形成节日。唐朝中后期，作为节气的“清明”与作为节日的“寒食”，因时间巧合而被关联了起来。

春秋时期，晋公子重耳遭到父亲晋献公的宠妃骊姬迫害，流亡出走。在流亡期间，重耳受尽了屈辱。之前跟着他一起出奔的臣子，大多各寻出路去了，只剩下几个忠心耿耿的人一直追随着他，其中一人叫介子推。有一次，重耳饿晕了过去，介子推为了救重耳，从自己腿上割下一块肉，用火烤熟了给重耳吃。十九年后，重耳回国做了君主，就是著名“春秋五霸”之一的晋文公。晋文公执政后，对那些和他同甘共苦的臣子大加封赏，唯独忘了介子推。有人在晋文公面前为介子推叫屈，晋文公猛然忆起旧事，心中有愧，马上差人去请介子推上朝受赏封官。但差人去了几趟，介子推都不来，晋文公只好亲自去请。可是，当晋文公来到介子推家时，只见大门紧闭。介子推不愿见他，已经背着老母躲进了绵山（今山西省介休市东南）。晋文公便让他的御林军上绵山搜索，但没有找到。这时，有人出主意说，不如放火烧山，三面点火，留下一方，大火起时介子推会自己走出来的。晋文公乃下令举火烧山，孰料大火烧了三天三夜，大火熄灭后才发现，介子推母子俩抱着一棵烧焦的大柳树已经死了。为了悼念介子推，晋文公下令在介子推的忌日禁火寒食，形成“寒食节”。

当然，关于寒食节的真正来源，还有一个更为久远的说法。从历史的实际来看，原始社会，我们的先民们钻木取火，火种来之不易，取火的树种往往因季节变化而不断变换，因此，改火与换取新火是古人生活中的一件大事。阳春三月，正值改火的时节，人们在新火未到之时，要禁止生火，因为这天百姓人家不得举火，到了晚上才由宫中点燃烛火，并将火种传至贵戚重臣家中。这也就是《梦粱录·卷二·清明节》记载的“钻燧改火”习俗的由来。

由于寒食节是在冬至之后第105天，因此又称“百五节”。唐朝统治者重视寒食节，使之成为“国家法定节假日”。宋朝沿袭唐朝寒食禁火的风俗，将寒食节视为与冬至、元旦并重的“三大节”之一。寒食节最初只禁烟火，吃冷食，在后世的发展中逐渐增加了祭扫、踏青、秋千、蹴鞠、咏诗、净肠等风俗。

值得注意的是，南宋官府的扫墓之所以被称为“攒宫朝陵”，是因为北宋灭亡后，南宋历代皇帝、皇后的陵墓被称为“攒宫”，意为只是灵柩暂时殡葬之所，待将来收复中原后重新迁葬旧都东京汴梁。

南宋行都临安府“清明节”“寒食节”的风

俗，与北宋都城东京大同小异，但地处水乡的杭州多了“彩舟画舫”的水景。

2. 诸库迎煮

宋代都市中酒的销售，因季节的不同有“开沽新酒”和“开沽煮酒”两大习俗。中秋节前后“开沽新酒”。清明节前后“开沽煮酒”，意为开始卖煮酒。因“开沽煮酒”时要举行欢迎仪式，故又称“迎煮”，《梦粱录·卷二·诸库迎煮》详细记载了这一风俗。

“临安府点检所，管城内外诸酒库，每岁清明前开煮，中前卖新迎年，诸库呈覆本所，择日开沽呈样，各库预颁告示……至期侵晨，各库排列整肃，前往州府教场，伺候点呈……在州治呈中祇应讫，各库迎引出大街，直至鹅鸭桥北酒库，或俞家园都钱库，纳牌放散。……诸酒肆结彩欢门，游人随处品尝。追欢买笑，倍于常时。”

“纳牌放散”，疑为各酒库在新酒酿成前就已预售，以牌作为当天领酒的凭证，此时凭牌领酒。

按惯例，负责管理行都临安府十三个酒库的户部点检所，每年清明节前负责举行“开沽煮酒”

的仪式：以酒样品呈送“临安府点检所”“伺候点呈”，然后将“酒引”迎回。

户部点检所主导的“开沽煮酒”仪式中，不仅有售酒的宣传“海报”：“首以三丈余高白布写‘某库选到有名高手酒匠，酝造一色上等酴辣无比高酒，呈中第一’，谓之‘布牌’，以长大竹挂起，三五人扶之而行。”这支浩浩荡荡的游行队伍由五部分组成：走在前列的是三五人扶举的高大布牌；第二是乐队，各库所呈新酒，以及各行和社团代表人物；第三是小女童子和负责管理官妓的中老年女性的技艺表演；第四是华丽妖艳的官妓和民间私妓献艺，同时有名妓的豪华马队行进；第五是专管酒务的官员的马队随后，可谓热闹至极。

引人注意的是，户部点检所主导的“开沽煮酒”仪式，既有“鼓吹”，又有仪仗，看起来是一次诸酒库的盛大集会，实际是一种变相的广告活动、一次大型的商品展销会，既可以扩大广告信息的传播范围，又可以引起公众的关注，往往能收到“此时无声胜有声”的效果，因此诸酒库、酒行、酒肆都踊跃参加。

3. 州府节制诸军春教

《梦粱录·卷二·州府节制诸军春教》记载：“帅守衔带节制军马之职，每岁春秋二教。三月正当春阅时候，择日告报本州所统军马、诸县巡尉兵卒，及节制殿步两司军马，并赴蒲桥下后军教场教阅军伍，以备起发防秋。至期，浙西路钤辖并节制诸军统制等官属，带领各部军马诣教场，伺候教阅，鸣锣击鼓，试炮放烟，诸军排阵，作迎敌之势。将佐呈比体挑战之风，试弩射弓，打球走马，武艺呈中，赏犒有差，军卒劳绩，给以钱帛。午后放散，迎回府治，伺候帅座回衙，方行逐便回军寨。”

“巡尉”，负责缉捕盗贼的巡检与县尉的合称。“殿步两司”，宋代禁军有“两司”即殿前都指挥使司与侍卫亲军司，简称“殿前司”与“侍卫司”。“侍卫司”又分为“侍卫亲军步军都指挥使司”和“侍卫亲军马军都指挥使司”。殿前都指挥使司与侍卫亲军司下属的两个机构合称“三衙”，也称“两司三衙”。“防秋”，古代北方各游牧民族，往往趁秋高马肥之时南侵，届时边军特加警卫，调兵防守，谓之“防秋”。“浙西路”，两浙西路的简称，包括浙江北部和江苏的苏南地区。

南宋时期，民族矛盾尖锐，边关战乱不已，武备被提上重要日程。战争中广泛运用的军事技艺成为军队训练的重点。由于作战以弓弩射为主，并配合各种兵器的使用，因此教射、教刀、教枪等均有明确规定。军队武艺的考核，也有明确而详尽的规定。

值得注意的是，宋代军中还有武艺表演。北宋时期，军中征召了一些精于武艺、擅长杂技百戏的艺人，专习技艺，以供表演。南宋时，此类表演仍很盛行：“禁中教场，呈试武艺，飞枪斫柳，走马舞刀，百艺俱呈。”据《梦粱录·卷二十·角抵》记载，南宋时还设有“内等子”一百二十名，由“诸军选膂力者应充名额”，组成相扑营，专供宫廷、庙会等节日表演。这种按规定程序、规定动作进行的武艺表演活动，对后世武术的发展有重要影响。

（五）四月十五僧结制

关于“僧寺结制”，《梦粱录·卷三·僧寺结制》记载：“四月十五日结制，谓之‘结夏’。盖天下寺院僧尼庵舍设斋供僧，自此僧人安居禅、教、律寺院，不敢起单云游。自结制后，佛殿起楞严会，每日晨夕合寺僧行持诵经咒，燃点巨烛，焚爇大香。或有寺院，朝廷降赐钱会、匹帛、金银钱，启建祈忏会四十九昼夜，每日六时修忏，祈国安民，其僧人一刻不敢妄出，斋戒严肃，不敢触犯，神天报应在目前。大刹日供，三日或五日换堂，俱都寺主办，皆十万檀信施助耳。盖孟夏望日，乃法王禁足、释子护生之日，自此有九十日，可以安单办道。”

“禅、教、律寺院”，古代佛教寺院分为禅寺、教寺、律寺。禅寺是中国佛教禅宗的修行道场，禅宗强调通过冥想来达到心灵的觉醒，因此禅寺通常是指禅宗寺院，也称为禅林，禅宗的修行者聚集在一起，通过集体修禅来提升自我；教寺主要从事世俗教化工作，侧重于佛教的普及和教育，其主要功能是通过教育和传播佛法来影响和引导信众，通常承担着佛教文化的传承和推广任务；律寺着重于研习及传持戒律，属于律宗修行的场所，律宗强调对佛教戒律的研究和遵守，律寺的僧侣通常专注于戒律的学习和传授，确保僧众的行为符合佛法的要求。

“起单”，指僧人离开原住寺庙，外出云游或寻找新的寺庙。“行持”，指勤修行，持守佛法戒律。“钱会”，南宋时期的纸币“会子”。“祈忏会”，祈祷忏悔的法会。“檀信”，即施主。“法王”，佛教对释迦牟尼的尊称。“释子”，佛教徒的通称。

“僧寺结制”是指僧人在每年四月十五至七月十五期间，聚集在寺院中进行九十天的安居修行。这一制度旨在让僧人专注于修行，避免外出活动以免伤害昆虫草木。

僧寺结制的过程如下：四月十五开始，僧人聚集在寺院中，遵守戒律，进行修行；七月十五，即僧寺结制的最后一天，举行自我反省和忏悔的仪式，僧人会互相指出过错并公开忏悔（类似于现在的“批评与自我批评”），以求心灵的净化。

（六）七夕不是情人节

《梦粱录·卷四·七夕》记载：“七月七日，谓之‘七夕节’。其日晚晡时，倾城儿童女子，不论贫富，皆着新衣。富贵之家，于高楼危榭，安排筵会，以赏节序。又于广庭中设香案及酒果，遂令女郎望月，瞻斗列拜，次乞巧于女、牛。或取小蜘蛛，以金银小盒儿盛之，次早观其网丝圆正，名曰‘得巧’。内庭与贵宅皆塑卖‘磨喝乐’，又名‘摩睺罗孩儿’，悉以土木雕塑，更以造彩装襕座，用碧纱罩笼之，下以桌面架之，用青绿销金桌衣围护，或以金玉珠翠装饰尤佳。又于数日前，以红熝鸡、果食、时新果品互相馈送。禁中意思蜜煎局亦以‘鹊桥仙’故事，先以水蜜木瓜进入。市井儿童，手执新荷叶，效‘摩睺罗’之状。”

每当七夕，南宋行都临安府家家户户的女孩

儿们都要争相做出各式奇巧的小玩意儿，向织女星乞求巧智，期望自己心灵手巧。祈祷仪式完毕后，姑娘们还会互赠工艺品以送祝福。

除此之外，南宋行都临安府的女子之间还流行一种很有趣的乞巧游戏：“妇女望月穿针，或以小蜘蛛安合子内，次日看之，若网圆正，谓之‘得巧’。”这与中国古代农业社会的生活状态息息相关，人们的理想就是男耕女织，安居乐业。对女性的期许则自然变为心灵手巧、贤惠有方，可以相夫教子。

皇宫和达官贵人居住的地方附近，有一种叫“磨喝乐”的小偶像出售，一般用土木雕塑，造以彩装栏座，外罩碧纱，下面再用桌子支架，桌子四周围着青绿色的销金桌衣，兼添金玉珠翠装饰，栩栩如生，可见制作之精良。在当时的南宋行都临安府，上至达官贵人，下至市井百姓，都十分喜欢“磨喝乐”，乃至平时孩童之间的游戏，都爱模仿“磨喝乐”的造型，拿着夏时新荷，手脚并用，作“磨喝乐”状。

“磨喝乐”是梵文 mahoraga 的音译，是佛祖释迦牟尼的儿子。传入中国后经过一番汉化，由蛇首人身的形象演变为可爱儿童的形象，成为“七夕”节的祭物。两宋时期，这种祭物演变为民间流行的玩偶，题材涉及宗教、传说及社会各个层面，展现出当时的世俗风情。

除了“磨喝乐”，还有很多新奇玩意儿在售卖。有用黄蜡制作的鸭子、大雁、鸳鸯、乌龟、游鱼，都彩绘上色，金线装饰，这些东西也都能在水面上浮起，因此被称为“水上浮”。还有的在一块木板上放置一层薄土，种上粟的种子使其发芽，木板上还放置上小茅屋和花木，摆放一些农家田舍的小物件，看起来像一个农家小村子一样，这种小玩意儿叫“谷板”。还有的在瓜上雕刻出各种花样，叫作“花瓜”。

七夕前后，南宋行都临安府的商人也售卖各色时鲜果品，伴以各种促销的策略。人们也借此聚餐游玩，与当今的节日没什么区别。

（七）八月十五吃月饼

农历八月的节令与习俗，除了秋社，还有“中秋”和“观潮”。

1. 中秋

《梦粱录·卷四·八月》记载：“中秋前，诸酒库中申明点检所，择日排办迎新，帅府率本州军伍及九县场巡尉军卒，并节制殿步两司军马，往蒲桥教场教阅，都人观睹，尤盛于春季也。”

《梦粱录·卷四·中秋》又记载：“八月十五日中秋节，此日三秋恰半，故谓之‘中秋’。此夜月色倍明于常时，又谓之‘月夕’。此际金风荐爽，玉露生凉，丹桂香飘，银蟾光满，王孙公子，富家巨室，莫不登危楼，临轩玩月，或开广榭，玳筵（玳瑁筵，指豪华的宴席）罗列，琴瑟铿锵，酌酒高歌，以卜竟夕之欢。”

《梦粱录·卷十六·荤素从食店》记载：“市食点心，四时皆有，任便索唤，不误主顾。且如蒸作面行卖四色馒头、细馅大包子，卖米薄皮春茧、生馅馒头、馋子、笑靥儿、金银炙焦牡丹饼、杂色煎花馒头、枣箍荷叶饼、芙蓉饼、菊花饼、月饼……”

由上面三段文字可以看出，南宋行都临安府的中秋节狂欢的场面甚大，上至王孙公子，下至寻常百姓人家，都在“玩月”。热闹的过节氛围体现出人们对家人和团圆的珍惜。

值得注意的是，“月饼”一词，最早便出现于周密的《武林旧事》和《梦粱录·卷十六·荤素从食店》中。但是，从周代“中秋”起源到唐代将“中秋”确定为节日，都还没有“月饼”什么事。

“饼”的最早记载出现于春秋时期的《墨子·耕柱》，书中记载曾有一个人，家里有吃不完的牛羊肉，却“见人之做饼，则还然窃之”。自己有肉吃，却还要去偷别人的饼，从这句话可以看出，当时饼已是一种较为普及的食物，虽然不知当时的饼是什么样子的。

汉代的“饼”通指普通的面食。张骞通西域以后，引入了“胡饼”。魏晋南北朝时期，饼食的种类更加丰富，蒸、煮、烤、烙、炸等俱全，并出现了馅饼。这时出现的烧饼就是一种羊肉馅的发面饼。北魏贾思勰的《齐民要术》中便有做烧饼的方法：用一斗面粉、二斤羊肉、一合葱白、豉汁和盐，将羊肉和葱白炒熟后，包入发酵好的面团中，再进行烤制，很像今天的羊肉馅饼。

直至唐代，中秋节依然没有什么特色的节令食品。到五代时，“玩月羹”才成为第一种见于史籍记载的中秋节的节令食品。据烹饪史家研究，“玩月羹”是以桂圆、莲子、藕粉等为原料烹成，据说，一百多年前岭南一带中秋节时仍然可以看到有人在售卖玩月羹。苏菜中的一款“西施玩月”，也许存有古时玩月羹的遗味。它是在煮鱼圆的锅中放入火腿片、笋片、香菇、绿叶菜烧沸捞出，排放在鱼圆上面。

苏轼曾于公元1100年农历八月离开廉州（今广西壮族自治区合浦县）时作《留别廉守》诗，话别廉州太守张左藏，其中有一句“小饼如嚼月，中有酥与饴”。八月吃着带馅儿的小饼，苏轼的这首诗是“月饼”与中秋关联最紧密的一次，但这首诗是否在中秋而作不好确定，其中的小馅饼是否为“月饼”也不好说。

周密的《武林旧事》和《梦粱录》都提到了“月饼”，但这两部书的“中秋”条目中，都没有谈到中秋节与“月饼”的关系。故而，南宋的“月饼”是否是中秋节的节令食品也难以确定。

目前关于中秋吃月饼的记载，最早见于明代刘若愚的《酌中志•卷二十•饮食好尚纪略》：“八月宫中赏秋海棠、玉簪花。自初一日起，即有卖月饼者。……至十五日，家家供月饼、瓜果……如有剩月饼，仍整收于干燥风凉之处，至岁暮合家分用之，曰团圆饼也。”由此可见，最迟到明代，互赠月饼已成为中秋节的习俗，且所剩月饼贮存起来，到年三十还要继续分食。

2. 观潮

《梦粱录•卷四•观潮》记载：“临安……西有湖光可爱，东有江潮堪观，皆绝景也。每岁八月内，潮怒胜于常时，都人自十一日起，便有观者，至十六、十八日倾城而出，车马纷纷，十八日最为繁盛。”

现代人钱塘观潮的最佳处在浙江省海宁市盐官镇。但在南宋，钱塘观潮的最佳之处却在行都临安府。每年农历八月十八会举行钱塘江观潮盛典，行都临安府男女老幼倾城出动，人流如织，车水马龙，现场彩旗飘飘，极其壮观。潮水来时，数百健儿披发文身，高举旗帜，脚踩浪头，争先奋勇跳入江中，迎着潮头前进。

钱塘观潮，在东汉时期便已成为一种习俗。但钱塘观潮形成固定习俗并声名远播，则是从东晋时期开始的。

东晋以前，全国政治经济中心在北方，江南尚未得到充分开发，人口较少。自西晋“八王之乱”开始，为避战乱，北方人大量南迁，促进了江南的大开发，尤其是杭嘉湖平原一带经济发展迅速，人口数量猛增，钱塘观潮活动也达到相当规模，并成为固定习俗。

文人之笔则让钱塘观潮声名远播。东晋南朝

时期，大量风流文士凭江观潮，写诗作赋，抒发情怀，使得钱塘大潮名扬天下。

唐代，钱塘观潮活动如火如荼，虽然谁也说不清到底有多少人参加观潮，不过《全唐诗》中仅咏颂钱塘潮的诗篇就有近千首，白居易、刘禹锡等大文豪都有咏潮诗传世，足见当时观潮活动的规模和影响力。

随着观潮活动的盛行，仅仅潮水本身已无法满足观潮者的需要，唐代出现了一项惊险刺激的体育运动“弄潮”，也就是现在的冲浪。目前最早关于钱塘弄潮的记载是唐代李吉甫的《元和郡县图志》:“每年八月十八日，数百里士女，共观舟人渔子溯涛触浪，谓之弄潮。”

这段不仅明确记载了钱塘潮的大小规律、观赏时间，还简略介绍了“弄潮”这项运动的开展方式：一些熟谙水性的“舟人渔子”逆着潮水方向，与潮水搏击，进行近距离亲密接触。

唐代大文豪白居易曾多次观赏钱塘大潮，赋诗留念，其中一篇《重题别东楼》有“春雨星攒寻蟹火，秋风霞飐弄涛旗”。白居易还在该处注解了余杭的弄潮习俗：“余杭风俗，每岁八月迎涛，弄水者悉举旗帜焉。”这首诗还透露出弄潮的一个具体细节，弄潮者手举旗帜，帜逆涛戏浪，弄潮者身姿极为矫健。这段诗文记载表明，最晚到中唐时期，钱塘弄潮已经成为一项广为人知的民俗运动，深受人们喜爱。

南宋时期，海塘约在今杭州市秋涛路沿线附近。八月十八日为钱塘观潮最盛之日，因为这一天官府会在钱塘江上举行水军演习。从庙子头（今钱塘区新塘附近）到六和塔，沿江十余里，都搭满临时棚屋，商家花钱占地包场，小商小贩也觅商机而来。

临安城的达官贵人，还另有更优雅的赏潮之处，这就是位于南宋临安城最繁忙的水道——浙江闸口的浙江亭（在今三廊庙附近）。此处曾有过宋高宗赵构、宋孝宗赵昚二帝一同观潮的盛况。

实际上，还有一处位置绝佳的观潮点，只不过民众无法前往，那就是南宋皇宫大内山上的

“天开图画”。皇帝于大内观潮，从殿庭俯瞰江中，先是“帅府节制水军，教阅水阵”，只见上千船舰横列江面，旌旗招展，遮天蔽日，水军将士舞刀弄枪，向皇帝所在之处“天开图画”齐声致意，声如雷震。“教阅水阵”结束后，水上竞赛项目登场。弄潮的职业运动员被称为“弄潮儿”，现在的“弄潮儿”一词便由此而来。每位“弄潮儿”持十幅彩旗，游到对岸，踏浪争雄，大浪过后，旗帜却毫不沾水。直至大潮如期而至，“观潮”才告结束。

（八）九九重阳菊主场

《梦粱录·卷五·九月》记载：“日月梭飞，转盼重九……今世人以菊花、茱萸，浮于酒饮之，盖茱萸名‘辟邪翁’，菊花为‘延寿客’……禁中与贵家皆此日赏菊，士庶之家，亦市一二株玩赏。”

古人把“六”定为阴数，把“九”定为阳数，又因“九”在个位数中最大，因此古人以“九”为最高；而且夏历九月初九日月并阳，两九又相重，故而叫重阳，也叫重九。重阳节在数千年的发展过程中，形成了自己的代表性节日习俗，如“佩插茱萸”和“饮菊花酒”等。

佩插茱萸：古时有“无菊无酒不重阳，不插茱萸不成节”的说法。佩插茱萸是重阳节的一个标志性习俗。茱萸属于双子叶植物纲蔷薇亚纲，有多个种类，与重阳节有关的茱萸主要指的是吴茱萸，古名越椒。吴茱萸的特点：一是花房艳丽，给人以很强的视觉上的美感；二是香味浓烈，是很好的提神植物；三是药用价值高，有治寒驱毒的功效。茱萸和重阳节发生联系的过程已不可考，但可以肯定的是，插茱萸、佩茱萸囊、食茱萸作为重阳节的重要风俗到西汉时即已出现。由于茱萸在重阳节中有着重要地位，重阳节也被称为茱萸节、登高会也被称为茱萸会。在重阳节的发展过程中，寓意着长生与延寿的“延寿客”（菊花酒）在重阳节习俗中的地位逐渐超过了寓意着驱鬼辟邪的“辟邪翁”（茱萸），佩插茱萸的习俗逐渐淡化，至民国年间基本消失。

赏菊：中国是菊花的故乡，自古栽种菊花就很普遍。菊是长寿之花，又被文人赞美作凌霜不屈的象征。民间又称九月为“菊月”，重阳又称菊花节，赏菊也就成了重阳节习俗的重要组成部分。

饮菊花酒：中国很早就有重阳节喝菊花酒的习俗，这一方面和菊花酒的健身功效有关，另一方面也和士大夫对菊花人文风格的大力推崇有着密切的关系。除了饮菊花酒，重阳还有簪菊花的习俗。

（九）十月十五下元节

冬日的南宋行都临安府，有很多的节令与民间习俗，有的与北宋都城东京汴梁相比变化不大，诸如立冬、冬至、腊八、除夕等，略过不提。有的则是北宋都城东京汴梁基本上不过的，比如十月十五下元节（也称“下元日”“下元”“十月望”等），《梦华录》毫无记载；而《梦粱录·卷六·立冬》记载："十五日，水官解厄之日，宫观士庶，设斋建醮，或解厄，或荐亡。"

作为一年中最后一个月圆的节日，下元节的来历与道教有关。道教有三官：天官、地官、水官，三官的诞辰分别为正月十五、七月十五和十月十五，这三天被称为"上元节""中元节""下元节"。

根据道教的说法，三元是三官的统称，是道教的重要神祇。上元节和中元节分别是为了纪念三官中的天官和地官而设立的，而下元节则是为了纪念三官中的水官而设立的。水官的主要职责是掌管水域、河流和湖泊。

北宋时，水官的诞辰下元节逐渐演变成一个祭祀神灵与祖先，祈求水官排难解忧、禳灾免邪的节日。人们通过各种祭祀和纪念活动，祈求来年的平安和幸福。

到了南宋，下元节恰好与农历十月二十二宋孝宗赵昚的诞辰相近。与下元节接近的时间点使得庆祝更多地转向了宋孝宗赵昚的生日，宋孝宗的生日抢了水官的诞辰下元节的风头。

肆

四、由朝廷主导的重要礼仪庆典活动

《梦粱录》的一至六卷，以正月到十二月的时间为序，除了介绍南宋行都临安府的岁时节令与民间习俗，还重点介绍了元宵、中和、祠山圣诞、三月三佑圣诞辰、六月初六磁州崔真君、十月朔送寒衣等由朝廷主导的重要礼仪庆典活动，展现了南宋行都临安府作为首都的政治功能的实现方式。

（一）杭城元宵与中和

1. 元宵

《梦粱录·卷一·元宵》载："正月十五日元夕节，乃上元天官赐福之辰。……今杭城元宵之际，州府设上元醮，诸狱修净狱道场，官放公私僦屋钱三日，以宽民力。舞队自去岁冬至日，便呈行放。遇夜，官府支散钱酒犒之。元夕之时，自十四为始，对支所犒钱酒。十五夜，帅臣出街弹压，遇舞队照例特犒……家家灯火，处处管弦，如清河坊蒋检阅家，奇茶异汤，随索随应，点月色大泡灯，光辉满屋，过者莫不驻足而观。及新开门里牛羊司前，有内侍蒋苑使家，虽曰小小宅院，然装点亭台，悬挂玉栅，异巧华灯，珠帘低下，笙歌并作，游人玩赏，不忍舍去。诸酒库亦点灯球，喧天鼓吹，设法大赏……至十六夜收灯，舞队方散。”

“支散”，为发放之意；“帅臣”，指的是中央派遣到各路负责军务治安的长官；“弹压”，类似于现在所说的交通管制；“舞队”，指的是民间的游街表演队伍，类似于现在的民间秧歌队。

对比《梦粱录》与《梦华录》中对元宵节的描写可知，虽然都城已易，但元宵节依然是那般热闹。

《梦粱录·卷一·元宵》中，所述人物虽多，但最出风头的是两个姓蒋的人。一为蒋检阅。检阅是宋代开始设置的负责点校书籍的史官。按照常理来说，检阅应属于清水衙门，但或许生财有道，元宵节那天，蒋检阅家可是风光得很：家门口摆着些大桌，泡着各色好茶，大家玩累了，随时可以去他那儿取一杯热气腾腾的茶来喝。内侍蒋苑使家虽然没有蒋检阅家那般财大气粗，却很会装点，宅院十分精致。

值得注意的是，《武林旧事·卷三·放春》不仅也记载了这个蒋苑使，而且要比《梦粱录·卷一·元宵》的记载更为详细：蒋苑使家虽然只有一个不满两亩地的小园子，但每年春天，蒋苑使都会把西湖和皇家园林的景致复制到家里来，只是规模要比原景致小一些，从而把自家的小园子变成真正意义上的游乐场：罗列各种书画以及高档的玩器、饰物、用具等，让游客玩“关扑”游戏，获得刺激的快感；设置标杆和射垛、秋千、球门，组织射箭、踢球、打秋千等各种竞技活动，赢家自然会有奖品。凡是看上去斯文体面的来宾，蒋苑使还会派奴仆上前殷勤邀请，到摆设了酒肴的待客处，免费提供美酒一杯。自元宵节之后便开始，日日如此，一直到过了寒食才结束。推测起来，蒋苑使如此有兴致，也许不仅是出于慷慨好客、喜欢热闹，而且是想借助这样的机会结交各路衣冠人物，获取人际方面的信息与资源，以供皇帝参考，实属精明过人之举。

南宋行都临安府的元宵节哪些人能挣到钱呢？一是民间游街表演的舞队：从头一年的冬至便开始出来唱歌、跳舞、玩杂技，维持秩序的将军，碰到了他们，也要给赏钱；二是街边小贩，他们不但不会被驱赶，而且还能挣到钱；三是“设法大卖”的属于官府管控的各个酒库。

2. 中和

《梦粱录·卷一·二月》载：“二月朔，谓之‘中和节’，民间尚以青囊盛百谷、瓜、果子种互相遗送，为献生子。禁中宫女，以百草斗戏。百官进农书，以示务本。”

《梦华录》没有记载的中和节，是唐德宗李适人为创造的一个节日，旨在弥补二月无节（当时还未流行“二月二龙抬头”说法）的缺陷。

中和节这一天“百官进农书，司农献穜稑之种”，“司农献穜（早种晚熟的谷物）稑（后种先熟的谷物）之种”来源于《周礼•天官•内宰》中的说法。“献穜稑之种”与“进农书”都体现出南宋官府对农业的重视。

中和节的另一习俗是“献生子（青囊盛百谷、瓜、果子种互相遗送）”。“献生子”不仅是一种物质上的交换，更是一种精神上的传承。这一习俗表达着人们对自然的敬畏和对生活的热爱，同时也传递着对彼此的美好祝愿。随着时代的变迁，南宋以后，中和节基本消失。

（二）祠山圣诞不一般

《梦粱录•卷一•八日祠山圣诞》记载：“初八日，钱塘门外霍山路有神曰‘祠山正佑圣烈昭德昌福崇仁真君’，庆十一日诞圣之辰。祖庙在广德军，敕赐庙额‘广惠’……十一日，庙中有衙前乐，教乐所人员部领诸色乐部，诣殿作乐呈献。命大官排食果二十四盏，各盏呈艺。守臣委佐官代拜。”

“祠山正佑圣烈昭德昌福崇仁真君”，简称“祠山大帝”，又称“祠山张大帝”“祠山神”，为苏浙皖交界一带信奉的道教神仙，每年农历二月初八其诞辰日都会举行祭祀活动。“衙前乐”，指的是宋代州府衙门所置的乐队；“诸色”，指的是古代教坊所属部门的名称。

“祠山大帝”姓张名渤，籍贯安徽广德，一说西汉时人，一说两汉之际时人，其事迹与大禹治水相似。他带领百姓在江南一带，疏通江河，征服洪水，化害为利，发展农耕，为这一地区的农业生产、社会进步做出了卓越的贡献。

“祠山大帝”一开始的影响并不大，唐代尚称横山（在安徽省广德市桃州镇，地处苏、浙、皖三省交界处）张公，唐玄宗李隆基即位后，改“横山”为“祠山”，改“张公”为“广德侯”，南唐改封为“广德公”，后晋封为“广德王”，宋仁宗赵祯封为“灵济王”，宋理宗赵昀改封为“正佑圣烈真君”，宋度宗赵禥加封为“正佑圣烈昭德昌福真君”。民间称之为“祠山大帝”。

（三）捍卫北疆三月三

《梦粱录·卷二·三月》记载：“三月三日上巳之辰，曲水流觞故事，起于晋时。……兼之此日正遇北极佑圣真君圣诞之日，佑圣观侍奉香火，其观系属御前去处，内侍提举观中事务，当日降赐御香，修崇醮录，午时朝贺，排列威仪，奏天乐于墀下，羽流整肃，谨朝谒于陛前，吟咏洞章陈礼。士庶烧香，纷集殿庭。诸宫道宇，俱设醮事，上祈国泰，下保民安。诸军寨及殿司衙奉侍香火者，皆安排社会，结缚台阁，迎列于道，观睹者纷纷。贵家士庶，亦设醮祈恩。贫者酌水献花。杭城事圣之虔，他郡所无也。”

“羽流”，指道士。“洞章”，指道教经书，道教经书分为“洞真”“洞玄”“洞神”三部。其中，

“洞真”代表最高层次的修行经典，“洞玄”是位于中间层次的修行经典，“洞神”属于较低层次的修行经典。尽管“洞真”“洞玄”“洞神”在修行层次上有所不同，但它们并非完全割裂，而是相互关联、相辅相成的。对于道教修行者来说，理解并践行“三洞”经典是通往更高修行境界的必经之路。“酌水献花”，意为“贫者”可以根据自己的精力和条件灵活安排，不一定非选择在午时进献供品花。

道教护法四圣，又称为北极四圣、北极四圣真君、北方四元帅，是指在中国传统的道教信仰中，被尊崇为护法神明的四位神祇。隋唐以后，对道教护法四圣的崇奉开始流行起来。

据道教典藏记载，天蓬大元帅真君是四圣之首；天猷副元帅真君是四圣的次位；翊圣保德真君是四圣的第三位，也是北宋皇室极其推崇的护佑宋室的大神；镇天真武灵应佑圣帝君是四圣的最后一位，又称真武大帝、玄天上帝、九天荡魔祖师、无量祖师，民间称荡魔天尊、报恩祖师、披发祖师，简称“佑圣真君”或“真武帝君”，为北方之神，也是现在武当山信奉的主神。

“佑圣真君”的由来可追溯至古代的星辰崇拜。我国古代的星象学家为了观测天象及日、月、五星在天空中的运行，把南中天的恒星分为二十八个星座，称为“二十八星宿”。战国后，人们逐渐把二十八星宿分为东、南、西、北四方，每方七宿，据其形象分别以东方青龙、南方朱雀、西方白虎、北方玄武四灵命名。

东汉后期形成的道教尊崇北方玄武七宿中的第一宿，即斗星，又称南斗，认为北斗星掌管人的死亡，南斗星掌管人的生寿。

关于玄武更名为真武的原因，一说为避宋真宗赵恒（曾名玄休、玄侃）之讳；一说为避赵宋“圣祖”赵玄朗（宋太祖赵匡胤追封轩辕黄帝为其圣祖，并名为赵玄朗）的讳。

宋太宗赵光义封真武为“翊圣将军”；宋真宗赵恒先加真武号为“翊圣保德真君”，再加真武号为“真武灵应真君”；宋钦宗赵桓加真武号为“佑圣助顺真武灵应真君”。此后，南宋诸帝仍不断加封。宋孝宗赵昚建佑圣观，以奉佑圣真武灵应真君。到南宋末年，真武的封号加到了二十四个字，“北极镇天真武佑圣助顺灵应福德仁济正烈协运辅化真君”。

两宋历代皇帝之所以如此崇信真武，一个重要原因是其在北方强敌（辽、金、元）的威胁之下，欲求助于真武为其北方疆土的捍卫神。

正所谓上行下效，皇室重视真武神，民众也追随效仿，建祠立庙奉祀。从目前所掌握的资料来看，宋代的真武庙有十余处。而且，武当山在宋理宗赵昀即位后便已有分香庙。南宋末期，战争不断，民间普遍认为武当山是避难之地。

（四）东岳天齐仁圣帝

《梦粱录·卷二·二十八日东岳圣帝诞辰》记载：“三月二十八日，乃东岳天齐仁圣帝圣诞之日，其神掌天下人民之生死，诸郡邑皆有行宫奉香火。杭州有行宫者五，如吴山、临平、汤镇、西溪、昙山，奉其香火。……都城士庶，自仲春下浣，答赛心愫，或专献信香者，或答重囚带枷者，或诸行铺户以异果名花、精巧面食呈献者，或僧道诵经者，或就殿庑举法音而上寿者，舟车道路，络绎往来，无日无之。”

“答赛”，指的是祭祀神灵。“心愫”，指的是心愿。“信香”，我国佛教等宗教谓香为信心之使，虔诚烧香，神佛即知其愿望，故称“信香”。“重囚带枷者”，指的是带枷锁的重囚犯。

在中国传统文化中，历经五千余年甚至上万年信仰推崇的名山，无外乎三山、五岳与五镇。

“三山”在秦汉以前往往指以昆仑山、不周山等为首的一众远古神山。秦汉以后，随着秦皇汉武大力从事的求仙升仙活动而衍生出对蓬莱、方丈、瀛洲的海上仙山的追求；魏晋南北朝以后逐渐成熟的道教也把蓬莱、方丈、瀛洲“三山”作为求道升仙的追求目标。

“五岳”本来只是先秦时期各地邦国在自家境

内祭祀的名山，各邦国也会根据自身所在地域的实际情况来祭祀不同的高山。秦汉的统一为华夏文化整体意义上五岳的成形奠定了基础。

东岳泰山、中岳嵩山、西岳华山自从汉宣帝刘询确定后就再无变动，南岳在两汉魏晋南北朝时期其实一直是指安徽天柱山（古称霍山，也称潜山），到隋文帝杨坚时则下诏把南岳的名头给了如今的衡山。北岳在明清以前一直是指河北曲阳大茂山（古称恒山），汉代为了避汉文帝刘恒的讳，改称为“常山”。直到明清时期，北岳才迁移到了今日之山西恒山。

贯穿山东中部的泰山，古称“岱山”“岱宗”，春秋时改称“泰山”，为群山之尊、五岳之长。虽然泰山的海拔低于华山和恒山，但在中国文化的语境中，东方是生命之源，地处东方的泰山便成了“万物孕育之所”的“吉祥之山”“神灵之宅”。受天命而成为帝王的“天子”更是把泰山看成国家统一和权力的象征，为答谢天帝的“授命”之恩，也必到泰山封神祭祀。除帝王将相外，千百年来，也有众多文人名士都向往登临泰山，以饱览中国第一名山的壮美，抒发自己的豪情壮志。皇帝的封禅活动和雄伟多姿的壮丽景色，吸引历代文化名人纷至泰山进行诗文著述，留下了数以千计的诗文刻石。

唐朝以前，并没有“五镇”的说法。北宋把今日山西霍山（又称太岳山）增列为“中镇”，由此最终形成“五镇”。其余四镇分别是北镇医巫闾山、东镇沂山、南镇会稽山、西镇吴山。“五镇”地位低于“五岳”，却又高于各地名山。

（五）太后皇帝过生日

《梦粱录·卷三》里记载了四月初八“寿和圣福皇太后圣节”、四月初九“度宗生日”。

这里的“寿和圣福皇太后”，指的是宋理宗赵昀的皇后谢道清。

谢道清，台州临海（今浙江省临海市）人，右丞相谢深甫的孙女，父谢渠伯。谢深甫因拥立杨桂枝为宋宁宗赵扩的第二任皇后有功，杨皇后很感激他。宋宁宗赵扩病逝后，杨桂枝与史弥远联手，立赵昀为皇帝，即为宋理宗，杨皇后被尊为皇太后，垂帘听政，至公元1225年撤帘。

谢道清生下来时就皮肤黝黑，而且一只眼睛有毛病。因为父亲谢渠伯死得早，谢道清幼年时便开始操持家务。宋理宗赵昀即位后，杨太后命从谢家的女孩儿中选择一人立为皇后。当时的谢家，只有谢道清尚未出嫁，但谢道清的伯父谢擽伯却反对谢道清入宫。谢擽伯认为，即便入了皇宫，凭谢道清的条件，也不会受宠。恰好元宵节那天晚上，临海县里有喜鹊来灯山做巢，人们认为这是临海县会出后妃的祥兆。谢擽伯无力阻止，只好送谢道清入宫。入宫不久，谢道清便得了麻疹病。过了一段时间，麻疹病好了之后，谢道清皮肤蜕落，莹白如玉；恰好医生又治好了她的眼病。当时贾似道的姐姐姿色绝美，也在入选之列。谢道清入宫后，宋理宗赵昀想立贾氏为皇后，被杨太后阻止。宋理宗身边的人也私下议论：“不立真皇后，乃立假（贾）皇后邪！”谢道清由此成为宋理宗的皇后。

公元 1264 年，宋理宗驾崩，其同母弟赵与芮之子赵禥即位，即为宋度宗，尊谢道清为皇太后，号为寿和圣福，生日为寿崇节。

宋度宗赵禥整天与妃嫔们饮酒作乐，将朝政通通委托给太师贾似道，特许贾似道三日一朝。后来放宽到十日一朝，而且每次退朝，宋度宗都要离座目送贾似道走出大殿，他才敢坐下。

1274 年秋，宋度宗驾崩，宋恭帝赵㬎即皇帝位，尊谢道清为太皇太后。谢道清年老而且有病，大臣们多次请她垂帘与宋恭帝一同听政，再三强求后谢道清才同意。1275 年 6 月 25 日（农历六月初一）发生日食后，谢道清削去自己“圣福”的尊号来顺应天变。1276 年春，元军破南宋行都临安府，掳走南宋君臣，押往大都。正患病在床的谢道清暂时留在南宋行都临安府。1276 年秋，谢道清被元军从临安押往大都居住，降封寿春郡夫人。

（六）六月初六泥马渡

《梦粱录·卷四·六月》记载："六月初六日，敕封护国显应兴福普佑真君诞辰，乃磁州崔府君，系东汉人也，朝廷建观在衮门（清波门的俗称）外聚景园前灵芝寺侧，赐观额名曰'显应'，其神于靖康时高庙为亲王日出使到磁州界，神显灵卫驾，因建此宫观，崇奉香火，以褒其功。此日内庭差天使降香设醮，贵戚士庶，多有献香化纸。"

需要说明的是，《梦粱录》里的"崔真君"，就是《梦华录》里的"崔府君"。崔真君究竟是何人？与北宋时期众说纷纭不同，南宋时比较普遍的说法，正如《梦粱录·卷四·六月》记载的那样，"乃磁州崔府君，系东汉人也"，认为他就是东汉年间《座右铭》一文的作者崔瑗。值得注意的是，崔真君生日这天，《梦华录·卷八·六月六日崔府君生日，二十四日神保观神生日》只是简单记载"多有献送，无盛如此"；而到了《梦粱录·卷四·六月》，则记载为"内庭差天使降香设醮，贵戚士庶，多有献香化纸”。由此可见，“真君”也好，“府君”也罢，其在南宋时的香火要远旺于北宋。至于其中的原因，也正如《梦粱录·卷四·六月》所记载的那样，“其神于靖康时高庙为亲王日出使到磁州界，神显灵卫驾”，也就是人所共知的“泥马渡康王”的传说。

故事说的是公元1126年冬，奉命出使金营的康王赵构和副使王云到达交战前线磁州。在磁州的著名将领宗泽对赵构说：“肃王一去不回，敌人又诡辞召大王，希望不要去。”

宗泽提到的“肃王”，是宋徽宗赵佶之子赵枢。1126年春，金军围困北宋都城东京汴梁，宋钦宗赵桓被迫将大宋皇室颇不受宠的康王赵构交出，作为人质。后来，金人对康王赵构为人质很不满意，便提出以大宋皇室更受宠的肃王赵枢替换康王赵构，宋钦宗赵桓又被迫应允。成为人质后，肃王赵枢一直被扣在金营，靖康之变后，肃王赵枢又随其他被掳皇室一起北上，再也没有享受过一天的自由。

虽然宗泽这番挽留很诚恳，但听不听还是在康王赵构。正当康王赵构犹豫之时，磁州百姓代替他做了选择：磁州百姓发动暴动，杀了主张继续出使的王云，断了康王赵构继续出使的念头。至于康王赵构自己及其身边重臣后来虚构的部分则很短：之后，康王赵构一路向南退走，在渡河时，便有了“神人扶马载之南渡河”的传说。

《大宋宣和遗事》则将这部分拓展了一下：“康王单骑躲避，行路困乏，因憩于崔府君庙，不觉困倦，依阶脚假寐。少时，忽有人喝云：‘速起上马，追兵将至矣！’康王曰：‘无马，奈何？’其人曰：‘已备马矣，幸大王疾速加鞭！’康王豁然环顾，果有匹马立于旁。将身一跳上马，一昼夜行七百里。但见马僵立不进，下视之，则崔府君泥马也。”

“崔府君显圣”“泥马渡康王”在南宋广泛传播且得到了官方的积极肯定，这与当时特定的历史条件有关。

宋高宗赵构即位之初，面对动荡纷扰的中原，终日不敢安枕而卧。在当时的条件下，宋高宗赵构所能做的，一是设法逐步集中军政大权；二是设法向忠于赵宋皇室的臣民们证明，自己即位为帝，确系“天意”。

公元1149年，宋高宗下令于行都临安府建观供奉磁州崔府君。因担心金军报复，这一寺观很快被拆除。1154年，宋高宗重建显应观于西子湖畔。崔府君再度以南宋王朝佑护者的身份被供奉起来，对其灵异也传说日甚。宋高宗禅位后，曾亲临观内拜谒，并且赐金将观内藻饰一新。1186年，宋高宗又以太上皇的身份，封崔府君为“护国显应兴圣普佑真君”。其后的南宋历代皇帝或赐御书、或题碑额，增道士、广田亩，并允许士庶前往祈祷。显应观香火甚盛。南宋派往金国的使者，行前常向显应观祈祷行旅平安，归来则再备祭品向府君致谢；去往金的途中凡路经磁州的人，也必拜望崔府君祠。

（七）春秋两次释奠礼

《梦粱录·卷一·二月》记载：“上丁日，国学行释奠礼，祭文宣王，以祭酒司业为献官。州县学宫，以帅宰奉行。”《梦粱录·卷四·八月》又记载：“八月上旬丁日，太、宗、武、府、庠、县学俱行秋丁释奠礼。”

两汉以来，每逢农历二月的第一个丁日（如，2026年3月24日，农历二月初六，丁酉）和八月的第一个丁日（如，2025年9月25日，农历八月初四，丁酉）都是祭祀孔子的日子，被称为“释奠礼”。

“太、宗、武、府、庠、县学”，指的是太学、宗学、武学三个中央官学和府学、庠学、县学三个地方官学。“释奠”原为古代学校的祭祀典礼，属于“三礼”中的“君师”之礼。

早在商周时，我国就设置了官学。周代的官学中，有释奠先圣先师的礼仪，其中有释奠、释菜和释币等名目。但先圣先师到底是哪些人，并没有确指。

西汉初年，汉高祖刘邦以“太牢礼”祭祀孔子，由此开创了历代帝王祭祀孔子的先河。这一时期，曲阜孔庙由孔子嫡长孙四时祭祀，而官方祭祀一年两次（分别为二月上丁日和八月上丁日）。

“太牢礼”，是古代中国一种最高规格的祭祀礼仪，主要用于帝王祭祀社稷或重要神祇、历史人物。其名称来源于祭祀前饲养牲畜的“牢”，而“太牢”则指使用牛、羊、豕三牲（整只）的祭祀规格。

公元445年，南朝宋文帝刘义隆命皇太子刘劭释奠孔子用乐奏登歌，此为释奠孔子用乐之始。619年，唐高祖李渊亲往释奠。自此以后这项祭祀活动就多由皇帝和皇太子亲为了。

960年，宋太祖赵匡胤亲谒孔子庙，释奠用永安之乐。962年，宋太祖诏祭孔子庙，用一品礼，立十六戟于庙门。1008年，宋真宗赵恒赐孔子庙经史，又赐宋太宗赵光义御制书籍150卷藏于庙中书楼，并诏立孔子庙学舍，并颁孔子庙桓圭一，加冕九旒，服九章。公元1010年，宋真宗赵恒颁释奠仪注及祭器图，建庙学。

古代帝王与公、侯、伯、子、男五等诸侯于朝聘时各执玉圭以为信符，圭有六种，代表不同的爵秩等级，“桓圭”为公爵所执。

这里的“冕九旒”，指的是九旒冕。九旒冕是古代亲王在祭拜天地、祖先及举行重大典礼时佩戴的礼冠，由冠武、金簪、綖板、旒等部分组成，竹、木、丝、金、铁、玉石及大漆等多种材料复合制作。九旒冕的顶部叫“綖板”，“綖板”的表面裹有黑漆纱；板前后各垂九旒，表示帝王不视非、不视邪，是非分明。旒贯红、白、青、黄、黑五色玉珠、每旒穿九珠，共162枚旒珠。板下有玉衡，连接于冠上两边凹槽内；衡两端有孔，两边垂挂丝绳直到耳旁，至耳处系着一块美玉，好像塞住了耳朵，即所谓“充耳”，寓意帝王不听谗言，求大德不计小过，有所闻，有所不闻，从而衍化出一个成语“充耳不闻”。

这里的“九章”，指的是古代帝王冕服上的九种图案：一龙，二山，三华虫，四火，五宗彝，六藻，七粉米，八黼，九黻。其中，上衣前五章，下裳后四章。

从元到清，孔庙神灵的设置，都基本沿袭宋朝确定的格局。清军入关后，尊孔子为“大成至圣文宣先师”，祀礼规格升为上祀，俨然与天、地、社稷和太庙的规格平起平坐。袁世凯任中华民国临时大总统后，祭祀孔子的日期被确定在每年公历的9月28日。

（八）十月朔日送寒衣

《梦粱录·卷六·十月》记载：“朔日，朝廷赐宰执以下锦，名曰‘授衣’。其赐锦花色，依品从给赐。百官入朝起居，衣锦袄三日。士庶以十月节出郊扫松，祭祀坟茔。内庭车马，差宗室南班往攒宫行朝陵礼。有司进暖炉炭。太庙享新，以告冬朔。诸大刹寺院，设开炉斋供贵家。新装暖阁，低垂绣幕。老稚团圞，浅斟低唱，以应开炉之序。”

寒衣节，又称“十月朝”“祭祖节”“冥阴节”“秋祭”，是中国传统的祭祀节日。农历十月初一是进入寒冬后的第一天，古时有授衣、祭祀、开炉等习俗，提醒人们注意寒冬要来了。这一天，妇女们要拿出棉衣，送给在远方戍边、服役的亲人。

中国古代“授衣”之礼历史久远。《诗经·豳风·七月》中说：“七月流火，九月授衣。”隋唐以前授衣多在农历九月举行，但日期不定。唐代时曾在九月初一举行“授衣”之礼。后来，由于九月天气尚未寒冷，宋代的“授衣”之礼便移至十月初一。在儒家“孝亲”传统与“灵魂不灭”的原始宗教信仰的支配下，古人由生者推及死者，由阳世推及阴间，认为远在黄泉之下的亡亲，也需要在十月添衣过冬。作为亡者亲属，有义务为其置备御寒物品，谓之送寒衣，以示悼念之情，后来逐渐发展成为与清明、中元并称的中国三大“鬼节”之一。南宋十月朔是当时的法定节假日，其习俗主要表现在三方面：授衣、祭祀和开炉。

宋初所赐对象为在京的文武官员，所赐衣服

也根据品级的不同而有所不同。后来，赐服的范围不仅仅局限于在京官员，京外官员也能得到赏赐。南宋“授衣”时所赐之物名为衣，实为锦，且花色品类皆依官品而定。这一日，无论天气寒暖，群臣均要穿服锦袄子夹公服三日或五日，以示“授衣”之意。

除了生者授衣的习俗，还有祭拜亡者，为亡者焚送冥衣的习俗。当时的十月朔就如同寒食一样，是祭祖的重要日子。到了元明清时期，“送寒衣”的习俗变得更加普遍而隆重。

值得注意的是，在民俗中凡是送给死人的衣物，焚烧时都要认真仔细，烧得干干净净，这样阳世的纸张，才能真正送到死者跟前。只要有一点儿没有烧透，就前功尽弃了。

宋代十月朔第三个非常重要的习俗是“开炉”；也就是说，从此日开始，便可以开炉设火以取暖，直至来年正月末才结束。对于宋人而言，开炉节重在宴饮，开炉的同时一般会置酒聚饮，称之为“暖炉会”。

伍

五、杭州的历史沿革、城池桥梁与街道坊巷

（一）杭州的历史沿革

《梦粱录·卷七·杭州》记载：“杭城号武林，又曰钱塘，次称胥山。隋朝特创立此郡城，仅三十六里九十步，后武肃钱王发民丁与十三寨军卒增筑罗城，周围七十里许。”

这里的武肃钱王，指的是五代十国时期吴越国的建立者钱镠。

1. 文明起源

作为浙江历史的源头，位于杭州建德市李家镇新桥村后乌龟山上的乌龟洞遗址距今 5 万—10 万年。虽然建德市也隶属于杭州市，但毕竟跟今天的杭州城区还是有一些距离的。

杭州城区范围内人类活动的历史则可以追溯到位于杭州市萧山区城厢街道湘湖村的8000年前的新石器时代的跨湖桥遗址。跨湖桥遗址出土的遗物有稻谷米及形制别致的各种陶器，另有堪称“中华第一舟”的7500年前的独木舟。跨湖桥遗址遗存的茎枝类草药对研究中国中草药的起源尤其是煎药的起源具有重要价值。跨湖桥遗址还出土了世界上最早的漆弓、中国最早的“草药罐”、中国最早的慢轮制陶技术、中国最早的水平踞织机（因织造时人用力的部位大多集中于腰部而得名）、中国最早的甄（制作陶器的转轮）、长江下游地区最早的栽培稻、江南地区最早的席状编织物、南中国地区最早的彩陶、南中国地区最早的家猪——所有这些赋予杭州市萧山区的是漫长8000年的历史底蕴，当然，也将浙江的文明史向前推了1000年。

被联合国教科文组织列入《世界遗产名录》的良渚古城遗址因1936年首先发现于杭州市余杭区良渚镇而命名。良渚古城遗址距今5300—3700年，其最大特色是所出土的玉器，有璧、琮、冠形器、玉镯、柱形玉器和玉钺等诸多器型。

良渚古城遗址所处的太湖地区是我国稻作农业的最早起源地之一。在众多的良渚文化遗址中，普遍发现了较多的石制农具，如三角形石犁和“V”字形破土器等，表明良渚文化时期的农业已由耜耕农业发展到犁耕农业阶段，这是古代农业发展的一大进步。与此同时，制陶、治玉、纺织等手工业部门从农业中分离出来，尤其是精致的治玉工艺，体现了当时手工业高度发展的水平。其他诸如漆器、丝麻织品、象牙器等，均展现了当时生产力的一定程度的先进性及其所蕴藏的文化内涵。作为太湖流域一个早期区域性国家的权力与信仰中心，良渚古城遗址实证了中华五千年文明史。

一场史前大洪水送走了良渚文明，迎来了治理水患的大禹。大禹乘船前往会稽（今浙江省绍兴市）与诸侯会盟时，曾乘舟航行经过这里，并把他的杭（杭:“方舟”之意）留在此处，所以得名“余杭”。“余杭”便是杭州历史上第一个正式的名字，也是现在杭州市余杭区得名的由来。另有说法是，大禹在此地造舟渡河，越人就称此地为“禹杭”，后来，口语相传，就把“禹”传成了“余”，于是得名“余杭”。

2. 城池兴建

余杭的名字一直沿用了夏商周三代。春秋时期，杭州先属越国，后属吴国，越灭吴后，复属越国。战国时期，楚国灭越国，杭州又归入楚。秦始皇统一中国后，杭州隶属会稽郡，改称“钱唐”。“钱”是指当地的一条江河（即今钱塘江，也被称为浙江），“唐”是指拦阻海潮的堤坝。西汉建立后，又有“钱唐有武林山、武林水”的记载。汉武帝刘彻即位后，设钱唐西部都尉。

“武林”之名最早出自《汉书·地理志》:“武林山，武林水所到之处出。东入海，行八百三十里”。一般认为，武林山即今灵隐、天竺一带群山的总称，这很可能是杭州古称“武林”的由来。

王莽篡汉后，改“钱唐”为“泉亭”。东汉建立后又改回“钱唐”。公元129年，吴、会分治，钱塘江以北为吴郡，钱唐县为其治下；钱塘江以南称会稽郡。会稽郡议曹（郡守的属吏）华信在今清波门至钱塘门一带筑塘，塘成后西湖逐渐形成。华信所筑大塘大致与今湖滨路、南山路相吻合，实为西湖第一堤。但当时钱唐县在湖的西南，故无西湖之名，而称“明圣湖”。后来，钱唐县治移至明圣湖北、宝石山东。

公元 589 年，隋文帝杨坚昭告天下，将原属陈国的吴郡和钱唐郡分别改称苏州和杭州。“上有天堂，下有苏杭”从此传名。591 年，依凤凰山筑州城，这是杭州筑城的最早记载。城周三十六里九十步，城西临西湖东岸，北部在今武林门内，今日城内之吴山尚在城外，而云居山、万松岭则在城中，有盐桥、凤凰、钱唐等门，城东沿今东河一线修防洪大坝。这就是杭州古城的大体规模。

610 年，隋炀帝杨广重新疏凿和拓宽长江以南运河古道，形成今江南运河（今称上塘河）。虽然隋大运河在当时是劳民伤财，但它的成果却泽被千年，最先受益的便是杭州。

正是因为大运河的贯通，让大运河沿线的商贾得以畅通往来。沿线城市如扬州、镇江、苏州、嘉兴等迅速崛起，而坐拥“咽喉吴越，势雄江海”

地理优势的杭州则乘势成为浙江地区的交通枢纽中心。

3. 都市崛起

公元618年，唐高祖李渊置杭州郡，旋改余杭郡，治所在钱唐。因避国号讳，又于621年改“钱唐”为“钱塘”。于是杭州有了第五个名字——“钱塘”，“钱塘江”之名由此而来。758年，余杭复改为杭州。

“安史之乱”爆发后，唐朝的文化中心逐渐转向长江中下游地区。扬州、苏州、杭州成为新的经济、文化、艺术及科学中心。到唐朝后期，杭州一城贡献的财政收入就占据了全国4%的份额。唐代李华的《杭州刺史厅壁记》所言“骈樯二十里，开肆三万室”就是对当时杭州城繁荣景象的生动描述。

随着人口的大量增长，缺水成了当时的大事。刺史李泌引西湖水在城西北开凿六井（相国井、西井、方井、白龟池、小方井和金牛井），当在今浣纱路西、湖滨一带。六井出水量大，水质好，解决了沙洲上居民的饮水难题。后来又筑塘提高西湖水面，西湖水面高出城市地面三尺，引水更加容易。这就是杭州最早的上水管道。公元 821 年，刺史白居易对六井重新修理；1090 年，僧子圭再修，把原来的竹管换成瓦筒并加装石槽，这一上水管道系统一直沿用了 1000 多年才慢慢损坏。

861 年，刺史崔彦曾开凿三沙河：外沙河（也称菜市河，今称东河），中沙河（在中河东约三百步，今已不存），里沙河（也称盐桥河，今称中河）。当时，只有外沙河在城外，里沙河、中沙河均在城内。到了后唐，城西的明圣湖就被称为西湖了。

907 年，后唐太祖朱温册封割据两浙的钱镠为吴越王，钱镠建吴越国，定都杭州，加名“西府”，也称“西都”。在被封为吴越王之前，钱镠就曾对杭州旧城进行了多次扩建。

890 年冬，钱镠任杭州刺史兼防御史时，出于军事需要，开始修新城，“筑新夹城环包氏山，洎秦望山而回，凡五十余里”，即环绕包家山、秦望山筑新城，城北到夹城巷（今长板巷），南至秦望山，南北长十二里，东西相距不到 300 米，故称夹城。此为杭州城第一次扩建。

杭州城第二次扩建是在公元893年秋。这一年，由于军事上的胜利，钱镠被拜为镇海军节度使、润州刺史。他征集20余万民工及北征胜利归来的“十三都兵”，在夹城的基础上新筑罗城。罗城自秦望山由夹城东亘江干，自钱塘湖（西湖）、霍山（今已夷为平地）、范浦（今艮山门外），共七十里，建有十座城门，将隋唐旧城完全包在里面。因罗城城垣南北两端较宽而中间狭窄，故又称“腰鼓城”。

为防止钱塘江潮水危害杭州城，910年，吴越王钱镠发民工自六和塔起向北抵艮山门东筑捍海石塘（后又称“钱氏石塘”），长达十余里。捍海石塘筑成后，钱镠又扩建了外城，将杭州城墙的东界，从中河西侧的罗城再东拓到今东河之西岸，现今的中河当时遂成城内运河。

在五代十国的乱世，其他地方都是你征我伐、烧杀抢掠，而吴越王钱镠却从不对外用兵，从不与其他政权交恶，只专注于经济建设，使得江浙一带成为那个时代难得的一片乐土。他动员大批劳力修筑捍海石塘，驯服了钱塘汹潮；又开浚了西湖，既可灌溉，又可游览。

经过吴越三代国君几十年的励精图治，杭州崛起成为全国的经济文化中心，居民从隋初的一万五千户发展到十万余户。而别的地方因连年战乱，经济衰退，民生凋敝。当人们看到杭州的模样时，感叹这里分明是天堂，天堂之名便由此而来。

4. 皇城时代

北宋时，为两浙路路治的杭州城人口有二十多万户，是江南人口最多的州郡之一；经济繁荣，贸易发达，是全国四大商港之一。北宋词人柳永“东南形胜，三吴都会，钱塘自古繁华，烟柳画桥，风帘翠幕，参差十万人家”的诗句，描写的正是这一时期的杭州。

公元1089年，著名诗人苏东坡调任杭州知州，疏浚西湖，修筑长堤，这就是今天的苏堤。宋高宗赵构于1138年迁行都于杭州并改名为“临安”后，杭州迎来了第三次大规模移民。

（二）杭州的城池

1. 城池

《梦粱录·卷七·杭州》记载："高庙于绍兴岁南渡，驻跸于此，遂称为'行在所'。……旱门仅十有三，水门者五。城南门者一曰嘉会，城楼绚彩，为诸门冠，盖此门为御道，遇南郊，五辂从此幸郊台路。城东南门者七：曰北水门，曰南水门，盖禁中水从此流出，注铁沙河及横河桥下，其门有铁窗栅锁闭，不曾辄开；曰便门，曰候潮门，曰保安水门，河通跨浦桥，与江相隔耳；曰保安门，俗呼小堰门是也；曰新开门。城东门者三：曰崇新门，俗呼荐桥门；曰东青门，俗呼'菜市'；曰艮山门。城北门者三：曰天宗水门，曰余杭水门，曰余杭门，旧名'北关'是也。盖北门浙西、苏、湖、常、秀，直到江、淮诸道，水陆俱通。城西门者四：曰钱塘门；曰丰豫门，即涌金；曰清波，即俗呼'裘门'也；曰钱湖门。其诸门内便门、东青、艮山，皆瓮城。水门皆平屋。其余旱门，皆造楼阁。诸城壁各高三丈余，横阔丈余。禁约严切，人不敢登，犯者准条治罪。城内元三门俱废之，独朝天门止存两城壁，杭人犹以门称之。”

“高庙”，指的是宋高宗赵构。“秀”，指的是南宋的秀州，州治在今浙江省嘉兴市。“五辂”，《梦粱录·卷五·五辂仪式》记载，“明禋止用玉辂，郊祀用五辂”。说的是在明禋祭祀仪式中，使用玉辂。玉辂是五辂之一，通常由皇帝乘坐，象征着至高无上的尊贵和神圣。而在郊外祭祀时，则使用五辂。五辂包括玉辂、金辂、象辂、革辂和木辂，每种车子都有其特定的用途和象征意义。玉辂代表天，金辂代表地，象辂代表四方，革辂代表军事，木辂代表农业。

引人注意的是，在上述十八个水旱城门中，除南门嘉会门为“诸门冠，盖此门为御道，遇南郊，五辂从此幸郊台路”外，东南的候潮门、东面的东青门、北面的余杭门、西面的钱塘门也很重要。

南宋行都临安府城西临西湖，东濒钱塘江，南过凤凰山，北到武林门，东西窄、南北长。“诸城壁各高三丈余，横阔丈余”，城外有护城河。“水门皆平屋”，旱门“皆造楼阁”，十分壮观。

南宋灭亡后，元朝明文规定禁止修建城墙，杭州的城墙被毁坏了很多。元末张士诚占领杭州后，更换和废除了一些城门，杭州的城门变成了十三座：清波门、涌金门、钱塘门、余杭门、和宁门、清平门、天崇门、北新门、艮山门、庆春门、清泰门、永昌门、候潮门。明朝时，杭州城最大的变化是南宋的皇城被划到了城外，由此形成了今日的杭州十门：“武林门外鱼担儿，艮山门外丝篮儿，凤山门外跑马儿，清泰门外盐担儿，望江门外菜担儿，候潮门外酒坛儿，清波门外柴担儿，涌金门外划船儿，钱塘门外香篮儿，庆春门外粪担儿。”

2. 桥梁

旧时杭州城区有中河、小河、西河和东河四条大河，河上、湖上的桥梁不计其数。这些桥，在《梦粱录》中被分为大河桥道、小河桥道、西河桥道、小西河桥道、倚郭城南桥道和倚郭城北桥道六个部分。其中，尤其值得一提的是，发生过暗杀当朝权臣事件的六部桥和望仙桥。

中河上的六部桥始建于南宋，位于御街的东侧，隔御街与六部办公的衙署相对，于是便有了“六部桥”这个俗称。六部桥在南宋时正式的名字叫都亭驿桥。都亭驿是南宋朝廷接待北方诸国来使的驿馆。当时驿馆就在桥东，故称之为都亭驿桥。历朝历代都免不了权力之争。公元 1207 年在此桥旁也发生过兵变，被称为“六部桥兵变”。

由于六部桥是六部官员去六部衙门或进宫上朝的必经之路，因此被南宋主和派权臣史弥远选作暗袭主战派权臣韩侂胄的地点。

经主战派权臣韩侂胄策划，晚年多病的宋光宗赵惇禅位给了次子赵扩。赵扩（即宋宁宗）即位后，韩侂胄大权独揽，招致了主和派权臣史弥远的嫉恨。1206 年夏，韩侂胄出兵伐金失利，反被金军攻入境内。韩侂胄被迫与金朝谈判，金朝提出只有拿到韩侂胄的人头才能议和。韩侂胄气得要自掏腰包集结军队，准备和金军继续打下去。史弥远便于公元 1207 年 11 月 24 日（农历十一月初三）秘密派遣心腹伏兵于六部桥两侧，乘韩侂胄上朝路过六部桥时发动突然袭击，将他挟持至玉津园内槌死，并将他的首级送往金营求和。此后，史弥远大权独揽，加速了南宋的灭亡。

同样跨越中河的望仙桥在德寿宫前。南宋定行都于临安府之初，有风水先生认为此地风水极佳。秦桧知道后，便向宋高宗赵构要了此地作为自家的府邸，并建家庙于自家府邸的东边。秦桧死后，此地被宋高宗收回，改为德寿宫，作为自己晚年的居住之所。

值得注意的是，望仙桥也发生过一次未遂的暗杀事件。据《宋史·秦桧传》记载，公元 1150 年 2 月 8 日（农历正月初九），秦桧上朝途中，殿前司小校施全在此桥下刺杀秦桧，没有成功，自己却被处以磔刑（先割肉离骨，再断肢体，最后割断咽喉）。

问题在于，施全为什么非要刺杀秦桧不可呢?

答案很意外：纯粹是钱惹的祸，而绝不是什么民族大义。

南宋建立后，既要忙着对付金军又要忙着平定内部叛乱的宋高宗赵构将所有的赋税用来养兵，还允许军队经商。

南宋与金罢战言和后，宋高宗和秦桧开始大力整顿军队，将军权、财权收归中央，通过裁军减少开支。长此以往，高级将领或许还能顶得住，像施全这种下层军官和普通士兵简直就是度日如年，甚至还会被活活饿死。在施全看来，这一切都是秦桧这个大奸臣造成的。所以，施全想着胁迫秦桧，重新对金开战，于是他便在望仙桥上演了一桩当街刺杀宰相的好戏。

除了六部桥和望仙桥，三圣桥、丰乐桥、盐桥和西桥也值得一提。

三圣桥西连中河路，东接原新宫桥河下。宋高宗在位时期，为纪念于公元 1082 年抵御西夏兵时在永乐城（在今陕西省米脂县）之战中战死的高永能、景思谊、程博古三位统军将领，在此建旌忠庙，俗称三圣庙。桥以庙名，称为“三圣桥”。

横跨中河的丰乐桥旧名踏道桥。仁和、钱塘两县以此为界，北属仁和，南属钱塘。南宋时因桥畔有著名酒肆丰乐楼，为朝士会饮之处，故名丰乐桥。“山外青山楼外楼，西湖歌舞几时休？暖风熏得游人醉，直把杭州作汴州”，这首诗里所说的“楼”便是丰乐桥边的丰乐楼。

盐桥，也称惠济桥、广福桥。公元893年，钱镠筑杭州罗城，有城门十座，其中一座就叫盐桥门，在盐桥西。其时，从江海入城的盐船都要停泊于此等待出售，故名盐桥。南宋时，桥上建惠济庙，以祭祀蒋崇仁三兄弟，故又称惠济桥。宋高宗赵构定行都临安府后，人口激增，粮食匮乏。又遇粮食歉收，蒋崇仁不仅济米于贫民，还献粮给朝廷。蒋崇仁过世后，蒋崇义、蒋崇信笃行兄志，力行好事。每逢灾年都捐钱济民，并让买米的乡亲持斗自量，人称“蒋自量”。1267年，京兆尹请朝廷赐庙额为“广福”，故亦名广福桥。

西桥东接青云街，西面则是供奉着唐代“安史之乱”中协助张巡镇守睢阳（今河南省商丘市）的南霁云和雷万春两位大将的二圣庙。宋时有平籴仓，贡院在其北。每科榜发，考中者由贡院赴布政使处领宴，鼓吹导引，必登此桥，取登青云直上之意，故有“登云桥”之名。

武林门北夹城巷的德胜桥，原名堰桥。南宋建都杭州时，宋将苗傅、刘正彦发动兵变，逼迫宋高宗赵构退位。由于梁红玉去韩世忠处搬兵救勤王，得胜而归，故改堰桥为德胜桥。

旧时杭州的说唱艺人，把杭州城内中河之上的三十一座桥名，编成快口，一口气说出来："梅云西登仙，盐油丰回荐，柴府铁三新，望通黑嵇仓，六部炭南梁，朱美洋海化，水小大通江。"指的是：梅登高桥、云青桥、西桥、登云桥、仙林寺桥、盐桥、油局桥、丰乐桥、回回新桥、荐桥、柴垛桥、府桥、铁佛寺桥、三圣桥、新宫桥、望仙桥、通江桥、黑桥、嵇接骨桥、仓桥、六部桥、炭桥、南星桥、梁家桥、朱家桥、美政桥、洋泮桥、海月桥、化仙桥、水澄桥、小桥。

"嵇接骨桥"始建于宋代，为单孔石拱桥。因当时有嵇姓行医者住于此处，世传秘术，善治金疮、骨损，故得名。凡有穷苦人上门求医者，嵇郎中从不收取分文，深得病人赞誉，时人称他为"嵇接骨"。"水小大通江"，说的是虽然中河里的水很少，却连通着宽阔的钱塘江。

据《咸淳临安志》记载，南宋时期杭州已有桥梁559座，现如今，杭州城区唯一的宋代桥梁原物只剩下位于西溪老街、始建于公元1218年的忠义桥了。据《西溪梵隐志》记载，忠义桥由南宋孙侯所建，因孙家两兄弟行事忠义，故桥被命名为“忠义桥”。民间故事中，忠义桥与宋高宗赵构有关。当时赵构被金兵追杀，得到了此处一户林姓人家的帮助才逃脱，而林氏五兄弟全部被金兵杀害。后来赵构感念救命之恩，封了林氏兄弟为土谷神。再后来，孙侯在此地修了一座名为“忠义”的桥。

（三）杭州的街道坊巷

南宋定行都临安府后，临安府涌进大量外来人口，城市工商业得到快速发展，原先的“坊市”封闭、分开的格局被打破，形成了以坊为名，以街巷为中心，以街巷两旁某一地段组成的住宅与商铺交错的新型“坊巷”聚居形式。城市的快速发展和工商业的繁荣所带来的城市格局的变化，也给城市管理带来了困难。为此，南宋政府在临安城内增设“厢”级管理机构，将坊巷纳入其管理范围之内。到南宋灭亡前，临安城内共有八厢八十五坊。

《梦粱录·卷七·禁城九厢坊巷》记载，左一南厢管辖大隐、安荣、怀庆、和丰四个坊巷。

作为南宋行都临安府最小的一个厢，左一南厢范围较大，但居民很少。范围大致是现在的河坊街以南，西起原上城区中医院，东到吴山西北麓，南到清波街。其中的大隐坊因宋徽宗赵佶征召在此坊居住的隐士徐夷入朝为官被拒而得名；南宋国史馆则在安荣坊内。

《梦粱录·卷七·禁城九厢坊巷》记载，作为南宋行都临安府最大的一个厢，左一北厢管辖三条街十六个坊巷：新街、南新街、后市街、吴山坊、清河坊、融和坊、太平坊、通和坊、市南坊、市西坊、康裕坊、泰和坊、天井坊、中和坊、仁美坊、近民坊、流福坊、丰裕坊、美化坊。

左一北厢大致东起御街（现中山路），西至现在的南山路，南始清波街、鼓楼一线，北到现西湖大道南侧。其中，吴山坊因地处吴山东麓而得名，坊内有口吴越国时期开凿的大井，被誉为“钱塘第一泉”；清河坊因太师张俊被封为清河郡王并在此坊建有清河郡王府而得名；融和坊（即灌肺岭巷）因出售名小吃糯米灌猪肺而得名；市西坊（坝头），杭州在成为南宋行都之前，仅有一个用来进行交易的场所“市”，此坊因在“市”西而得名，这里还是杭城筑坝抵御钱塘江潮水的地方，而此坝被称为“洋坝”，俗称“洋坝头”，后讹传为“羊坝头”；天井坊是南宋秘书省（相当于现在的国家图书馆）的所在地；中和坊内原有一座净因寺塔，故旧称净因坊，又因坊内有政府管理房地产的机构楼店务而被称为楼店务巷。

《梦粱录·卷七·禁城九厢坊巷》记载，左二厢管辖十八个坊巷：修义坊、富乐坊、众乐坊、教睦坊、积善坊、秀义坊、寿安坊、修文坊、里仁坊、保信坊、定民坊、睦亲坊、纯礼坊、保和坊、报恩坊、福德坊、招贤坊、登省坊。

左二厢南起现西湖大道，北至观桥，东起现中山路，西到现延安路。其中的修义坊因南宋时此坊是肉类交易市场而被称为肉市巷。众乐坊内有著名的中和酒楼与政府的酒库。积善坊和秀义坊因每逢元宵佳节，都会有各种傀儡戏表演，故俗称上、下百戏巷；秀义坊内因建有祭祀唐代睢阳守将张巡的东平王庙，故称秀义。寿安坊，宋高宗赵构见此地与北宋时西京河南府治洛阳寿安山相似，故名。定民坊因其位于中棚桥西，故俗称中棚巷。睦亲坊是南宋朝廷为南渡来杭的宋室宗亲而建，故得此名，又因坊内建有专门培养宗室子弟的学校——宗学，而被俗称为宗学巷。保和坊内巷道多用砖块铺成，因而俗称砖街巷，“小楼一夜听春雨，深巷明朝卖杏花”，便是陆游住在砖街巷时写的。观巷内有报恩光孝观，故被称为报恩坊。郭宰购买民地建立的登省坊的名称来源与仁和县学在此有关，郭宰指追随南宋末代皇帝赵昺于厓山自杀殉国的郭应西。

《梦粱录·卷七·禁城九厢坊巷》记载，左三厢管辖八个坊巷：钦善坊、甘泉坊、清风坊、清和坊、兴庆坊、德化坊、字民坊、平易坊。

左三厢东起现浣纱路，西至现湖滨路（南宋

时西城墙）；南起现西湖大道，北到武林门（南宋时北城墙）。其中，甘泉坊内有口大井为唐时杭州刺史李泌命人开凿，后因李泌升为宰相，此井也被称为相国井，甘泉坊也被称为相国井巷；清风坊有河流过，活水出于此，故俗名为活水巷；清和坊，因官拜殿前司都指挥使、被封为杨和郡王的杨沂中的府邸在此坊内，故又称杨和王府巷；德化坊因著名文学家潘阆曾居住于此巷，故又称潘阆巷；字民坊因当时知府潜说友将宋度宗赵禥亲笔题书《字民》《牧民》二训之事作记，故在府衙前立字民坊。

《梦粱录·卷七·禁城九厢坊巷》记载，右一厢管辖十个坊巷：孝仁坊、登平坊、寿域坊、天庆坊、保民坊、怀信坊、长庆坊、新开坊、常庆坊、富乐坊。

右一厢南起现在的凤山水门一线，北到如今的清泰街，西起御街（现中山路），东到中河。其中鼓楼往南有七个坊，分布在御街东、西两侧，包括吴山东麓。鼓楼往北的三个坊，在御街以东。右一厢的最大特点是民居、店铺与中央官署、禁卫营混杂在一起。右一厢最大的建筑群是德寿宫。孝仁坊内住有一严姓医生，曾因治好宋孝宗赵昚的痢疾而被封官，赐金杵臼，当时被称为“金杵臼严防御家”，也被后世称为严官巷；寿域坊是各司、各军的粮料院府衙所在地，故俗称粮料院巷；天庆坊内建有天庆观，故称天庆坊，此坊还是南宋太庙和宗正司所在地，因而也被称为太庙巷；怀信坊因出售用糯米粉制成的糍团而被称为糍团巷；位于清平巷东边、抱剑营路旁的新开坊的名称来历相对简单，因其是南宋中期新开的坊，故称新开坊，又因此坊在南宋时是交易布匹的场所，因此也被称为布市巷；抱剑营，原名宝剑营，原是吴越王屯军之处，后俗称为“抱剑营”；常庆坊北有掌管都城税务的政府机关都税务，坊东北有柴垛桥，桥畔有太和酒楼。

《梦粱录·卷七·禁城九厢坊巷》记载，右二厢管辖十八个坊巷：清平坊、通和坊、宝佑坊、贤福坊、兰陵坊、义和坊、武志坊、戒民坊、新安坊、延定坊、安国坊、怀远坊、普宁坊、同德坊、嘉新坊、教钦坊、新开南巷、新开北巷。

右二厢东起中河，西到御街（现中山路）东侧，南北范围从鼓楼到天水桥。右二厢横跨南北向的市河（现光复路）两岸。其中的“宝佑坊，即福王府看位一直路”：南宋福王赵与芮是宋太祖赵匡胤次子赵德昭的八世孙赵希瓐的次子，宋理宗赵昀的胞弟，宋度宗赵禥的生父，宋末三幼帝的祖父。宋理宗赵昀即位后，福王府将大批房屋租赁给市民，收取高额的房租。“即福王府看位一直路”疑即宝佑坊（中间有一条笔直的马路）所有房屋都是福王府租赁给市民居住，以收取高额的房租之意。武志坊，宋宁宗赵扩在位时此坊内住有南宋著名史学家李心传之弟李性传，李性传曾参与编修《武志》一书，故此坊被称为武志坊；李性传中进士之后，先后被封为武学博士及太常寺博士，坊前之桥被称为李博士桥，故此坊也俗称李博士桥巷。怀远坊，因坊内曾有南宋接待外国宾客和使者的怀远驿而得名，又因主管文思院、御辇院保卫工作的政府机构军头司也在此坊内，故而俗称军头司巷。同德坊（旧称灯芯巷）有杭州城内最早的佛寺（始建于公元 536 年，初名发心院，唐时改为“龙兴寺”，宋真宗赐名“大中祥符寺”，南宋时分为祥符、戒坛、龙兴三寺），巷内种植灯芯草，因此得名“灯芯巷”。嘉新坊内有座庙，祭祀神灵蒋崇仁，蒋崇仁在家中排行第七，大家称其为七郎，于是后人将七郎堂命为巷名，俗称七郎堂巷。教钦坊（俗称竹竿巷）是征收两浙竹木税的府衙所在，故俗称竹竿巷。

《梦粱录·卷七·禁城九厢坊巷》记载右三厢管辖六个坊巷：东巷坊、西巷坊、丰禾坊、善履坊、兴德坊、昌乐坊。

右三厢东起东城墙，西到中河，南起崇新门一线（现清泰街），北到艮山门北城墙。右三厢以民居为主，也有营房、仓库、酒醋作坊和部分廨舍（公寓）。公元1187年，擢升为秘书省少监的杨万里，就住在昌乐坊的蒲桥东。

《梦粱录·卷七·禁城九厢坊巷》记载，右四厢管辖的坊巷只有“兴礼坊”一个坊，但同时也说明旧有的七个坊巷被废掉了，这七个坊巷为美俗坊、会昌坊、洪桥杨府巷（紫云坊）、癸辛街巷（从训坊）、孝慈坊、通宝坊、丰财坊。

右四厢比较复杂，地块分布很散，与其他厢的辖地有交错。大致范围：南面从宫城厢往北到荐桥一线，东面从东城墙到中河。

引人注意的是，宋理宗赵昀即位后，杭州城内已经扩展到十二个厢。除了城内八个厢，又向城外扩展了四个厢，即城南左厢、城北右厢、城西厢、城东厢。

城南左厢，辖两坊，即美政坊与状元坊，大致是南城墙至钱塘江区块。城北右厢，也辖两坊，即转运司试院路（坊）与状元坊，大致是北城墙至北新关区块。

宋谚有云："东门菜，西门水，南门柴，北门米。"虽然为了押韵，南门和北门排在了后面，但对于南宋行都临安府百万人的生存来说，钱塘江上游的农产、木柴，以及杭嘉湖、苏州、常州的大米，都是民生之本。城南左厢与城北右厢，就是因"市"的兴隆而形成的。

城北区域广阔，"市"也多，如半道红市、湖州市、江涨东市、江涨西市、北郭市，有南宋行都临安府的第一"米市"，也有"鱼市"。现地名东粮泊司巷，就是当年米船泊靠处。

城东厢，只辖一个淳祐坊（后改名为富安坊）。城东厢的横街、通利桥下、米市桥下，是南宋行都临安府的第二米市，也被《梦粱录》记载了下来。此外，“西御园”（即五柳园）和“东御园”，虽然冠有皇家头衔，但也是市民赏景咏花的好去处。

城西厢只有一个状元坊，南起六和塔，往北覆盖了西湖、北山与西溪等地，范围极大，但人口很少。

陆

六、杭州的郊庙宫殿与官署建置沿革

（一）杭州的郊庙宫殿

1. 坐南朝北倒骑龙

南宋在中国历史上是个十足的“异类”，因为它有一座与众不同、完全不合《周礼》的皇城：中国皇帝向来讲究“坐北朝南”，比如长安、洛阳、开封均采用“前市后朝”的格局，皇宫在全城之北，坊市则布于东、西、南三面。但南宋行都临安府的皇城，却偏偏采用“坐南朝北”，宫殿在南、市集在北的格局。

除了“坐南朝北”，南宋皇城还有一些不合《周礼》的地方：比如，其南门（正门）丽正门与北门和宁门并不处于同一条直线上，说明皇城没有一条纵贯南北的中轴线，这与其他皇城有明显的南北中轴线、东西对称的格局也不一样；南宋太庙在皇城北侧，社稷坛在皇城西南。由此可见，南宋皇城的布局并没有遵循我国传统的皇宫南门（正门）“左祖（太庙）右社（社稷坛）”的格局。

问题在于，宋高宗赵构为什么不按老祖宗的规矩来，却要开“坐南朝北”之先河呢？难道宋高宗的审美有什么问题吗？

宋高宗之所以如此作为，实属无奈。宋高宗于公元1138年定行都于临安后，朝廷经济拮据，想要新建皇宫，财政上并不支持，只能把位于凤凰山脚的杭州府衙重新扩建，并改造成皇宫。

虽然南宋皇城南门丽正门为正门，但由于皇城位于整个临安城的南端，而大臣们又居住在皇城北面，如果大臣们上朝按惯例从正门进的话，就要绕个大圈，很不方便，因此，只有在行郊祀大礼等特殊的时间点，才允许文武高官经丽正门出入。而皇城北门和宁门则成为事实上的正门，官员上下朝即由此门进退，被杭州人称为“倒骑龙”，也就是北京人所称的“走后门”。

除了经济拮据，宋高宗赵构选择在凤凰山麓建皇宫，也是由于当时金兵追得紧，而杭州的地形南高北低，南边是山，北边有运河，皇宫建在南部，易守难攻。而且此地有凤凰山、馒头山等做天然屏障，又有路直通钱塘江，万一金兵来袭，抵挡不住，也很容易逃到海上。

2. 节俭从皇宫开始

南宋行都临安府皇宫（南宋宫城）分为外朝、内廷、东宫、学士院、宫后苑五个部分。外朝居于南部和西部，内廷偏东北，东宫居东南，学士院靠北门，宫后苑在北部，大体成“前朝后寝”的格局。宫城四周有皇城包围，皇城的南门为丽正门，北门为和宁门，东部有东华门，西部只有府后门。宫城有南北宫门与皇城南北门相对。

南宋皇宫的正殿为大庆殿。据《梦粱录·卷八·大内》记载：“大内正门曰丽正……左右列阙，待百官侍班阁子。登闻鼓院、检院相对……丽正门内正衙，即大庆殿，遇明堂大礼、正朔大朝会，俱御之。如六参起居，百官听麻，改殿牌为文德殿；圣节上寿，改名紫宸；进士唱名，易牌集英；明禋为明堂殿。次曰垂拱殿，常朝四参起居之地。”

“六参”，宋神宗赵顼即位后，命贴身护卫的侍从官以上，每日朝见皇帝，称“常参官”；朝廷各部门主要官员，每五日朝见皇帝一次（每月六次），称“六参官”；在京的主要地方官，每月朔望两日（初一和十五）朝见皇帝，称“朔参官”。

“四参”，指的是宰相、侍从、武臣正职、文官中重要官员。南宋之所以不能做到在京重要官员每日朝见皇帝，并不是因为皇帝懒惰，而是因为皇宫过于狭小，根本就接待不了那么多的官员。“六参”也好，“四参”也罢，实属南宋君臣的无奈之举。

“麻”，指的是诏书。唐宋任免宰相、对外宣战等重大事件，都要由翰林院以麻纸书写皇帝诏令后再在朝堂之上宣布，故称“听麻”。

丽正门装饰华丽，门为朱红色，饰以金钉，

屋顶为铜瓦，镌镂龙凤天马图案，远望光彩夺目。丽正门的城楼，是皇帝举行大赦的地方。丽正门内正衙，即大庆殿。由于南宋皇城比较小，大庆殿就成了“多功能厅”。状元殿试的时候，就把大庆殿的牌匾换成集英殿；皇帝举行生日宴会的时候，就把大庆殿的牌匾换成紫宸殿；皇帝祭天拜祖先的时候，就把大庆殿的牌匾换成明堂殿；如果需要向文武百官宣布什么大事，就把大庆殿的牌匾换成文德殿。当然，更换牌匾的时候，大庆殿里的各种配套布置也会有相应地调整。

3. 退位皇帝居德寿

《梦粱录·卷八·德寿宫》记载：“德寿宫在望仙桥东，元系秦太师赐第，于绍兴三十二年六月戊辰，高庙倦勤，不治国事，别创宫庭御之，遂命工建宫，殿扁‘德寿’为名……后孝庙受禅，议德寿宫改扁曰‘重华’御之。次宪明太皇后欲御，又改为慈福宫。寿成皇太后亦改宫扁曰‘寿慈’御之。继后宫室空闲，因而遂废。咸淳年间，度庙临政，以地一半营建道宫……一半改为民居。”

南宋时期，德寿宫被称为“北内”，南宋行都临安府大内宫苑被称为“南内”，两座宫苑的整体格局大体相似。

德寿宫原是秦桧的府邸。公元 1145 年，宋高宗赵构赐秦桧一年可收三万石稻米的永丰圩（在今南京市高淳区），外加赐宅地，地址任由秦桧选定。秦桧选中了这里，原因是风水先生说这里有王气。1155 年冬，秦桧病死之后，宋高宗将秦桧的府邸收归己有。

1162 年夏，禅位后的宋高宗将秦桧的府邸改造扩建成了自己颐养天年的新宫，取名德寿宫。1187 年冬，在德寿宫住了二十五年后，太上皇赵构去世。为了让还健在的吴太后安享晚年，宋孝宗赵昚把德寿宫做了部分改建，主殿改名慈福宫让吴太后住。没多久，宋孝宗退位，也搬进了慈福宫，并改名重华宫。此时，也已经是太上皇的赵昚又在重华宫旁新建了一座慈福宫，给吴太后住。1194 年，太上皇赵昚去世后，吴太皇太后又搬回主殿居住，并把主殿重华宫的名字改回慈福宫。同时，太上皇赵昚的妻子谢太后也搬了进来，住进了后建的慈福宫，并改名寿慈宫。后来吴太皇太后去世，谢太后就搬进了吴太皇太后居住的慈福宫，并将慈福宫的名称再次替换成自己喜欢的寿慈宫。为了让谢太后搬回皇城内居住，宋光宗赵惇在皇城内新建了一座寿慈宫，但谢太后不愿意去皇城住。直到公元1206年，寿慈宫被大火烧毁，谢太后才搬进皇城去。此地自此成了空置房。宋度宗赵禥即位后，于1268年将此地一分为二，南边是住宅，北边后苑部分改建为道观宗阳宫。后来杭州被元军攻占，德寿宫自此彻底退出历史舞台。

4. 太庙景灵万寿观

《梦粱录·卷八·太庙》记载："太庙在瑞石山，绍兴间建，正殿七楹十三室，二车十驾款谒礼后，又幸建康，改为圣祖殿，复奉神主还杭，仍复奉安于此。……咸淳添置一室，奉理庙神主，通为一十四室……四祖庙在诸室之西，奉僖、顺、翼、宣四祖神主耳。每遇三年，以孟冬祫飨，即庙行礼，次诣诸室，恭行祀典。”

“二车十驾”，“二”与“十”，不知何意，疑为后人抄写时误加的。“僖、顺、翼、宣四祖”，指的是宋僖祖赵朓、宋顺祖赵珽、宋翼祖赵敬、宋宣祖赵弘殷，分别是宋太祖赵匡胤的高祖、曾祖、祖父和父亲，均为宋太祖赵匡胤称帝后追封。“祫飨”，指的是古代天子与诸侯所举行的祭礼，集合远近祖先神主于太庙的大合祭。

南宋太庙是南宋皇帝祭祀祖先的宗庙，始建于公元 1134 年，共计有正殿七处，分别祭祀宋太祖赵匡胤至宋理宗赵昀十四位皇帝的神位。

1233 年初，南宋与蒙古政权相约共同夹击金朝。金哀宗完颜守绪得知后，也派使节来南宋陈述利害，希望联合抗蒙，但被宋理宗赵昀拒绝。1234 年夏，蔡州（今河南省汝南县）被攻克，金哀宗完颜守绪自缢身亡后，其遗体的去向有两种说法：一说金哀宗完颜守绪的侍卫奉其遗嘱将其尸体火化，残骸埋葬在汝南（今河南省汝南县汝水旁）；另一说是蒙古大将塔察儿和南宋名将孟珙看到金哀宗完颜守绪的侍卫正在焚烧完颜守绪的尸体，赶忙上前扑灭余烬，捡出余骨，一分为二，各取一份回去报功。另据《史集》记载，塔察儿仅获得金哀宗的一只手，而金哀宗的大部分遗骸被南宋名将孟珙带回南宋行都临安府。宋理宗赵昀将金哀宗的遗骨作为祭品置于太庙内，以告慰宋徽宗赵佶和宋钦宗赵桓在天之灵。

正所谓唇亡齿寒，随着金国被灭，南宋政权也变得岌岌可危了。

公元1276年，元军攻入南宋行都临安府，南宋朝廷流亡南方，太庙作为南宋皇家祭祀宗庙的功能也彻底结束。元代时，南宋太庙在战火中被毁，其后被民居湮没，直到600多年后的1995年，在紫阳山东麓旧小区的拆迁改造中，南宋太庙遗址才被人们发现，由此成为我国目前考古发掘的年代最早、规模最完整的太庙遗址。

《梦粱录•卷八•景灵宫》记载："景灵宫在新庄桥，投北坐西，乃韩蕲王世忠元赐宅基，其子献于朝，改为宫。”

我们知道，宋高宗赵构给他的祖先皇帝们居住的地方一共有两个：一个是摆放木头牌位的太庙，另一个则是摆放画像的景灵宫。

景灵宫建于公元1143年，原为南宋抗金名将、被封为杨国公的刘光世的府邸。刘光世去世后，其府邸被宋高宗转赐给了自己的岳父、被封为蕲王的韩世忠。1151年，宋高宗想扩建皇宫，恰好赶上韩世忠去世，韩世忠的儿子（宋高宗的小舅子）便将该府邸献给了宋高宗，于是宋高宗扩建了景灵宫。景灵宫东西各殿供奉着自宋太祖赵匡胤的爷爷开始的宋朝历代皇帝与皇后的画像，一帝一殿。

《梦粱录·卷八·万寿观》记载：“万寿观，在新庄桥西。绍兴间建殿观宇，以太霄殿奉昊天，宝庆殿奉圣祖，长生殿奉长生帝，西则纯福殿，奉元命。”

建于1147年的万寿观是奉祀皇帝“本命星君”的地方，由内侍（宦官）和道士一起管理。

“昊天”，指的是“苍天”或“上天”（俗称“老天爷”）。“圣祖”，指的是北宋开国皇帝赵匡胤的四代祖先。“长生帝”，指的是“南极长生大帝”，道教传说中的长寿之神，俗称“南极仙翁”“寿星”。“元命”，指的是“本命星君”。

所谓“本命星君”，又称“本命太岁星君”。在中国传统信仰中，每个生肖（“属相”）都有对应的星君。由北斗七星担任的“本命星君”负责守护不同生肖的人的运势和健康。按《北斗经》的记载，人的性命、身体健康、运气，“上至帝王，下及庶民”，都由本命星君主宰。北斗第一阳明贪狼太星君，负责管理属鼠的人；北斗第二阴精巨门元星君，负责管理属牛和属猪的人；北斗第三真人禄存真星君，负责管理属虎和属狗的人；北斗第四玄冥文曲纽星君，负责管理属兔和属鸡的人；北斗第五丹元廉贞罡星君，负责管理属龙和属猴的人；北斗第六北极武曲纪星君，负责管理属蛇和属羊的人；北斗第七天关破军关星君，负责管理属马的人。

万寿观作为奉祀皇帝“本命星君”的地方，就是专门为皇帝求健康、求长寿的道观。里面的道士都是享受国家俸禄的，“道士岁费县官钱七百九十二千，米百有二十斛”。

除了万寿观，建于公元1147年的太一宫中的介福殿也是供奉皇帝“本命星君”的地方。

5. 四圣延祥观

《梦粱录·卷八·四圣延祥观》记载：“四圣延祥观，在孤山。”

宋代皇帝崇尚道教，因此无论北宋还是南宋的宫城，都是道观林立，不可胜数。宋代皇帝建这些道观的目的，就是企图让人们相信，宋代的皇帝是受道君天帝庇佑的。昏庸无能的宋徽宗赵佶，就自诩为道君皇帝。宋高宗赵构即便在被金兵追得走投无路时，仍宣扬他梦见北极大帝派天蓬、天猷、翊圣、真武四大天神（也被称为“北极四圣”）来护卫他。为此，宋高宗在定行都临安府后，特地在孤山建四圣延祥观，以祭祀天蓬、天猷、翊圣、真武四大天神。宋高宗赵构之母韦太后也说从金国回家途中，时时梦见“北极四圣”护卫着她。后来，韦太后还专门命人用沉香木刻了四圣像，供奉在四圣延祥观。

（二）官署建置的演变

1. 三省枢密使、谏官

《梦粱录·卷九·三省枢使谏官》记载：“三省：即尚书省、中书省、门下省。枢密院，国初循唐旧制，置院于中省之北，今在都堂东……中书门下后省，在都堂后。谏院在后省之西。……御史台，在清河坊内……有属台臣谳问，则刑察就听于大理寺问罪矣。”

《梦粱录·卷九·六部》记载：“六部，在三省枢密院之南。”

隋朝实行“五省六曹制”，五省包括内史省、门下省、尚书省、秘书省和内侍省。其中秘书省掌书籍历法，内侍省是专门伺候皇帝生活起居的宦官机构，两省较少涉及国家政务；实际的中央行政机关为内史、门下、尚书三省。尚书省下设吏部、度支、礼部、兵部、都官、工部六曹。

唐朝建立后，实行“三省六部制”。三省包括中书省、门下省和尚书省。中书省负责决策，门下省负责审议；尚书省负责执行，其下设吏、户、礼、兵、刑、工六部。唐代以三省长官为宰相，在政事堂办公。政事堂先设于门下省，后迁至中书省，最后改称为“中书门下”。

北宋建立以后，虽门下、中书、尚书三省的名称照旧，但三省大权旁落，中书（主管行政）、枢密（主管军事）、三司（主管财政）分掌政、军、财三权。宰相、枢密使、三司使的事权不相上下，不相统摄。

宋代在皇宫内设置“中书门下”（也称“政事堂”，相当于今天的国务院办公厅）作为中书、枢密、三司集体处理政事的最高权力机构。宋神宗赵顼即位后，将中书门下的职权分归门下、中书、尚书三省，其办公机构改称为“都堂”。

宋徽宗赵佶即位后，蔡京总领门下、中书、

尚书三省之事，改尚书左、右仆射为太宰和少宰，太宰兼门下侍郎，少宰兼中书侍郎。宋钦宗赵桓即位后，又废除太宰和少宰，改为尚书左、右仆射。

南宋建立后，宋高宗赵构正式以尚书左、右仆射兼同中书门下平章事，为正宰相；又将门下侍郎和中书侍郎改为参知政事，为副宰相。宋孝宗赵昚即位后，改尚书左、右仆射为左、右丞相（也称“宰相”），复以参知政事为副相。从此，左右丞相成为全国最高的行政长官，尚书省只管六部，奉命执行政务。公元1130年以后，宰相一般都兼枢密使。

北宋建立以后，由于中书省、门下省的官署设于皇宫之外，故称“中书门下外省”；宋神宗赵顼即位后，改称“中书门下后省”，以与设于皇宫之内、处理日常行政事务的“中书门下”相区别。

北宋前期，御史台的一把手是御史中丞，二把手是侍御史知杂事，下设三院，即台院、殿院和察院。台院的主管是侍御史，主要负责处理御史台的日常工作和行政管理；殿院的主管是殿中侍御史，主要职责是纠察百官是否违反礼仪法度，确保官员在朝会和祭祀等场合的行为符合规定；察院的主管是监察御史，共有六人，分别负责监督六部的行政和司法活动，确保各部门的运作符合法律和规定。南宋时，御史中丞虽然仍是御史台的一把手，但经常空缺。

2. 省所与六院四辖

《梦粱录·卷九·省所》记载，“茶盐所、会子所、公田所、封桩安边所，并在三省大门内。……更有市榷所、牙契所……今又创市舶所”。《梦粱录·卷九·六院四辖》记载：“登闻检院、鼓院，始建于和宁，继移于丽正左右阙庭之南，左检院，右鼓院。……都进奏院，在朝天门外，掌邦国传送之事。……官告院，在部门之北。……文思院，在北桥东。……诸司诸军粮料院，在洋沙坑七官宅废屋。诸司诸军察计院，在保民坊内旧马军教场基置院。……审计院者，自宫禁朝廷百僚以下，至于内侍御士，及于诸军兵卒，凡赋禄者，以式法审其名数。……榷货务都茶场，在通江桥东。……杂买务、杂卖场，在榷货务内。……左藏库，有东西二库，在清湖桥……东库则掌币帛绝䌷之属，西库则掌金银泉券彩纩之属。……封桩上库，在三省大门内。封桩下库，在左藏库中门。安边太平库，在下库南。”

“币帛”，指的是古代用于祭祀、进贡、馈赠的礼物；“绝䌷”，指的是大块的丝织品；“金银泉券”，指的是黄金、白银、铜钱、纸币（会子）；“彩纩”，指的是彩色的丝绵。

“茶盐所”是宋代管理茶、盐两业的办公地点。北宋设立“提举茶盐官”执掌各地茶、盐之政。公元1102年，宋徽宗赵佶开始设置“提举措置淮南盐事”一职，专门负责淮南地区的茶、盐之政。1111年，宋徽宗又命江、淮、荆、浙六路设置“茶盐提举”一员。1121年，宋徽宗又在河北、京东路添置“茶盐提举”。随后，全国各地均设置相应官职，名为“提举茶、盐、香、矾事”，分别由各地转运使、提点刑狱公事兼领。公元1145年，宋高宗赵构命诸路“提举茶盐官”与管理常平仓、广惠仓兼管农田水利事业的“常平官”合为一职，改名“提举常平茶盐公事”，官署改名为“提举常平茶盐司”，基本职能：一是掌茶盐之利，以充国库；二是负责运行纸币的法律、规章、制度；三是纠劾各种违法行为，考核、奏劾、荐举茶盐官员和州县地方官员等。

“榷货务都茶场”，是南宋官府设立的主管茶盐等事务的重要机构，其主要职能为卖“茶引”和“盐引”。“茶引”（“盐引”）是茶商（盐商）缴纳茶（盐）税后，获得的茶（盐）专卖凭证。茶商（盐商）于官场买茶（盐），缴纳10%的引税，产茶（盐）州县发给“茶引”（“盐引”），凭此引贩运茶（盐）可免除过税。这种“茶引”（“盐引”），类似现代的购货凭证和纳税凭证，同时也具有专卖凭证的性质。“茶引”（“盐引”）制度始于宋代，元、明、清沿袭，清末废除。

会子所是南宋管理纸币“会子”印制与发行的政府机构。

公元 1161 年春，南宋行都临安府正式发行了纸币“会子”，发行机构是隶属于“都茶场”（“榷货务都茶场”的前身）的“会子务”。这表示“会子务”既是处理南宋行都临安府的会子日常发行、流通等问题的常设机构，又是“都茶场”的下属部门。

“会子”刚刚流通时，宋行都临安府城内共设有六个“会子务”。除了位于“都茶场”的本务，史书上只说另外几个会子务均开设于“市肆要闹”处，但既没有交代具体位置，也没有交代具体名称。

位于“都茶场”的“会子务”内的“会子库”是印造南宋行都临安府所流通的“会子”的机构。所以，存放在这个“库”里的应该是印刷“会子”会用到的工具和设备。“会子库”中共有 204 名工匠，南宋行都临安府所流通的所有“会子”都经过他们的手。

1171 年春，宋孝宗赵昚“罢会子库”（不再为“会子库”设置专门负责的官员），“会子库”的日常事务改由“榷货务都茶场”兼领。公元1230年，宋理宗赵昀重设由专人管理的“会子库”，两年后又派了更高级别的官员管理“会子库”的事务。

“会子”也需要防伪。除了雕刻复杂花纹等工艺上的办法，另一种重要的措施便是加盖各种印章。据记载，朝廷一共给了会子库二十五方印章。其中，有三方为国用印，印文是“三省户房国用司会子印”；五方检察印，刻有“提领会子库检察印”字样；五方为库印，印文为“会子库印造会子印”；十二方为合同印，一贯文面额会子用“会子库一贯文合同印”，其他面额用印则以此类推。“会子库”每天至少能生产十余万张“会子”，每张“会子”上又需要加盖许多印章，可以想见，盖印章是一种需要臂力的繁重体力活儿。

“会子纸局”也叫“造会纸局”，是生产“会子”用纸的地方。“会子”用纸起初在徽州制造，后来改由成都完成。1168年春，宋孝宗赵昚命在南宋行都临安府设置“会子纸局”，其工匠没有定额，曾一度达到1200人。1269年，宋度宗赵禥下令不再增派人手。

南宋后期出现的“会子所”是南宋行都临安府会子四大机构中存在时间最短的。与“会子务”相比，参与“会子”政策研究和决策的“会子所”的权力更大。

“公田所”是宋徽宗时期成立并一直延续到南宋的一个负责扩充国有土地的机构，负责把废堤、弃堰、河滩、淤地、湖泊边地等充为公田。公元1263年，南宋朝廷另设“官田所”，以增印的“会子”等为资金，先在平江、江阴、安吉、嘉兴、常州、镇江六郡施行。每亩起租满一石的给“会子”二百贯，九斗的一百八十贯，以下依次递减。在实际执行过程中，每石官府只给价四十贯，而且一半是官诰、度牒（国家对于依法得到公度为僧尼者所发给的证明文件）和“会子”。此举不仅使卖田者深受其害，租田者也不得安宁，民众的怨恨达到了极点。

“封桩安边所”是南宋负责“封桩库”的政府机构。

在宋代财政文献记载中，“封桩”一词被广泛使用。

宋初，宋太祖赵匡胤立国后直接继承了后周皇帝的小金库——内府钱，并改名为“封桩库”。后来又把荆南（南平）、后蜀、南汉、南唐四地府藏全都纳入“封桩库”，完成了宋朝皇帝小金库的原始积累。

“封桩”的意思是封存储备以待用，“封桩”的目的在于“待非常之用”和“以备缓急”。封桩后的钱物，也被称为“检校财产”。

“市榷所”和“牙契所”：“市榷所”是南宋主管市场买卖的政府机构；“牙契所”是南宋主管“牙行”的政府机构。“牙行”是古代中国的一种中介机构，负责为买卖双方提供中介服务，“牙契”则是“牙行”的经营凭证。“牙契所”负责管理“牙行”的营业执照和交易凭证，确保“牙行”的合法经营；负责监督“牙行”的交易行为，确保交易的公平和合法；负责征收与“牙行”相关的税费，以维护政府的财政收入。

“市舶司”和“市榷所”:“市舶司”是南宋政府设立的管理海外贸易的主要机构，其职责包括管理商船出海、征收关税、管理外国商人和货物等。“市榷所”作为“市舶司”的下属机构，主要负责具体执行“市舶司”的各项政策和管理任务。虽然“市榷所”的具体职责和运作方式没有详细记载，但从其名称可以推测，它可能与税收、专卖等经济活动有关。

自古以来，中国在很长一段时间内主要采用“朝贡”作为与外国的贸易形式，前来朝贡的使臣船舶称为“贡舶”。在此过程中，无论外国使臣带来什么，皇帝为了显示天朝上国无所不有，给的赏赐价值都会大大超过使臣们携带的货物价值，等于是赔本赚吆喝，严格来讲根本就不算贸易。而在朝贡之外，中国民间也在平等自愿的基础上，自发地同国外商人进行贸易，这样的船只称为“市舶”。

唐朝建立后，随着海外贸易的发展，“市舶”越来越多，朝廷可以从其中采买朝贡得不到的货物，并需要管理商人。公元 661 年，唐朝政府在广州设立“市舶使”，这也被认为是“市舶司”制度的开端。“市舶司”的重点工作在于监督外来商人在广州指定区域“列肆而市”，并尽可能地在“市舶”当中搜罗奇珍异宝。唐朝灭亡后，五代十国中的南汉政权也沿用了唐朝的旧制来管理海外贸易。

971 年，北宋攻灭南汉之后做的第一件事就是在广州建立自己的“市舶司”。随着时间的推移，“市舶司”的规模越来越大，也越来越专业。后来，北宋又在杭州、泉州和密州（密州市舶司治所在今山东省青岛市）设立了“市舶司”。

对于当时的“市舶司”来说，一个很重要的职责就是登上每一艘船检查货物，分门别类，以确保朝廷在贸易中的收益最大化。

两宋时期，随着海上贸易规模越来越大，虽然总体上看“市舶司”的税率是下降的，但朝廷的收入仍逐渐上升。宋仁宗赵祯在位时期，全国税收大概为 50 万贯，而到了南宋高宗时期，仅仅是广州一处“市舶司”的税收就已达一百一十万贯。宋高宗赵构曾说过:“市舶之利最厚，若措置得当，所得动以百万计。”整个南宋时期，“市舶司”的收入到底占全国财政收入的多少，后世的历史学家争论不休，有人认为全国财政的五分之一都是“市舶司”贡献的，这数据可能被夸大了，但“市舶司”对南宋朝廷而言确实可谓擎天一柱，这绝非夸张。

“市舶司”控制着南宋经济命脉的同时，也在相当程度上把持着南宋的海防。南宋末年，当蒙元大兵压向福建时，南宋朝廷走投无路投奔泉州市舶司，但泉州市舶司不但闭门不接纳南宋朝廷，甚至干脆带着海船投降了蒙元，这让蒙元有了实力相当强大的海上力量，最终在崖山一战中彻底终结了南宋，所以从某种意义上讲，这大宋朝是成也“市舶司”，败也“市舶司”。

“登闻检院”和“鼓院”:中国古代素来有以民为本的传统，统治者都重视民意的表达和舆情的上达，宋代统治者就吸取此前历代的经验和教训，将击鼓鸣冤的做法进一步规范化、建制化，从而形成了独具特色的三院（指“登闻鼓院”“登闻检院”“理检院”）受状制度。

需要说明的是，“登闻鼓院”“登闻检院”“理检院”均非司法机关，而是接收和转呈书状的机构，其性质接近于今天的信访部门。三院的设置为臣民的上书言事、申冤请愿提供了有力的制度保障，客观上也激发了臣民通过法定途径维护权利的积极性。

“都进奏院”：汉代，各郡都在京师设“邸”，即在京城长安设置的办事机构，类似于今天的各省驻京办，负责传达朝廷各种消息。唐代称“进奏院”。宋初沿用唐制，设“进奏院”，诸州以本州将吏为“进奏官”，驻京城，负责呈转公文。公元982年，宋太宗赵光义并诸道“进奏院”为“都进奏院”，总领全国诸路监司及所属州、府、军、监与中央朝廷上下往来的邮递事。

“官告院”：掌文武官员、将校的告身（古代授官的凭信，类似后世的任命状）及封赠。

“文思院”：唐后期设置的一个制作机构，并为五代两宋所沿置。宋代“文思院”所造器物主要是供宫廷及在京诸司之用。又分为上、下两界（院），各有独立的场地，上界（院）负责金银珠玉等器物的制造，下界（院）负责铜铁竹木杂料等器物的制造。

“诸司诸军粮料院”：北宋初，有“三司粮料院”，以“三司大将”为“都粮料使”。公元980年，分立诸司、马军、步军三粮料院，各设勾当官（勾当最初为动词，意为“处理事务”。北宋正式设立勾当官，作为三司、安抚使等机构的属官，主管具体事务，如财政、司法、军事等，秩正八品。南宋年间改称干办官）一人，以京朝官充任，掌发放文武百官、诸司、诸军俸禄等事务。南宋行都临安府有诸军、诸司粮料院，镇江、建康府有“分差诸军粮料院”，鄂州有“分差户部粮料院”，四川总领所有“分差户部鱼关粮料院”“分差利州户部粮料院”等。各设监官领之。

“诸司诸军察计院”与“审计院”：中国的审计制度最早可以追溯到西周时期。到了唐朝，审计制度已经相当完善，形成了一套完整的审计体系。北宋沿袭唐朝的审计制度，并在此基础上进行了一定的改进和完善："审计司"为"太府寺"下设的二十五个职能部门之一，这是我国首个以"审计"命名的审计机构。与此同时，户部设"诸军诸司专勾司"和"都磨勘司"、刑部设"比部"等行使审计职能的机构。公元1127年夏，南宋时赵构称帝之后，"专勾司"的"勾"字音近宋高宗赵构的"构"，为了避讳，改称"审计院"。

3. 点检安抚两酒库

《梦粱录·卷十·点检所酒库》记载："点检所官酒库，各库有两监官，下有专吏酒匠掌其役。……曰东库，清、煮俱为一，在崇新门里……曰西库，又名金文正库，清界库在三桥南惠迁桥侧，煮界库在涌金门外……南库，元名升阳宫，煮界库在社坛南，清界库在清河坊南……北库，煮界库在祥符桥东，清界库在鹅鸭桥东……曰中库，在众乐坊北……曰南上库，呼为银瓮子库，煮酒库在东青门外，造清界库在睦亲坊北……南外库，造清界库在便门外清水闸，造煮界库在嘉会门外……北外库，造煮界库在江涨桥南，清界库在左家桥北……西溪库，清、煮两界俱在九里松大路……天宗库，造清界在天宗水门里，煮界库在余杭门外上闸东。赤山库，造清界库在赤山教场，前煮库在左军教场侧。崇新库，清、煮两界俱在崇新门外。徐村库，在六和塔南徐村市中……又有九小库……更有碧香诸库。”

关于“清酒”（“清界”）与“煮酒”（“煮界”）的区别，以粳米酿出的酒，醪液黏稠，通过澄清、压榨，生成的酒液称为“生酒”。“生酒”无法长期保存，饮用前需要一道被称为“煮酒”的工序，即加热杀菌并去除甲醇。普通百姓酿制的酒渣多，只能算是“浊酒”，口感不太好，度数不高。若将“浊酒”过滤静置后换缸，重复数次，出来的酒色清亮透明，被称为“清酒”。不管是“浊酒”还是“清酒”，都是“生酒”，饮用前都得先“煮”一下。未经蒸煮的“生酒”，不管是“浊酒”还是“清酒”，都称为“小酒”。“小酒”放置几天后，上面会漂浮如蚁如蛆般的霉变渣沫，把酒色衬出一种幽绿。唐代诗人白居易“绿蚁新醅酒”说的就是放置了几天后的“小酒”的样子。“小酒”价格相对便宜,《宋史·卷一八五·食货志》提到宋代“小酒”的价格，依酒品从五钱至三十钱不等，共分二十六等。

《梦粱录·卷十·点检所酒库》里所说的“煮酒”指的是南宋开始出现的一种特定的酿酒方式，需要在酿造的最后一道工序中进行煮沸，以杀菌并提取酒液中的杂质，通常在清明节前进行。此时天气较冷，“煮酒”有助于保持酒的纯净度，这样的酒也称为“大酒”。“大酒”的度数较高，口感较好，可直接饮用。因其从生产到喝酒还需要等待近一年的时间，价格自然也就昂贵得多。《宋史·卷一八五·食货志》提到宋代“大酒”的价格，依酒品从八钱至四十八钱不等，共分二十三等。

南宋行都临安府的官办酒库共有十三家，每库都有一至两座高级酒楼，属户部点检所管理。这些高级酒楼，内设有现今被称为VIP（贵宾）雅间的小间厅阁，小间厅阁所用的酒器都是金银装饰，每个酒楼有官妓十人，她们坐在挂有名牌的花架上，凭客点唤侑樽（陪侍劝酒），叫“点花牌”。元宵节前后，十三家官办酒库所属酒楼的官妓会相互轮番更换。在官办酒楼吃酒的顾客，多系学舍生员、官宦子弟，普通人是难以入内的。当时江浙各地生产的名酒，在临安府都能买到，市上供应的名酒，多至四十八种。

《梦粱录·卷十·安抚司酒库》记载:“安抚司所管一道酒库，如余杭县闲林酒库，石濑步东、西二酒库，临安县青山、桃源二酒库外，有安吉州德清县市名为德清正酒库，五林闹市处曰德清东、西二酒库，安吉州归安县曰琳市东、西二酒库，嘉兴府华亭县曰上海酒库。”

与前述“点检所酒库”的服务对象不同，“安抚司酒库”的服务对象只是南宋军队。值得注意的是，公元 1008 年，北宋朝廷在松江设立了酒务机构“上海务”。宋徽宗赵佶在位时期，“上海务”税收收入已经位列秀州十七个酒务之前十名。以“上海务”为起点，南宋建立了上海镇，元朝建立了上海县，民国时成立了上海特别市。

梁

七、杭州的文化教育机构与宗教场所

南宋行都临安府，和之前的汉唐古都西安，之后的明清都城北京，论气势恢宏、区块的广阔自是不如，但其经济发展和文教事业的发达，与各朝古都相比却毫不逊色，在某种程度上还可说是有过之而无不及。

南宋行都临安府城的形状有如一个腰鼓，城南一端为皇城大内，当时几所重要的国立大学则放在北门余杭门内、西门钱塘门之东，城中则有繁华的御街商业区相连，而秘书省则在吴山北麓一带。这都是随形而建、因地制宜，体现了宋高宗赵构节俭办事的作风。

（一）杭州的文化教育机构

1. 太宗武府国子监

《梦粱录·卷十五·学校》记载："高宗南渡以来，复建太、武、宗三学于杭都。太学在纪家桥东，以岳鄂王第为之……宗学，在睦亲坊。……武学，在太学之侧前洋街。……杭州府学，在凌家桥西。……仁和、钱塘二县学，在县左。"《梦粱录·卷九·诸监》记载："国子监，在纪家桥太学之侧。"

宋高宗赵构重建宋政权后，重建太学便被提上议事日程。公元1142年夏，起居舍人杨愿建议以南宋行都临安府学增修改建为太学。由于府学所在地空间狭小，宋高宗于1143年初下诏，将没收的岳飞故宅改建为国子监和太学。杭州府学迁回原址。

1143年夏建成的太学舍宇宏大壮丽，西部为国子监。孔子圣像端坐于大成殿中，大殿上十哲（孔子的十位弟子：颜渊、闵子骞、冉伯牛、仲弓、宰我、子贡、冉有、季路、子游、子夏）配享，两边廊庑彩绘孔门弟子七十二贤人。太学开学后，春秋两季在此举行祭孔大典。孔庙之东为教学区，主要建筑有崇化堂（敦化堂）、首善阁等。

公元1144年春，宋高宗赵构在太学建成开课后，曾驾临巡视。祭拜孔子后，宋高宗驾临崇化堂，并与太学生共听司业高闶讲《周易·泰卦》。宋高宗书法甚佳，政余之暇，他会在宫中抄写儒家经典。1174年，宋孝宗赵昚命在太学内建“光尧石经之阁”，并命将宋高宗的御书石经精刻。1177年阁成，1178年夏举行仪式，将石经贮放在“光尧石经之阁”内，原件则贮于阁上。

南宋太学初创时，仅有生员300人。经逐步发展，至宋度宗赵禥即位后，已有生员1636人，其中上舍生30人，内舍生206人，外舍生1400人。太学不断扩招，使得寒门庶子有了接受高等教育的机会，由此吸引了全国学子纷纷前来报考求学。

宋神宗赵顼即位后，将太学生分为三个等级，外舍生、内舍生、上舍生，每上升一个等级就必须通过严格的考试和道德品行的认可，多次考试不及格者则会被取消太学生资格。如果考中上舍生，那就意味着再经过一段时间的学习，就可通过学官的推举被朝廷直接委任官职。成绩中等的上舍生也可免除科举考试的前几场预考，直接进入殿试。相较于正常的科举考试，在太学中谋求仕途可以省去不少环节。正因为如此，南宋时的太学非常有吸引力。

南宋太学为典型的左庙右学建制，左边为用于祭祀的孔庙，右边为学子们读书学习的斋舍，“规模宏阔，舍宇壮丽”。

营建之初，南宋太学设置十斋，随着太学生的增多，增加至二十斋。太学生一旦考取功名，重返母校时，他们都会给之前所在班级捐钱捐物，以光耀此斋。如果日后成为宰相、副相、枢密使之类的朝廷大员，每人会捐一只金饭碗；如果是新科状元，则会捐一套镀金的魁星杯盘。因此，从班级供奉的“金饭碗”数量，就能看出这个班级“知名校友”的含金量。就像现在学校教学楼墙壁上大多挂着中外名人画像一样，为了激励后学，南宋太学中的各班级会将本斋名人校友的名字写在班级大门上，来往的太学生会朝他们的名字鞠躬行礼。

南宋太学生虽然没有官职，但他们是当时最重要的民间舆论力量。宋宁宗赵扩在位期间，权臣韩侂胄与宗室赵汝愚争权，太学生杨宏中、周端朝、张衜、林仲麟、蒋傅、徐范六人“伏阙上书”言事，为赵汝愚辩护，被朝廷贬至五百里外。尽管如此，他们的行为体现了太学生对正义的坚持，因此得到“庆元六君子”的称号。

国子监是各代王朝的最高教育管理机构和最高学府，其主要职责是管理全国的学校，训导生员。公元 1143 年，宋高宗赵构命改岳飞宅为太学的同时，诏国子监建于太学之西，设祭酒、司业、丞簿等官。

国子监当时的建筑设施为：正门进内为鲁国图，东西两旁廊房为丞簿位，后有书库官位。中为大堂，绘有《三礼图》于壁。后面则有圃亭曰“芳润”，书版库的位置在中门内。

需要注意的是，《周礼》《仪礼》《礼记》合称“三礼”，“三礼”是记录周代礼仪制度的原始文献，是记载儒家礼乐文明的经典古籍。“三礼”记述的周代礼仪制度，涉及众多先秦名物，诸如冕弁冠服、宫室钟磬、射侯弓矢、旌旗瑞玉、匏爵鼎俎、簠簋豆笾、尊彝圭瓒、丧葬服制等。

北宋之前，有东汉郑玄、三国曹魏阮谌、隋

代夏侯伏朗、唐代张镒所撰的《三礼图》流传于世。北宋国子司业兼太常博士聂崇义取前代旧图，比勘考证，编纂《三礼图》二十卷，又名《新定三礼图》《三礼图集注》《新定三礼图集注》。《三礼图》对“三礼”涉及的名物礼器，归纳为冕服、后服、冠冕、宫室、投壶、射侯、弓矢、旌旗、玉瑞、祭玉、匏爵、鼎俎、尊彝、丧服、袭敛、丧器十六类，每类细分，引经据典，标注说明，或标新增，或为注音，或存异文，或释尺寸。正文于每种名物解说外，皆绘一图，图文相辅，清晰明了。

书版库就是贮藏刻书书版的库房。隋唐之间发明了印刷术，到了北宋时雕版印刷业形成一个产业，政府就需要有个部门来管理，国子监就担负了这个任务。除了管理学校，作为全国出版事业最高管理机关的国子监，管理全国刻书之余，自己也刻了大批书籍，被称为“监本书”。这些书版便存放在书版库内。

太学的东面就是宋高宗赵构于公元 1146 年下诏建立的武学，武学相当于南宋的一所全国最高军事院校。

武学的主要建筑有武成王殿，这武成王正是鼎鼎大名的姜太公姜子牙，被尊为昭烈武成王，以汉初助刘邦建立大汉王朝的谋士张良配祀，诸名将从祀。招生办法参照太学惯例。公元1156年，宋高宗赵构又命礼部、兵部制定条例，规定武学学员名额，武学设博士、教谕等。宋孝宗赵昚、宋宁宗赵扩在巡视太学拜谒孔子后，就到武学来拜谒武成王姜太公，行恭揖之礼。1241年春，宋理宗赵昀驾临武学，御书了“武学”的匾额。

武学学员入学即具备武举人资格，同样经过考试可获得武进士、武状元的身份。武学教学的科目有历代兵法和步、骑、射等。

建于1144年的宗学是专供皇族子孙读书的学校，归宗正寺管理，内分小学和大学，小学以《论语》和《孟子》为基本功课，大学的功课与太学完全相同。宗学初建时，小学生40人，大学生50人。1216年规定，凡宗室子弟每三年补试一次。这一改革，使得贫苦、落魄的宗室后裔也能来宗学读书。

仁和、钱塘各设有县学。县学设教授一人，每年春秋两次招生，合格者入学。学制一年，合格者升入府学。

2. 秘书省礼部贡院

《梦粱录·卷九·秘书省》记载:“秘书省，在天井坊之左。……秘阁在殿后，专奉御制书画古器等……日历《会要》库，经史诸子书籍库，共七库，俱列于殿外……书版库在著作庭之右。”

南宋的秘书省，权力虽远不如尚书省、中书省、门下省，但其建筑相当阔气，仅房舍就有九十多间，有秘书监的道山堂议事厅、日历所、国史院、实录院等。

秘书省中最大的房舍是四个书库，每库七架。这个“架”不是书架的“架”，是指纵深的七架房架（房梁）的面积。四个书库中最初藏有书籍“二万三千五百八十三卷”，后又新增“二万三千一百四十五卷”。此外，还收藏皇帝御书、御批，碑刻，群臣的奏、表，朝廷的任命、封赐、祭祀祝词，年终的户口统计，国画、御画、乐章、古器等。所有这些，只供皇帝观看，不许官员借阅。

秘书省的日历所是一个负责修撰日历的官署机构，其具体职责包括根据时政记、起居注及诸司报状等，按日月编撰成书，为修史提供丰富的历史资料。南宋时期，日历所由著作郎与著作佐郎掌管。

此外，南宋的修史机构还包括起居院、国史院、实录院等。

实录院和国史院都是国家修撰正史的机构，实录是官修当代编年体史书，国史是官修纪传体史书。宋代历朝都有实录的修撰，共计二十部。宋代所修国史，属于后一代皇帝修前一代皇帝的正史，是由国史院根据实录等史料加工成的纪传体史书。从公元987年开始修宋太祖赵匡胤在位时期的正史，到1257年修成宋高宗赵构、宋孝宗赵昚、宋光宗赵惇、宋宁宗赵扩四朝的国史，两宋共修十三部正史。

《梦粱录·卷十五·贡院》记载："礼部贡院，在观桥西。……贡院置大中门。大门里置弥封誊录所及诸司官，中门内两廊各千余间廊屋，为士子试处。厅之两厢，列进士题名石刻……别试院在大理寺之西，专以待贡士之避亲嫌者。本州贡院，在钱塘门外王家桥，以待本州九县士人发解之处。两浙漕司贡院，在北关门外沈家桥，以待两浙路寓士及有官人、宗女夫等发解之处。”

贡院是举行科举考试的场所，是科举制度的重要组成部分和载体。它是无数士人飞黄腾达的地方，它使得科举更加严密和规范。贡院产生于唐代，最初参加科举考试的考生们没有独立的场所，考试的场地借用的是尚书省的礼部。到了南宋，才有了独立考试的礼部贡院。

所谓礼部贡院，有两个含义：一是指由礼部负责的省试机构；二是指举行省试的场所。作为省试机构，它负责接收举人名籍、家保状、文卷，审查举人资格，出题，考校，录取，考场纪律的维护，试卷和举人档案的存放等工作。作为场所，则指贡院内部的各种建筑和设施。

南宋礼部贡院在观桥之西、武学之东。礼部贡院进门大厅堂上正中陈列着历代皇帝的御札、御制和石刻，大厅的两厢陈列着历代进士的题名，并有皇帝的赠诗，例如文天祥是公元1256年的状元。

（二）杭州的宗教场所

1. 城内外诸宫观

《梦粱录·卷十五·城内外诸宫观》记载：“在城宫观，则以太乙、万寿为首，余杭洞霄次之。”

虽然绝对数与佛教寺院相比，南宋行都临安府的道教宫观“十不及一”，但这些道教宫观无论是在与主流社会的紧密关系上，还是在宫观殿宇的规模格局上，多胜于佛教寺庙。

南宋行都临安府有“十三大宫观”之称，其中地处皇城及西湖附近的有十二个：西太乙宫、东太乙宫、万寿观、德寿宫、景灵宫、佑圣观、显应观、四圣延祥观、三茅宁寿观、开元宫、龙翔宫、宗阳宫，洞霄宫则在今余杭区大涤山。此外，临安城内还有不少重要宫观。

上述所有宫观中，最值得一提的是洞霄宫。

杭州洞霄宫的前身天柱观始建于公元 683 年。其创建之初，仅为一座普通的道观。唐玄宗李隆基即位后，天柱观的影响力开始迅速扩大。895 年钱镠改建后称天柱宫，成为江南地区有很大影响力的道观。宋真宗赵恒即位后，天柱宫成为朝廷编修《大宋天宫宝藏》的实际场所，事后因功改为洞霄宫。宋神宗赵顼即位后，洞霄宫被列为首批新增的十处提举宫观中的第一位，两宋正副宰相提举洞霄宫者前后有 120 多位，洞霄宫也因此成为宋代祠禄制度的重要组成部分。宋徽宗赵佶于公元 1112 年赐洞霄宫三百道度牒以大规模重修宫观。

需要注意的是，“提举”的原意是“管理”，宋代以后设主管专门事务的职官，即以“提举”命名。宋代另有“提举宫观”之名，为安置老病无能的大臣及高级冗官闲员而设，坐食俸禄而不管事，称为“祠禄之官”。南宋时期，“提举宫观”主要用于安置去位的宰相。比如，两宋之间的名臣李纲就曾于 1127 年和 1137 年两次“提举杭州洞霄宫”。

靖康之变后，宗教成为士大夫们批判的对象。加之南宋初期战事不断，宋高宗赵构对宗教采取了比较理性而又严格的管理政策，多次发表贬抑释、道的言论，长期停颁度牒，以达到减少僧道人数的目的。

然而，就在这种对宗教采取打压政策的大背

景下，洞霄宫却因临近南宋行都临安府，在全国道观中的地位变得更加重要，随后更是得到了宋高宗赵构的青睐。宋高宗不仅拿出专项资金重修洞霄宫，还特意修建了一条从南宋行都临安府到余杭洞霄宫的御道——西溪辇道。公元1166年，禅位成为太上皇的赵构亲临洞霄宫访问后，洞霄宫便声名大振，成为南宋第一道观。也正因为如此，《梦粱录·卷十五·城内外诸宫观》全文约850字，而描述洞霄宫的就有380字，而且特别提到了宋高宗赵构驾临一事，就连太乙宫、万寿观这样重要的皇家宫观也只是提名字列举而已。

2. 明庆灵隐三天竺

《梦粱录·卷十五·城内外寺院》记载："明庆寺，在木子巷，凡朝家祈祷，及宰执文武官僚建启圣节道场咸在焉……大小寺院五十有七。倚郭尼寺，自妙净福全慈光地藏寺以下，三十有一。又两赤县大小梵宫，自景德灵隐禅寺、三天竺、演福上下、圆觉、净慈、光孝、报恩禅寺以下，寺院凡三百八十有五。更七县寺院，自余杭县径山能仁禅寺以下，一百八十有五。都城内外庵舍，自保宁庵之次，共一十有三。诸录官下僧庵，及白衣社会（信奉佛教的民间组织）道场奉佛，不可胜纪。”

明庆寺，也称明庆院，位于杭州城内，是传播律学的寺院。至南宋时，被称为御前明庆寺，其地位相当于北宋时的大相国寺，是举行镇护国家的礼仪或行事的寺院。

位于西湖灵隐山麓的灵隐寺，为杭州最早的古寺，创建于公元326年，开山祖师为西印度僧人慧理和尚。504年，灵隐寺得到梁武帝的青睐，得以赐田扩建，规模初具，香火渐盛。北周武帝废佛，使得灵隐寺陷入冷落荒寂之中。唐武宗再度废佛，灵隐寺寺毁僧散，烟火熄灭。五代十国时期，吴越王钱镠命请永明延寿大师扩建灵隐寺为九楼、十八阁、七十二殿。960年，吴越王钱俶又从奉化请来高僧延寿主持灵隐寺，新建僧舍五百余间，建石幢二座。东建百尺弥勒阁，西有祇园，共有殿宇房舍一千三百余间，廊庑曲折萦回，自山门左右连接方丈，并赐名为“灵隐新寺”，一时间僧众多达三千余人。1007年，宋真宗赵恒改灵隐寺为灵隐山景德寺。1021年，宋真宗赵恒赐名“景德灵隐禅寺”。宋仁宗赵祯即位后，灵隐寺已成天下禅宗圣地。宋宁宗赵扩即位后，灵隐寺被誉为江南禅宗“五山”之一（另外“四山”为临安径山寺、净慈寺、天童寺和阿育王寺）。

从灵隐寺沿天竺溪而上，依次为下天竺、中天竺、上天竺。天竺三寺均系杭州名刹，历史相近，地域毗近，教观相同，兴衰与共，历史上被誉为“天竺佛国”。从灵隐寺“咫尺天涯”照壁沿天竺溪走五百米左右，便是下天竺寺，创建于公元 330 年，相传为印度慧理禅师所建。中天竺寺位于稽留峰下，离下天竺寺约五百米，由宝掌禅师创建于 597 年。上天竺寺由道翊禅师创建于 939 年，离中天竺约一千米。

捌

八、西湖胜景与杭州人的日常生活

（一）杭州的西湖盛景

1. 杭州西湖的历史

《梦粱录·卷十二·西湖》记载："杭城之西，有湖曰西湖，旧名钱塘。湖周围三十余里，自古迄今，号为绝景。"

我们知道，中国的地势整体呈现西高东低的特征。故而，城西有湖便是很正常的事。据《永乐大典》记载，中国一共有三十六处西湖，其中浙江九处，广东、湖南、四川各四处，福建、江西各三处，河北两处，广西、云南、湖北、河南、安徽、山东、陕西各一处。其中最知名者，当属杭州西湖。正如清代著名医学家陆以湉所说："天下西湖三十又六，惟杭州最著。”

杭州西湖景区总面积达 49 平方公里，其中湖面面积为 6.38 平方公里。平均水深 2.27 米，最深约 5 米，最浅不到 1 米。

秦朝时，西湖是一个和钱塘江相连的海湾。耸峙在西湖南北的吴山和宝石山，是当时环抱着这个小海湾的两个岬角。由于潮汐的冲击，泥沙在两个岬角淤积起来，逐渐变成沙洲。此后日积月累，沙洲不断向东、南、北三个方向扩展，最终将吴山和宝石山的沙洲连在一起，形成了一片冲积平原，把海湾和钱塘江分隔开来，原来的海湾变成了内湖，西湖由此诞生。

唐朝以前，西湖有武林水、明圣湖、金牛湖、钱塘湖、上湖等名称。“西湖”一词始于唐朝。苏东坡在杭州任职时，咏诗赞美西湖，“欲把西湖比西子，淡妆浓抹总相宜”。西湖自此又多了一个“西子湖”的雅号。湖中的白堤、苏堤、杨公堤、赵公堤将西湖的湖面分割成若干水面。

2. 南宋的西湖十景

《梦粱录·卷十二·西湖》记载："近者画家称湖山四时景色最奇者有十：曰苏堤春晓、曲院荷风、平湖秋月、断桥残雪、柳浪闻莺、花港观鱼、雷峰夕照、两峰插云、南屏晚钟、三潭映月。春则花柳争妍，夏则荷榴竞放，秋则桂子飘香，冬则梅花破玉，瑞雪飞瑶。四时之景不同，而赏心乐事者亦与之无穷矣。"

说到西湖的著名景点，按出现的先后顺序，则先有南宋的"西湖十景"和元朝的"钱塘十景"，后有清代的"西湖十八景"和"西湖四十景"，最后才是1984年评定的"新西湖十景"和2007年评定的"三评西湖十景"等。其中，始于南宋的"西湖十景"最为知名。

需要注意的是，南宋"西湖十景"一词，源于南宋的著名画家。

两宋官府都在各自的都城内设有官方画院。《清明上河图》的作者张择端便是宋徽宗在位时期供职于翰林图画院的宫廷画师，而《千里江山图》的作者王希孟则是翰林图画院的学生。到了南宋，官方画院画家所画的山水画，多为四字题名，如马远的《柳浪闻莺》《两峰插云》《平湖秋月》，陈清波的《断桥残雪》《三潭印月》《雷峰夕照》《苏堤春晓》。南宋定行都临安府之后，“西湖十景”逐渐被固定为苏堤春晓、曲院荷风、平湖秋月、断桥残雪、柳浪闻莺、花港观鱼、雷峰夕照、双峰插云、南屏晚钟、三潭印月。

排在南宋“西湖十景”中首位的“苏堤春晓”，同时也是排在元代“钱塘十景”中首位的“六桥烟柳”。西湖又名钱塘湖，故元代有“钱塘十景”之说：六桥烟柳、九里云松、灵石樵歌、冷泉猿啸、葛岭朝暾、孤山霁雪、北关夜市、浙江秋涛、两峰白云、西湖夜月。其中，“两峰白云”“西湖夜月”两景与南宋“西湖十景”中的“双峰插云”“平湖秋月”意思相同，故后人常称“钱塘八景”。

值得注意的是，元代将“苏堤春晓”称为“六桥烟柳”，是有一定道理的。苏堤是一条贯穿西湖南北风景区的林荫大堤，现长 2797 米，堤宽 30—40 米，高出湖面 0.4 米。它是北宋著名文人苏轼于公元1090年任杭州知州时，指挥二十多万人疏浚西湖，利用疏浚西湖时挖出的葑草和淤泥堆积并历经后世演变而形成的。苏轼主持修筑的堤岸，虽说是雏形，但构成这一条堤岸最著名的六座单孔半圆石拱桥，即映波、锁澜、望山、压堤、东浦、跨虹（自南而北），都已经有了。

苏堤纵贯湖面，距湖西岸约五百米，距湖东岸约两千三百米，把湖面分为西小东大两部分。映波桥与花港公园相邻，垂杨带雨，烟波摇漾；锁澜桥近看小瀛洲，远望保俶塔，近实远虚；望山桥上西望，丁家山岚翠可挹，双峰插云巍然入目；压堤桥约居苏堤南北的黄金分割位，旧时又是湖船东来西去的水道通行口，清圣祖康熙帝玄烨题写的“苏堤春晓”景碑亭就在桥南；东浦桥是湖上观日出最佳点之一；跨虹桥看雨后长空彩虹飞架，湖山沐晖，如入仙境。堤旁遍种花木，有垂柳、碧桃、海棠、芙蓉、紫藤等四十多个品种。每当寒冬一过，春风吹拂，晨曦初露时，湖波如镜，桥影照水，鸟语啁啾，绿柳如烟，红桃如雾，红翠间错，灿烂如锦。民谣曰：“西湖景致六吊桥，一株杨柳一株桃。”“苏堤春晓”因此而得名。苏堤上还栽植有玉兰、樱花、芙蓉、木樨等多种观赏花木，一年四季，姹紫嫣红，五彩缤纷。时序变换，晨昏晴雨，氛围不同，景色各异，如诗若画，风光怡人。

位于西湖西侧的“曲院荷风”排在南宋“西湖十景”的第二位。

“荷风”很容易理解，风中荷花之意；“曲院”又是怎么回事呢？

两宋时期，为增加政府的财政收入，支付不断增加的内外负担，政府实行较为严厉的酒榷制度，使售卖酒麴成为官方垄断的专利和特权。在州县城周围若干里内为严格酿酒范围，由政府掌控的酒务经营酒的酿制与销售，不准任何人私酿和私卖；而在离城较远的乡村，则准许百姓私自酿卖，由政府收税。在京师，官营造酒的机构被叫作“麴院”。这里的“麴院”，本来应该是“酒麴”的“麴”，而不是“弯曲”的“曲”。酿酒的“酒麴”由官府设置的“三京官”负责管控。

理论上，北宋有三个都城：东京开封府、西

京河南府（今洛阳市）、南京应天府（今商丘市），后来因战争需要才又额外增加了大名府为北京。在大名府升格为北京之前，只有三个都城的北宋便设立了“三京官”，专门负责酿造、售卖“酒麯”。到了南宋，虽然只有杭州一个地方是临时都城，但“三京官”这个名称却保留了下来。既然是都城，负责酿造、售卖“酒麯”的专门机构便设置在了今日的著名景点——“麯院风荷”这里。至于“麯院荷风”为何被错写成了“曲院风荷”，那就得问问清圣祖康熙帝玄烨了。康熙皇帝的字，能错吗？错了也是对的。

“平湖秋月”在南宋“西湖十景”中排在第三位。南宋时期，马远所画《平湖秋月》并无固定景址。当时以及元、明两朝文人赋咏此景的诗词，所描写的夜湖泛舟，舟中赏月的角度是多方位的。公元1699年，清圣祖康熙帝玄烨巡幸西湖，御书“平湖秋月”匾额，从此景点固定于白堤西端，背倚孤山，面临外湖。

西湖秋夜之月，自古被公认为良辰美景，充满了诗情画意。平湖秋月高阁凌波，绮窗俯水，平台宽广，视野开阔，秋夜在此纵目高眺远望，但见皓月当空，湖天一碧，金风送爽，水月相溶，不知今夕何夕。其实美景又何止秋季，何止月夜，清代骆成骧撰写了一副楹联："穿牖而来夏日清风冬日日，卷帘相见前山明月后山山。"

平湖秋月之所以闻名，是有科学依据的。杭州地处亚热带北部，从地球和太阳的运行规律来看，春夏秋冬四季分明；从地球和月亮的关系看，钩弦圆缺都有规律，秋季时，月亮离地球北半球较近，从杭州所处的地理位置看月亮夹角不会超过 60 度，月光柔和清凉，让人有一种虚泛、虚无的感觉。杭州秋季的天气以晴好为主，晚上气温 20℃，相对湿度 80%，风速每秒 3—4 米，大气中的飘尘杂质较少，月光的穿透率特别高，云淡风轻，天高气爽，气候宜人，因此看到的月亮显得特别大，特别圆，特别亮，特别清澈和皎洁，所以就有"四时月好最宜秋""月到中秋分外明"之说。

"断桥残雪"，号称西湖三绝（孤山不孤、断桥不断、长桥不长）之一，也是西湖三大情人桥之一，排在南宋“西湖十景”中第四位。

西湖断桥位于杭州北里湖和外西湖的分水点上，一端跨着北山路，另一端接通白堤。断桥的名字与中国民间故事《白蛇传》中缠绵悲怆的爱情故事联系在一起，让断桥成为西湖上众多名桥中最著名的桥。

好端端的桥为什么会被称为断桥呢？目前流传最广的解释是，冬季下雪以后，人们从远处观桥时产生的一种幻觉。当寒冬白雪纷飞之时，桥顶桥墩全都堆满了白雪，太阳一出来，桥顶上边的积雪先融化了，露出了一截黑的墙面，可桥堍地势低下，仍旧白皑皑的一片，从远处看，中间黑，两头白，如同桥在中间断了一般，因此名为“断桥”。

“柳浪闻莺”排在南宋“西湖十景”中第五位，位于西湖东南岸，清波门外。“闻莺”很好理解，听鸟鸣而已；“柳浪”又作何解呢？

南宋时，这里是京城最大的御花园，称聚景园。范围南起杭州清波门外，北至涌金门下，东倚城垣，西临西湖水面，而且还包括了接近湖岸的若干洲渚如柳洲、水心寺基（小瀛洲前身）等。当时园内有会芳殿和三堂、九亭，以及柳浪桥和学士桥。

“花港观鱼”排在南宋“西湖十景”中第六位。花港观鱼地处苏堤的南段西侧，前依接山势葱茏的南屏山，西靠层峦叠翠的西山，平静如镜的小南湖和西里湖，分列左右。南宋末年的“花港观鱼”，只有一池、一碑、三亩地。关于“花港观鱼”这一名称的由来：南宋时，有一条小溪从花家山经此流入西湖，这条小溪就叫花溪。当时，宋理宗赵昀所宠信的内侍大头目卢允升在花溪侧畔建了一座山野茅舍，隔湖对着苏堤望山桥，称为“卢园”。园内架梁为舍，叠石为山，凿地为池，立埠为港，畜养异色鱼类，广植草木。随着宰相贾似道的权势日盛，卢允升退出了权力舞台，卢园开始变成平民百姓观赏金鱼的景点。因景色恬静，游人萃集，雅士题咏，被称为“花港观鱼”。

“雷峰夕照”排在南宋“西湖十景”中第七位。雷峰塔又名皇妃塔、西关砖塔，位于西湖南岸夕照山的雷峰上。雷峰塔初建于公元977年，因塔成之时恰逢北宋追谥钱俶逝去不久的夫人孙氏为“皇妃”，所以命名为“皇妃塔”。后来，因其所在的山峰叫“雷峰”，而逐渐被人们称为“雷峰塔”。

中国民间故事《白蛇传》中，法海和尚骗许仙至金山，白娘子水漫金山救许仙，被法海镇在雷峰塔下。后小青苦练法力，终于打败了法海，雷峰塔倒塌，白素贞获救。

1120年，雷峰塔在战乱中遭到严重损坏。宋宁宗赵扩在位期间重修，建筑和陈设重现了昔日之塔的金碧辉煌，特别是黄昏时与落日相映生辉的景致，被命名为“雷峰夕照”，列入“西湖十景”。南宋以后，“雷峰夕照”一直是西湖游赏最受青睐的名胜之一。

1555年，倭寇围困杭州城，纵火焚烧雷峰塔，此后，雷峰塔仅剩砖砌塔身，那通体赤红的样子，显得苍凉而凝重。清朝前期，雷峰塔以裸露砖砌塔身呈现的残缺美以及与《白蛇传》神话传说的密切关系，成为“西湖十景”中为人津津乐道的名胜。清末民初，民间盛传雷峰塔砖具有“辟邪”“宜男”“利蚕”的神奇功能，因而屡屡遭到盗挖。1924 年 9 月 25 日，年久失修、屡遭盗挖的雷峰塔终于轰然坍塌。“雷峰夕照”胜景从此名存实亡。2002 年，重建的雷峰塔正式落成。

“双峰插云”排在南宋“西湖十景”中第八位。南高峰与北高峰，地势高耸俯瞰西湖，是古时西湖群山中喧盛一时的佛教名山，山顶都建有佛寺、佛塔。春秋佳日，岚翠雾白，塔尖时隐时现，自西湖舟中远观，两峰遥相对峙，其间小山起伏，绵亘约五公里。峰顶时隐时现于薄雾轻岚之中，望之如插云天。

“南屏晚钟”排在南宋“西湖十景”中第九位。虽然它排在第九位，却是“西湖十景”中问世最早的景观。其他的景观都问世于南宋，而“南屏晚钟”，早在北宋就已扬名了，北宋著名画家张择端就曾画过《南屏晚钟图》。

南屏山一带的山岭由石灰岩构成，山体多孔穴，加以山峰岩壁立若屏风，每当佛寺晚钟敲响，钟声震荡的频率传到山壁上，岩石、洞穴等为其所迫，加速了声波的振动，振幅急剧增大后形成了共振效应。岩石、洞穴随之产生音响回波情况，增强了共鸣。同时，钟声还以相同的频率在西湖水面上传播，直达对岸的宝石山，碰上由火成岩构成的葛岭、回波迭起在天地间交响混合，共振齐鸣，悠远清扬，经久不息，此时，在西湖水域的游人就都能听到佛国的清音了。

公元954年，净慈寺初建时就设钟楼一座。1378年，僧人嫌旧钟太小，重铸了一口重达十吨的巨钟，因钟声洪亮，再加上寺后南屏山多空穴，所以晚钟敲响，钟声更是穿穴回荡，传播山谷，远飘大半个杭城。清康熙皇帝南巡时，以天将破晓，“夜气方清，万籁俱寂，钟声乍起，响入云霄，致足发人深省也”之由，改称“南屏晚钟”。现在的钟是日本佛教界于1984年捐资，由杭州制氧机厂铸造的，大小与明代时相同，作为中日友好的见证。铜钟高3.6米，直径2.3米，重一万余公斤，造型古朴，外面铸有《大乘法莲华经》，共6.8万余字，每敲一下，余音达两分钟之久。

"三潭印月"虽然被南宋"西湖十景"排在最后一位，却被现代人誉为"西湖第一胜境"。

（二）杭州人的日常生活

1. 铺席

《梦粱录》记载了数百种菜肴的名称，它们是由数不清的酒馆和茶楼供应的。宋人将商店叫作"铺席"。南宋时，杭州的繁华不亚于北宋汴京，人烟浩穰，铺席如云。据《梦粱录·卷十三·铺席》记载："向者杭城市肆名家有名者，如中瓦前皂儿水，杂货场前甘豆汤、戈家蜜枣儿，官巷口光家羹，大瓦子水果子，寿慈宫前熟肉，钱塘门外宋五嫂鱼羹，涌金门灌肺，中瓦前职家羊饭、彭家油靴，南瓦子宣家台衣、张家元子……自淳祐年有名相传者，如猫儿桥魏大刀熟肉……张家元子铺……张家豆儿水……金子巷口陈花脚面食店……太平坊南倪没门面食店，南瓦子北卓道王卖面店，腰棚前菜面店，熙春楼下双条儿划子店，太平坊大街东南角虾蟆眼酒店……姚家海鲜铺，坝桥榜亭侧朱家馒头铺，石榴园倪家䴔鲊铺……荐桥新开巷元子铺……自大街及诸坊巷，大小铺席，连门俱是，即无虚空之屋。”

周密在《武林旧事·卷七·乾淳奉亲》中，详细记载了《梦粱录·卷十三·铺席》只提了一句的“宋五嫂鱼羹”：“淳熙六年三月十五日……太上命尽买湖中龟鱼放生，并宣唤在湖卖买等人。内侍用小彩旗招引，各有支赐。时有卖鱼羹人宋五嫂对御自称东京人氏，随驾到此。太上特宣上船起居，念其年老，赐金钱十文、银钱一百文、绢十匹，仍令后苑供应泛索（泛索：古代宫中供帝王临时享用的点心）。”

故事中的宋五嫂是南宋初年的民间妇女，原籍北宋东京开封府，以经营酒肴为业，精于烹饪，尤其擅长制作鱼菜。靖康之变后，宋五嫂随着难民人流南下，寓居在南宋行都临安府西湖钱塘门外。为维持生计，她重操旧业，张罗开设了一家小酒店，接待东西南北过往的客人。公元 1179 年 4 月 23 日（淳熙六年三月十五）这一天，宋孝宗赵昚陪同太上皇赵构在西湖游玩。太上皇赵构命

“尽买湖中龟鱼放生”，并召见了“卖鱼羹人宋五嫂”，太上皇赵构“念其年老，赐金钱十文、银钱一百文、绢十匹”之后，又“令后苑供应泛索”。宋五嫂自此成为太上皇赵构的御用厨娘，“宋五嫂鱼羹”也因此声名大噪。

“元子”，也称“圆子”“浮圆子”，用糯米磨粉做成皮，包裹细腻纯净的绵白糖、黑芝麻和优质猪板油等馅料，煮熟后具有香、甜、鲜、滑、糯的特点。“豆儿水”是一种冷饮，其制作方法是将新鲜的绿豆煮成汤，再放入冰块，口感清爽，深受普通百姓喜爱。“划子”是一种面食。“豝鲊”是一种腌制食品，主要制作方法是用盐和红曲腌制肉类或鱼类，或者用盐和米饭（或米粉、面粉）腌制鱼类，属于轻度发酵食品，口味酸咸，可直接食用。

值得注意的是，这些“铺席”很早就开张，据《梦粱录·卷十三·夜市》记载：“杭城大街，买卖昼夜不绝，夜交三四鼓，游人始稀；五鼓钟鸣，卖早市者又开店矣。”“铺席”从五更（三四点钟）开张营业，持续到深夜才会关门打烊。逛街购物的人们走累了，口渴了，可以找个地方坐下来，吃点儿美食，喝碗饮料。除了昼夜迎客的酒楼茶坊，夜市上还有各种饮食小摊，叫卖各色美食。

2. 茶肆

《梦粱录》展现了南宋行都临安府的都市风貌和百业百态。纵览全书，“茶”是其中的一个高频字，茶事是作者浓墨重彩记述的部分。

《梦粱录·卷十八·物产》记载：“茶：宝云茶，香林茶，白云茶。又宝严院垂云亭亦产。东坡以诗戏云：‘妙供来香积，珍烹具大官。拣芽分雀舌，赐茗出龙团。’盖南北两山、七邑诸山皆产。径山采谷雨前茗，以小缶贮馈之。”

“以小缶贮馈之”，像不像当今流行的小罐茶？由此可以看出，茶叶的产地、品种和品质，早在南宋就已形成了品牌。

大约从唐代中期开始，不仅茶成为杭州人的日常饮品，而且与品茶相关的插花、焚香、点茶与挂画被合称为“四艺”，也成为文人墨客追求典雅生活的一部分。到了南宋，茶行业鼎盛、茶文化兴旺，贵家士庶，概莫能外，茶成为“举国之饮”。

与此同时，在饮茶的环境上，南宋行都临安府也别有一番特征。《梦粱录·卷十六·茶肆》中介绍：“今杭城茶肆亦如之，插四时花，挂名人画，装点店面。四时卖奇茶异汤，冬月添卖七宝擂茶、馓子、葱茶，或卖盐豉汤，暑天添卖雪泡梅花酒，或缩脾饮、暑药之属。”又曰：“今之茶肆，列花架，安顿奇松异桧等物于其上，装饰店面，敲打响盏歌卖，止用瓷盏漆托供卖，则无银盂物也。”

在茶艺上，南宋行都临安府的茶坊流行一种叫“分茶”的绝技，也称“茶百戏”“茶丹青”。此外，茶肆中还流行“斗茶”。茶坊中摆上茶具，煮水点茶“斗色斗浮”，即以冲出来的茶沫与茶汤颜色一决胜负：茶色以纯白为上，青白为次，灰白次之，黄白又次之；茶沫以“咬盏”为佳。

南宋杭州的茶肆一般分为两大类：一类是单纯的茶饮，只以茶叶点泡而成；另一类为混合茶饮，即花色茶，将茶饮与其他多种材料混合，擂碎后，或冲泡或煎煮而成，又称为“擂茶”。擂茶还称“三生汤”，为一种特色茶食。据说擂茶起源于汉，一般用花生、芝麻、绿豆、茶叶、山苍子、生姜、食盐等为原料，用擂钵捣烂成糊状，然后筛滤，投入铜壶，加水煮沸，满堂飘香。“缩脾饮”则是一种主治清暑气、除烦渴、止吐泻霍乱，及暑月酒食所伤等症状的药饮。

那时，南宋行都临安府街头除形成了“文士有西湖诗社”“武士有射弓踏弩社”等活动外，“更有城东城北善友道者，建茶汤会，遇诸山寺院建会设斋，又神圣诞日，助缘设茶汤供众”。这是《梦粱录·卷十九·社会》中记述的市井状态。可以说，南宋时的茶文化早已超出了纯物质的层面，而渗透到人们精神文化生活的体验中。

《梦粱录·卷十九·四司六局筵会假赁》则让我们见识到了当时隆重繁杂的官府筵席场景。筵席统一由四司六局人员督责。“四司”指专掌仰尘（天花板的意思）的帐设司、专掌宾客茶汤的茶酒司、专掌筵席食物的厨司，以及专掌碗碟出食的台盘司。“六局”指专掌时新水果的果子局、专掌糖蜜茶果的蜜煎局、专掌异品菜蔬的菜蔬局、专掌灯火照明的油烛局、专掌香炉和醒酒汤药的香药局、专掌桌椅挂画的排办局。

由此可以看出，南宋时，杭州的酒席茶饮活动，其专业化程度之高、规模之大、分工之细、排场之讲究，是历史上前所未有的。

在《梦粱录·卷二十·嫁娶》中，可以看出茶在男婚女嫁中所扮演的重要角色。先凭媒人往返送定帖，当定帖送过后，双方才算正式确定了婚姻关系。接着相亲，“或借园圃，或湖舫内”，如中意则以金钗插于冠髻中，称“插钗”，然后议定礼，向女方家报告。同时要“下财礼”，无论贫富之家，均少不了送茶食，如“茶饼果物”“花茶果物”“茶饼鹅羊果物”。由此可见，作为确立男女婚姻关系的重要信物，茶礼逐渐成为一种正统的社会礼仪被沿袭下来。

《梦粱录·卷十六·茶肆》中的南宋行都临安府茶肆，白天生意兴隆，晚上同样热闹非凡：“夜市于大街有车担设浮铺，点茶汤以便游观之人。”《梦粱录·卷十三·夜市》记载，即使到了“冬月虽大雨雪，亦有夜市盘卖。至三更后，方有提瓶卖茶。冬间，担架子卖茶，馓子、慈茶始过。盖都人公私营干，深夜方归故也”。夜市中，生意人在大街上推车担肩，设置流动铺子，点茶汤和点心，满足夜游客官的需求。

当时，已有“点茶人”行当，餐饮业中使用暖水瓶，也称“暖水釜”。每当冬日冷夜，小贩们就开始“提瓶卖茶”。有的茶肆成为士大夫期朋约友的会聚之地。也有的茶楼雇用官妓支撑台面，名曰“花茶坊”。

正是因为在茶肆遣闲休逸中，有着众多的雅俗共赏的活动，才让都城民众感慨“终日居此，不觉抵暮”。

3. 酒肆

南宋行都临安府到底有多少家酒肆，具体很难数清楚。这些酒肆，形式也是林林总总。只卖酒的酒肆称“角球店”；售卖各等级酒品的酒肆，叫“山”；大型酒肆，称“楼”或“库”。

《梦粱录·卷十六·酒肆》记载：“大抵酒肆除官库、子库、脚店之外，其余谓之‘拍户’，兼卖诸般下酒，食次随意索唤……有一等直卖店，不卖食次下酒，谓之‘角球店’，零沽散卖，或百单四、七十七、五十二、三十八者是也……若酒力高美者，牌额卖过山之名，其言一山、二山、三山之类是也。”

南宋行都临安府的高级酒楼有三十余家，其中属户部点检所管辖的官营酒楼共有十二家，民营酒楼著名的有十八家，以熙春楼、三元楼、翁厨、任厨等为最。

酒肆兼卖各种特色食品，形成独特风格。《梦粱录·卷十六·酒肆》记载：“酒家亦自有食牌，从便点供。更有包子酒店，专卖灌浆馒头、薄皮春茧包子、虾肉包子、鱼兜杂合粉、灌煎大骨之类。又有肥羊酒店，如丰豫门归家、省马院前莫家、后市街口施家、马婆巷双羊店等铺，零卖软羊、大骨龟背、烂蒸大片、羊杂鸩（鸩，用微火煮）四软、羊撺四件……更有酒店兼卖血脏、豆腐羹、熬螺蛳、煎豆腐、蛤蜊肉之属，乃小辈去处。”

4. 娱乐

“瓦子”（又称“瓦肆”），是两宋时期普通市民休闲活动的主要场所。之所以叫“瓦子”，是因为当时没有一个现成的名称，古人发现这类玩闹之徒忽聚忽散，犹如砖瓦之属，便将其聚会玩闹的场所称作“瓦舍”“瓦子”。《梦粱录•卷十九•瓦舍》记载：“瓦舍者，谓其‘来者瓦合，去时瓦解’之义，易聚易散也。”

每个瓦子（舍）内设有数量不等的专供表演的“看棚”，称为“勾栏”，内设戏台、后台、观众席等。勾栏表演内容很多，有说书、小唱、杂剧、皮影、散乐、舞蹈、角抵、杂技等。瓦舍的演出不分春夏秋冬，无论刮风还是下雨，瓦舍勾栏天天都有演出。

《梦粱录•卷二十•角抵》记载：“角抵者，相扑之异名也，又谓之‘争交’……瓦市相扑者，乃路岐人聚集一等伴侣，以图摽手之资。先以女飐数对打套子，令人观睹，然后以膂力者争交……”

宋代相扑和近代相扑有很大的不同，比赛中选手可以穿着衣服，也可以脱掉上衣，可以拳打脚踢、摔抱抗扭，但是不能抓对方身上的织带，更不能偷偷使用暗器。相扑比赛选手不仅比的是力量和勇气，更多比的是比赛技巧和智慧，而女子相扑运动，也大致如此。

宋代的女子相扑运动，分为表演和竞技两种形式。以竞技为主的女子相扑运动也可分为两种，一种是女子之间的互相竞技，另一种则是男女同台竞技，前者是最为常见的。而男女相扑手同台竞技，一般多见于带有奖励的相扑比赛。

宫廷的女子相扑，大多都是表演性质的，女子相扑手归内廷乐籍部门管理，通常在为皇帝生日举办的宴会上，或其他朝廷聚会场合，混在乐舞表演当中一同演出，以供皇帝和大臣们观赏。宋理宗赵昀生日“天基节”的宴会上，就曾上演过“女厮扑”，也就是女子相扑。

宋代长期和辽、西夏、金、元等政权进行征战，使民众有很强的不安感，因此具有尚武精神，而相扑运动在当时是表现尚武精神最好的运动方式。

后记

对《梦粱录》一书的解读至此告一段落。

作为中国笔记文学的经典之作，《梦粱录》宛若文字版的《千里江山图》，带给人们一幅有温度的风情画卷，也让读者体验到南宋的文化特质，感受到南宋人的生活态度，同时也为后人留下了探索那个时代各个阶层居民生活面貌的大量宝贵资料。

史学家陈寅恪先生曾言，“华夏民族之文化，历数千载之演进，造极于赵宋之世”。在《梦粱录》中，通过市井生活，我们能细腻地感知中华文化发展高点的繁盛形态。不过，《梦粱录》中的黍离之悲自然也会引人思索——为何这座城市会转眼变成梦中繁华？在历史的时空中，这本书因此也得以超越单纯的地理志、风俗志意义，给我们留下了更多的思考空间。

◆《清明上河图》（局部）　北宋·张择端

◆《瑞鹤图》 北宋·宋徽宗赵佶

◆《千里江山图》(局部) 北宋·王希孟

◆《冬日婴戏图》 北宋·苏汉臣

◆

《听琴图》 北宋・宋徽宗赵佶

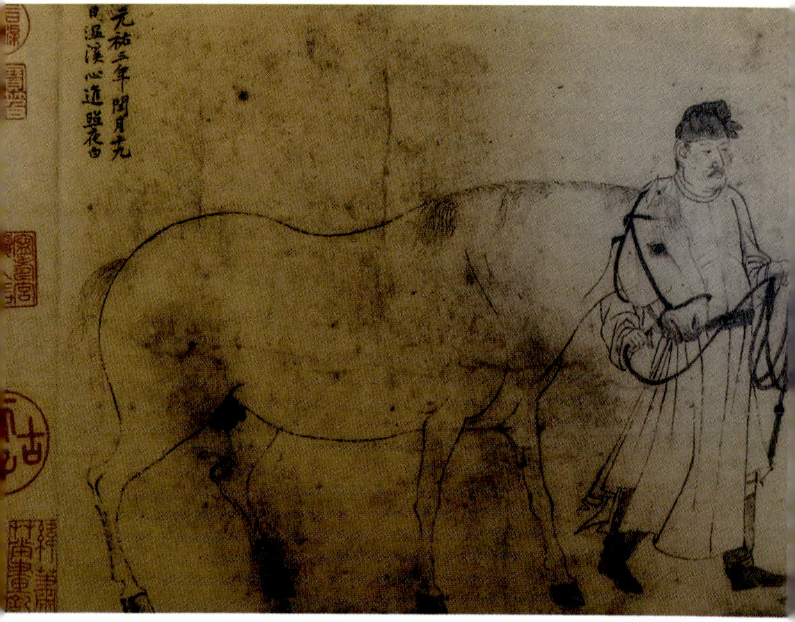

◆《五马图》(局部)　北宋 · 李公麟

◆《芙蓉锦鸡图》 北宋·宋徽宗赵佶

◆《文会图》 北宋·宋徽宗赵佶

纪连海品梦华录

纪连海 著

中国出版集团
中国民主法制出版社
全国百佳图书出版单位

图书在版编目（CIP）数据

纪连海品梦华录 / 纪连海著 . — 北京：中国民主法制出版社，2025. 7. —（大家轻读系列）. — ISBN 978-7-5162-4040-3

I. K296.13

中国国家版本馆 CIP 数据核字第 2025YE0257 号

图书出品人：刘海涛
总　策　划：贾兵伟
图 书 策 划：张秋红
责 任 编 辑：张秋红

书　　名 / 纪连海品梦华录
作　　者 / 纪连海　著

出版·发行 / 中国民主法制出版社
地址 / 北京市丰台区右安门外玉林里 7 号（100069）
电话 /（010）63055259（总编室）　63058068　63057714（营销中心）
传真 /（010）63055259
http: // www.npcpub.com
E-mail: mzfz@npcpub.com
经销 / 新华书店
开本 / 32 开　880 毫米 ×1230 毫米
印张 / 9　　**字数** / 130 千字
彩插 / 8 页
版本 / 2025 年 7 月第 1 版　　2025 年 7 月第 1 次印刷
印刷 / 三河市宏图印务有限公司

书号 / ISBN 978-7-5162-4040-3
定价 / 99.00 元（全二册）

总序

根据我们的常识，宋朝的历史可以简单概括为“积贫积弱”四个字。首先提出宋朝“积贫积弱”一说的，是国学大师钱穆先生。钱穆先生在《国史大纲》中曾有“宋室内部之积贫难疗”“宋代对外积弱不振”之语。而宋朝“积贫积弱”说的集大成者，则是另一位大历史学家翦伯赞先生。翦伯赞先生在《中国史纲要》中曾说：“王安石（被宋神宗）召入政府，用为参知政事，要倚靠他来变法立制，富国强兵，改变积贫积弱的现状。”在这里，翦伯赞先生已将“积贫积弱”作为一个完整的词提了出来。自此之后，宋朝“积贫积弱”说流传渐广，日益深入人心。

但国学大师陈寅恪先生却认为，“华夏民族之文化，历数千载之演进，造极于赵宋之世”。著名宋史学家邓广铭先生则说，“宋代的文化，在中国封建社会历史时期之内，截至明清之际的西学东渐的时期为止，可以说，它是已经达到了登峰造极的高度的”。而钱锺书先生所说的“在中国文化史上有几个时代是一向相提并论的：文学就说‘唐宋’，绘画就说‘宋元’，学术思想就说‘汉宋’——都得数到宋代”，则为陈寅恪、邓广铭二位先生的观点做了很好的解释和说明。

无独有偶，陈寅恪、邓广铭、钱锺书等先生关于宋代已经“登峰造极”的观点也得到了国际史学界绝大多数史学家的认可：德国经济史学家贡德·弗兰克说：“宋代中国在重要技术、生产、商业发展方面和总的经济发展方面尤为突出。”英国剑桥大学李约瑟研究所名誉所长、英国科学院院士李约瑟博士在《中国科学技术史》中说：“中国古代的科技发展到宋朝，已呈巅峰状态，在许多方面实际上已经超过了18世纪中叶工业革命前的英国或欧洲的水平。”法国著名汉学家谢和耐在《南宋社会生活史》中说：“13世纪的中国在近代化方面进展显著，比如其独特的货币经济、纸币、流通证券，其高度发达的茶盐企业……在社会生活、艺术、娱乐、制度、工艺技术诸领域，中国无疑是当时最先进的国家，它具有一切理由把世界上的其他地方仅仅看作蛮夷之邦。”日本学者薮内清在《中国·科学·文明》中说：“北宋时代是中国历史上具有划时代意义的时代……在这个文化发达的历史潮流中，有许多惊人的成就。甚至有人认为，北宋时代可以和欧洲的文艺复兴时期以至近代相比。”也正因为如此，才有了英国史学家汤因比的那句名言：“如果让我选择，我愿意活在中国的宋朝。”

“积贫积弱”也好，“登峰造极”也罢，宋朝历史的本来面目，到底是什么样子呢？陈寅恪、邓广铭、钱锺书等中国学者和贡德·弗兰克、李约瑟、谢和耐、薮内清、汤因比等外国学者是根据什么得出上述这些结论的呢？

作为现代人，从没见过当年盛景的我们，该如何来了解宋朝呢？宋代孟元老的笔记体散记文《梦华录》，为我们详细地描绘了北宋末年东京汴梁的社会和地理风貌；而吴自牧仿照《梦华录》的体例所著的笔记《梦粱录》，则为我们详细地描绘了南宋末年行都临安的社会和地理风貌。对于我们而言，《梦华录》也好，《梦粱录》也罢，都是当时当地的百科全书，有助于我们了解宋朝的历史。

那么，《梦华录》和《梦粱录》这两本书，到底讲了哪些内容呢？《纪连海品梦华录》和《纪连海品梦粱录》将为您详细解读北宋首都东京汴梁和南宋行都临安的方方面面。

纪连海

2024 年 11 月 27 日

目录

一、《梦华录》：北宋首都东京的“百科全书” / 001

二、《梦华录》的时空：富庶的北宋都城东京 / 013

三、北宋东京的城墙、城门和商业街区 / 031

四、北宋东京的河道、桥梁和漕运 / 055

五、北宋东京的宫殿建筑 / 083

六、北宋东京“天街”周边的政府机构 / 103

七、北宋东京其他街巷的政府机构
与官营手工业的布局 / 143

八、吃喝玩乐：北宋东京的日常生活 / 161

九、北宋东京的衣冠服饰与风土人情 / 201

十、北宋东京的岁时节令与民间习俗 / 221

十一、北宋东京由朝廷主导的重要礼仪庆典活动 / 255

后　记 / 275

“

如果让我选择，我愿意活在中国的宋朝。

——阿诺德·汤因比

（英国史学家）

华夏民族之文化，历数千载之演进，造极于赵宋之世。

——陈寅恪

（国学大师）

”

壹

一、《梦华录》：北宋首都东京的『百科全书』

英国史学家汤因比曾说：“如果让我选择，我愿意活在中国的宋朝。”在很多史学家眼里，宋代都是一个繁荣和令人向往的朝代。

如果有人问我，古代的都市大概是什么样子的，我首先就会想到北宋的都城——东京。北宋的都城东京的出现，标志着商业城市的开始。它所展现出的面貌，在中国的都市中一直保留到了20世纪上半叶。

宋代的社会经济和文化空前繁荣。作为唯一一个没有宵禁的朝代，宋代诞生了早市、夜市和“鬼市”。每当正月十五上元节的时候，汴梁城都张灯结彩、人潮涌动，完全不逊色于现代的大都市。

那么，作为现代人，从没见过当年盛景的我们，该如何来了解北宋呢？大家自然都会想到著名的《清明上河图》。但问题是，《清明上河图》再优美，它本身也不会说话，因此就需要有人为我们讲解，而宋代孟元老的笔记体散记文《梦华录》，则为我们详细地描绘了北宋末年东京汴梁的社会和地理风貌，可谓是当时当地的一部百科全书。

需要说明的是，孟元老的笔记体散记文原本就叫《梦华录》，并无后来广泛流行的“东京”二字：孟元老在“自序”中也明确说道：“古人有梦游华胥之国，其乐无涯者。仆今追念，回首怅然，岂非华胥之梦觉哉？目之曰《梦华录》。”南宋时期的赵师侠、赵希弁、陈振孙等人提及此书，皆称其为《梦华录》。目前可见“东京梦华录”之名，最早是在大约成书于公元1307年的《文献通考》中。据此推测，《梦华录》可能是在南宋灭亡之后才被冠以“东京”二字，并一直流传至今。

孟元老笔下的“华胥之国”，又称华胥古国。华胥，也称华胥氏，风姓，中国上古时期母系氏族社会杰出的部落女首领，相传她踩雷神（今山东省菏泽市鄄城县）脚印，感应受孕，生伏羲和女娲，传嗣炎帝、黄帝，从而成为中华民族的始祖母。为了部族生存，华胥带领远古先民们不断游徙，足迹遍布黄河流域，创造了中国的渔猎、农耕文化，开创了中华文明史。“华夏”和“中华”中的“华”字皆源于华胥。学界普遍认为，处于黄河流域上中游的华山一带是中华民族的发祥地，而华山的得名，除了其山形像“花”（古代“花”与“华”相同），还因为华胥氏族就生息、繁衍在华山之阳。因此，中华民族之“华”源于华胥之“华”。

另外，《梦华录》的作者孟元老是一位生活在北宋与南宋之交的开封人，家在开封城西金梁桥西夹道的南边（具体位置应该是现在的板桥街附近）。他前半生一直在北宋的都城东京生活，是一位中级公务人员，长期担任开封府的仪曹，常年游走在开封的大街小巷，看遍了京城里的三教九流，享尽了开封城中的富贵。也正因为如此，他对开封的描写极其精准。

“靖康之变”后，北宋灭亡，而且也直接引发了中国历史上继西晋“永嘉之乱”、唐代“安史之乱”以后，又一次大规模的人口迁移活动。

孟元老也随着大批逃难的人流，逃到长江以南过着流离失所的生活。长期的困顿，让他时常怀念往昔旧都开封的繁华生活。

怀着对往昔的无限眷念和对现实的无限伤感，孟元老提起笔，开始记录北宋时期开封喧闹繁华的场景，最终在南宋时期写成了这本《梦华录》。

那么，《梦华录》这本书到底讲了哪些内容呢？

（一）北宋人的风雅生活

说到宋朝，大家可能首先就会想到“风雅”二字。

宋朝不但是词的黄金时代，还是中国花鸟画、山水画、市井风俗画的繁盛时期。《千里江山图》《清明上河图》《瑞鹤图》《雪景寒林图》等名画都诞生于这个朝代。

宋朝文人雅士们不但以绘画为乐，还喜欢在房屋中摆放画作来装饰门面，正如南宋吴自牧在其笔记《梦粱录·卷十九·四司六局筵会假赁》中所说的那样：“烧香点茶，挂画插花，四般闲事，不宜累家。”

除此之外，宋朝还流行斗茶，从茶品、水品、茶器、技巧等方面，来比赛谁的茶汤最香醇，谁的茶具最精致，谁的手艺最高超。

北宋人的风雅还体现在对居住环境的高要求上。其实，北宋的房屋比唐朝的要秀丽。

宋代，建筑的斗拱的承重作用大大减弱，拱高与柱高之比越来越小，为了增加室内的空间与采光度，采用了减柱法和移柱法，梁柱上硕大雄厚的斗拱铺作层数增多，更出现了不规整的梁柱铺排形式，而南北各地的建筑又因气候、人文、个人喜好等特点，各有不同。

至于房屋内的家具，宋代家具造型追求舒适，并具有雅致的审美风格。宋代是中国历史上高型家具全面取代矮型家具的时期，并开创了素雅高洁的文人家具风格。

宋朝时的房租很高，一般租不起房子的穷人和书生，会选择在寺庙落脚。公元 1061 年，苏轼的父亲苏洵带两个儿子入京备考时，就居住在兴国寺浴室院。宋朝的酒楼，一般两三层的居多，一层专供散客入座，也就是我们今天所说的大排档；二、三层则有很多被称作“酒阁子”的小包间。

北宋百姓对美好生活的追求，不仅体现于精神世界，还体现在居住环境上，更渗透在日常生活的每一个细节中，比如吃饭、做买卖，制定更公平和更美好的社会制度，等等。

（二）北宋百姓的吃喝玩乐地图

都说“民以食为天”，首先我们来看看，北宋的人们都吃什么？孟元老用了大量篇幅来记述北宋繁盛的饮食文化。

书中共提到了100多家店铺，酒楼和各种饮食店占了半数以上。《梦华录·卷二·饮食果子》里就记录了60多种精致菜品。

除此之外，太学的馒头、州桥曹婆婆的肉饼、御街鹿家的包子、皇建院街郑家的油饼、汴河大街金家的南食、相国寺东的素食，都是流行一时、需要排队购买的“抢手货”。

当时的菜品有几大类，如官府菜、市肆菜、民家菜、寺家菜等。每一个品类，都各有特色。

中秋节前，店家们早早就备下新酒，门口的店招也焕然一新，竖起雕绘有花头的画竿，挂起各式各样的招牌和幌子。人们纷纷到店中宴饮欢聚，临近中午的时候，各店家的新酒就已经售罄了，招牌被摘了下来，幌子也被扯了下来。

每逢节日，富人们酌酒高歌；穷人家也穿上新添置的衣服上街，买上几个下酒菜，改善一下生活。

尤其值得一提的是，那些做饭做菜、做饮料的厨师们，在宋朝以前，只有厨子、厨司、厨人等名称，全是指男人。到了宋朝，才有了“厨娘”的称谓，这也从侧面体现了女性地位的提升。

为了满足市民们夜生活的需要，当然，也为了追求更多的商业利益，实行了上千年的“夜间宵禁”制度自然而然地被取消了，代之以开市时间不同的“夜市”、“早市”和“鬼市”。店铺还会根据时令的不同，出售不同的应季蔬菜、水果等。

北宋末年的东京如此繁华，一个很大的原因是政府不但打破了上千年来对商人阶层的歧视，还打破了上千年来对坊市界限的限制和对商业的时间、地点的限制。

北宋东京之所以如此繁华，第二个主要原因是解决了吃饭问题。高产的农作物占城稻的推广，使得江南地区广泛推行一年两熟、稻麦复种；岭南地区则广泛推行一年三熟。粮食总产量的大大提高，不但使当时的中国成为全世界最早实现一日三餐的国家，还为北宋政府大力推行社会福利制度奠定了良好的基础。

贰

二、《梦华录》的时空：富庶的北宋都城东京

一说到北宋的都城东京，我们都知道，作为华夏文明的重要发祥地，早在五六千年前，开封市域内就已经有人类活动。五帝之一的颛顼早年因辅佐少昊有功，被封于高阳（今开封市杞县高阳镇），故又号称“高阳氏”。夏朝，自帝杼至帝廑在开封一带建都217年，史称老丘（今开封市祥符区杜良镇国都里村），这是开封有明确历史记载的第一次建都。商朝，在开封一带建都27年，史称嚣。春秋早期，郑庄公在今开封城南朱仙镇附近修筑储粮仓城，取“启拓封疆”之意，定名启封（后因避汉景帝刘启的名讳，改名为开封）。此后，又先后有战国时期的魏国，五代时期的后梁、后晋、后汉、后周，宋朝，金朝等在此定都。

一说到开封，我们还知道“开封城，城摞城、墙摞墙、路摞路、门摞门”。究其原因，当然是与中华民族的母亲河——黄河有关。

黄河上中游流经土壤疏松、裸露的黄土高原黄沙区，一旦出现暴雨，便形成高含沙量洪水，导致下游河床淤积抬高，引发河道堵塞，河堤溃决，最终形成黄河改道的大洪灾，会掩埋无数的城市和大小村镇。历史上，开封被黄河的淤泥黄沙掩埋过六次，而它也重建了六次，至今屹立不倒，堪称世界上最顽强的城市。故而，现在的开封城下面，叠压着六座城池：战国时期魏国都城大梁，在今开封地面下12—14米处；唐朝汴州城，在今开封地面下10—12米处；北宋的东京城，在今开封地面下8—10米处；金朝的汴京城，在今开封地面下约6米处；明朝开封城，在今开封地面下3—5米处；清朝开封城，在今开封地面下3米处。引人注意的是，开封城每次重建，都是在原址上，无论规模还是形状，几乎都是同比例，由此便形成了开封城“城摞城、墙摞墙、路摞路、门摞门”的叠加形态。

一说到开封，我们更知道，它还孕育了上承汉唐、下启明清且影响深远的“宋文化”。

（一）“积贫积弱”与“登峰造极”

根据我们的常识，宋朝的历史可以简单概括为“积贫积弱”四个字。首先提出宋朝“积贫积弱”一说的，是国学大师钱穆先生。钱穆先生在《国史大纲》中曾有“宋室内部之积贫难疗”“宋代对外积弱不振”之语。而宋朝“积贫积弱”说的集大成者，则是另一位大历史学家翦伯赞先生。翦伯赞先生在《中国史纲要》中曾说：“王安石（被宋神宗）召入政府，用为参知政事，要倚靠他来变法立制，富国强兵，改变积贫积弱的现状。”在这里，翦伯赞先生已将“积贫积弱”作为一个完整的词提了出来。自此之后，宋朝“积贫积弱”说流传渐广，日益深入人心。

但国学大师陈寅恪先生却认为，“华夏民族之文化，历数千载之演进，造极于赵宋之世”。著名宋史学家邓广铭先生也说过，“宋代的文化，在中国封建社会历史时期之内，截至明清之际的西学东渐时期，可以说，已经达到了登峰造极的高度”。而钱锺书先生所说的“在中国文化史上有几个时代是一向相提并论的：文学就说‘唐宋’，绘画就说‘宋元’，学术思想就说‘汉宋’——都得数到宋代”，则为陈寅恪、邓广铭二位先生的结论做了很好的解释和说明。

现在的问题在于，“积贫积弱”也好，“登峰造极”也罢，宋朝历史的本来面目，到底是什么样子呢?

与此前的汉唐盛世相比，宋朝有以下三个非常鲜明的特色。

首先，很重要的一个方面：解黎民之疾苦。

一是引进了高产的农作物占城稻，粮食总产量大大提高，不但使当时的中国成为全世界最早实现一日三餐的国家，而且当时的中国还在全世界率先抛弃了在食不果腹的背景下实行的分餐制，逐渐推行了合餐制。

占城稻是原产于中南半岛的高产、早熟、耐旱的稻种，于五代到北宋初年传入福建。占城稻虽以占城（也作占婆，在今越南中南部地区）为名，但在中国的广东、广西和福建南部直至越南中部及周边的老挝、柬埔寨一带也广泛种植。占城稻有很多优点：其一“耐旱”；其二适应性强，“不择地而生”；其三生长期短，自种至收仅50余天，而我国原有的稻种，从插秧到成熟，则要经过150天左右，秧苗在苗床上还需要一个月。

早在宋太祖赵匡胤在位时，位于今越南中部地区的占城国便与北宋政权保持着密切往来。中国古人按习惯以原产地名称来命名这个稻作新品种。

关于占城稻引进一事，综合北宋僧人文莹的《湘山野录》，以及《宋史》《宋会要辑稿》《续资治通鉴长编》等文献记载，我们可以知道：公元1011年，宋真宗赵恒因为长江、淮河、钱塘江流域旱灾，水稻无法及时种植，便派使者到福建调取占城稻三万斛（相当于现在的180万公斤，以福建当时的田税标准，需从19.5万亩农田上征得），分给长江、淮河、钱塘江流域的百姓，命令百姓在山区或平原地区的低山浅坡以及地势较高的地方，并且在具备了一定灌溉条件的土地上种植“耐旱”且“子大而粒多”的占城稻。

值得注意的是，宋真宗赵恒在推广占城稻时，首先把换得的二十石（北宋的一石，约合 59.2 公斤）占城稻稻种在福建试种，再从福建取三万斛稻种，推广到长江、淮河、钱塘江流域。为了推广能够成功，还按照“良种良法”的要求，告知农民有关占城稻的具体栽培方法。

不仅如此，推广占城稻时，宋真宗还把占城稻栽种在皇宫后苑，组织皇室和官员参观。据《宋史·真宗本纪》记载，公元 1013 年冬，“(宋真宗)出玉宸殿种占城稻示百官”。1018 年冬，“(宋真宗)御玉宸殿，召近臣观刈占城稻”。1020 年冬，“(宋真宗)召皇子、宋室、近臣玉宸殿观稻，赐宴”。其间，宋真宗还亲自撰写《占城稻颂》等文章来赞颂占城稻。可见，宋真宗对占城稻的引进和推广工作异常重视。

占城稻推广成功后，长江、淮河、钱塘江流域的稻农便在原有品种耐旱性的基础上，又根据各地具体条件，人工培育出了早占城、中占城、晚占城和寒占城等新品种。其中，早占城继承了占城稻的原始特性，能够适应气候炎热、受季节性干旱影响较大的福建等南方地区的环境；寒占城由于耐寒能力强和生长期较长则能够适应气温相对较低的淮河流域等偏北地区的环境。原有品种抗旱优势的保留以及新品种的增多，使占城稻能够被更多地区的民众接纳，种植范围进一步扩大。到南宋时，在今江苏、安徽、浙江、江西、湖北、湖南、四川、福建、广东等地都已种植了占城稻。

二是宋朝的统治者不但打破了上千年来政府对商人的歧视，还打破了上千年来对商业的时间和地点的限制：城市中的街市取代了旧有的封闭式的“市”，居民区与商业区交叉存在，并逐渐连成一片，大街小巷的交通网也逐渐形成，居民众多的小巷不再相互隔离而直通大街，从而使大街小巷的畅通结构取代了旧有的封闭式坊里结构。至于做买卖的时间，一天 24 小时，任何地点都有做买卖的“市”。

既然社会上本来就有士、农、工、商四民的

区分，那就免不了有四民之间的冲突。宋初，朝廷设置了隶属于谏院的“登闻鼓院”。登闻鼓院向朝野士民开放，击鼓者不受身份的限制。当事者在登闻鼓院击鼓后，便会有该部的官吏来接访。宋代，有把卫兵当作警察进行巡逻的制度，职能是“治烟火盗贼公事”；宋代也有负责消灭火情的“消防队”、负责城市卫生的“街道司”等。除此之外，宋朝政府还设立了各种救济机构来满足不同弱势群体的需求，诸如福田院、居养院、安济院、慈幼局、惠民药局、漏泽园、举子仓等。

那个时候，北宋都城东京附近的居民，或骑驴，或坐轿子，或乘坐畜力车，或乘坐人力车；而远道而来的客人，西北地区的，一般是乘坐骆驼；东南地区的，一般是乘坐舟船。当然，当时的东京城不仅有来自我国西北地区的客商，还有更遥远的，比如，下面这段材料：“夫一赐乐业，立教祖师，阿无罗汉，乃盘古阿耽十九代孙也。……出白天竺，奉命而来……进贡西洋布于宋。帝曰：‘归我中夏，遵守祖风，留遗汴梁。’”这段材料中的“白天竺”指的是今天的巴基斯坦和阿富汗地区，而材料中的“一赐乐业”是哪里呢？只要把这四个字念得快一些、再快一些，就能知道了，那就是以色列。这段史料充分证明了在北宋的东京，不但有很多来自我国各地的商人，还有来自异国异域的商人。直至今日，开封还有很多当年来华的犹太人的后裔。

其次，“强干弱枝”，一劳永逸地解决中央和地方的关系问题。

宋太祖赵匡胤以兵变上位，深知其对政权的威胁，因此他刚一称帝便着手削夺将领军权，以消除隐患。他采取的主要措施：一是实行“强干弱枝”的政策，把精锐部队集中于禁军，削弱地方军队；二是分散禁军将领的军权，通过频繁更换将帅和士兵不断换防等措施，削弱将领和士兵之间的联系，避免军队军阀化。

公元 961 年 8 月 22 日（农历七月初九）这一天夜晚，宋太祖大摆筵席，宴请手下的一批大将如石守信等人。三杯酒下肚，宋太祖说：“朕若不是靠你们扶持，怎能有今天？但朕也实在太为难了，如今的时光倒还不如当节度使的时候，都已经好久没有睡过安稳觉了。”石守信等人惶然不解。宋太祖继续启发道：“如今谁不想当皇帝呢？”众将领吓出一身冷汗，纷纷表示不会有二心。但宋太祖又哀叹道：“我自然知道你们忠诚，但当黄袍加身的时候，你们也会身不由己的。”石守信等人感觉心都凉了半截，马上求皇帝恩赐一条明路。宋太祖早就谋划好了：“人生如白驹过隙，飞逝而过，所求无非富贵。你们解去兵权，到地方上任职，朕再赐良田美眷，君臣互不猜忌，岂不是好？”石守信等人恍然大悟，立即叩谢皇恩，次日便上表称病，即被解除兵权，各自到地方上“以终天年”去了。至此，宋太祖彻底解决了自唐中叶以来地方节度使拥兵自重的问题。

最后，以文制武，崇文抑武。

宋太祖确立了文臣处理政务的原则，执政官员都是通过科举考试上来的文臣，甚至在负责军事决策的枢密院也安插通过科举考试上来的文臣，以牵制武官，从而杜绝了武臣大将对朝政的干预。在地方机构中，则不断派出文臣担任州县官，以取代原来藩镇手下的将吏。

应该说，宋太祖的措施大多还在合理范围内，并且他当政时还给了边疆军队以特殊政策，允许边疆将领有一定独立的财权和人事权。但是，情况到了宋太宗赵光义时发生了变化。宋太宗以非正常的方式即位，因此他心理阴暗，对臣下严加防范。公元979年，在幽州（今北京）与辽开战期间，发生了部分将领拥戴宋太祖赵匡胤之子的事件。这一事件对宋太宗打击很大。此后，宋太宗便在以往收兵权的基础上，更强化了抑制武将的决心和措施力度，宋太祖给予边疆将领的特殊政策也被宋太宗全盘取消。再后来，宋太宗接受了以赵普为代表的一批大臣“兵久则生变”的告诫，实行了“守内虚外”的国策，彻底放弃了北伐大辽政权的战略，将主要精力转向内部，由此进一步导致军队将领作用及地位的降低。

宋真宗赵恒即位后，更是将宋太宗提出的“守内虚外”的国策上升为宋朝的“祖宗家法”，“崇文抑武”的方略得到进一步贯彻，这通过宋廷中文武官员的权力、地位格局可以看出。比如，北宋宰相共有71人，其中64人出身进士。其余非科举出身的7人中，竟无一人出身武臣。由此可见，宋朝的“崇文抑武”方略带来了严重后果。

宋朝社会精英普遍鄙视和远离军队，这就不可避免地导致了宋军战斗力的低下。宋朝人以从文为荣，以从军为耻。随着军功集团在政治上的消退，以武人为代表的尚武力量对政策的影响力明显不足，由此形成宋朝数百年对外以求和为主的基调。长此以往，在生死存亡之际，军士们即使有心杀敌，也已无回天之力，无法捍卫大宋的江山了。

而那些失去了话语权的军人，无法在战场上扬名立万，便只能沉沦于市井的浮华。军队内部的腐败触目惊心，大多数高级将领借着商品经济的繁荣和朝廷的政策优待，积累了大量的财富；广大的底层军士要么沦为供高级武将役使的苦力，要么混迹于市井，军队上下每天为了挣钱而忙碌，唯独不把军事训练当正事。

表面上看，百万禁军可谓威武雄壮之师，但实际上战斗力却被严重削弱。宋代的皇帝对此心知肚明，这也就解释了为何在获得对外军事上的胜利后，宋廷会迫不及待地与对方主动议和，并通过向周边少数民族政权纳贡来维系和平。

（二）“靖康之变”与东京梦华

“靖康”是宋钦宗赵桓的年号。

靖康元年十二月初二（公元 1127 年 1 月 16 日），宋钦宗赵桓正式投降金国，成为金国俘虏。靖康二年二月初六（公元 1127 年 3 月 20 日），金太宗下诏将宋钦宗废为庶人。第二天，宋徽宗赵佶等人被迫前往金营。当金人逼迫徽、钦二帝脱去龙袍时，随行的李若水抱着宋钦宗，不让他脱去帝服，还骂不绝口地斥责金人为狗辈，结果被割喉而死。

1127 年夏，金人在扶植张邦昌建立傀儡的“大楚”政权之后，带着掳掠的大量金银财宝分两路撤回北方：一路由金太祖完颜阿骨打的次子完颜宗望监押，包括宋徽宗、郑皇后及亲王、皇孙、驸马、公主、妃嫔等，沿滑州北去；另一路由大将完颜宗翰监押，包括宋钦宗、朱皇后、太子、宗室及几个不肯屈服的官员，沿郑州北行。被金人掳去的还有朝廷各种礼器、古董文物、图籍、宫人、内侍、倡优、工匠等，被驱掳的百姓男女不下 10 万人，北宋王朝府库蓄积为之一空。可以说，金兵所到之处，生灵涂炭。辇毂繁华、壮丽辉煌的宋都东京顷刻间灰飞烟灭，北宋最终亡国，是为“靖康之变”。

“靖康之变”后，中原人士大多随朝廷南下钱塘江流域居住。颠沛流离的生活使他们的心幕上时时闪动着东京的繁华景象，时常回想昔日的富足生活。

公元 1103 年来到京师，居住在城西的金梁桥西夹道之南 20 多年的孟元老避地江南的数十年间，时常暗想当年东京的繁华，心中无限惆怅。为了能让后人了解东京当时的盛况，孟元老于怅然中提笔追忆当年的繁华，编次成集，于南宋绍兴十七年除夕（公元 1147 年 1 月 22 日）撰成《梦华录》。

《梦华录》追述北宋都城东京开封府城市风俗人情，所记大多是宋徽宗崇宁到宣和年间东京的情况，描绘了这一历史时期居住在东京的上至王公贵族、下及庶民百姓的日常生活情景。大致包括这几方面的内容：京城的外城、内城及河道桥梁、皇宫内外官署衙门的分布及位置、城内的街巷坊市、店铺酒楼，朝廷朝会、郊祭大典，当时东京的汉族民风习俗、时令节日，饮食起居、歌舞百戏等，是研究北宋都市社会生活、经济文化的一部重要历史文献古籍。

叁

三、北宋东京的城墙、城门和商业街区

公元 1187 年，即《梦华录》完成四十周年之际，恰逢“靖康之变”已过去六十年，刚好是一个甲子，宋太祖次子燕王赵德昭的七世孙赵师侠有感于“甲子一周，故老沦没，旧闻日远”，将孟元老的《梦华录》刊刻成书，“使观者追念故都之乐，当共趁‘风景不殊’之叹”。《梦华录》由此正式为世人所知。

《梦华录》全书仅不到三万字，以回忆的口吻记述北宋末年东京汴梁城的情况，包括城市的建筑布局、官署衙门的分布、重大的朝廷礼仪庆典、民风习俗、时令节日、饮食起居、歌舞百戏等。与同时代画家张择端所作《清明上河图》一样，这本书描绘了开封这座十二世纪上半叶最繁华城市中王公贵族与庶民百姓的日常生活情景，是研究北宋都市生活与民俗文化的重要历史文献。

《梦华录》全书分为十卷。其中的第一卷，介绍了东京城的三重城垣与城门、四条河道与三十六座桥梁、皇宫中的主要宫殿建筑及其功能、设置在皇宫内外的各类政府机构以及分布在城市内外的粮仓与草场等，属于从宏观上介绍东京城的城市格局与军事防卫；还介绍了东京城作为北宋首都政治功能实现的基础以及维持城市自身正常运转的组织机构，尤其是水上交通运输与物流、仓储情况。

（一）东京汴梁的建设和修葺

前面曾经介绍，《梦华录》一书的书名本来就没有“东京”二字。《梦华录·自序》中也称“崇宁癸未到京师”，《梦华录·卷一·东都外城》则说“东都外城，方圆四十余里”。全书从头到尾都没有后世所说的“东京”两个字。故而，《文献通考》将此书的书名改为《东京梦华录》，也算是很可笑的一件事。

公元577年，北周武帝宇文邕设置汴州，这是开封称“汴”之始。

称开封为“东都”，则始于后梁太祖朱温。907年，朱温废黜唐哀帝李柷，建立梁朝，并下诏“升汴州为开封府（治今开封市祥符区仇楼镇毕桥村），建名东都”，而以唐东都洛阳为西都，史称后梁。

后梁定都开封十七年，时间虽短，但国家的租赋较轻，人民得以休养生息。与此同时，后梁定都开封，使中国北方的政治、经济、文化、军事中心从河洛地区的洛阳转向豫东平原的开封地区，这对中国古代都城的转移和政治中心的转移具有非常重要的划时代的意义。

称开封为“东京”，则始于后晋高祖石敬瑭。923年，后梁灭亡，继起的后唐定都洛阳，开封重新设置汴州。936年，石敬瑭灭后唐，建立后晋。938年，石敬瑭升汴州为东京开封府。

955年夏，后周世宗柴荣下诏“广都邑”（扩建都城）。不过，柴荣只是提前告知天下，并没有马上开建。这一方面是因为扩大城建需要劳力，劳力主要是农民，他们还要种地，所以只能等到农闲时再来扩建；另一方面则是由于这里的原住民迁坟也需要时间。因此，真正开工扩建都城，已经是公元956年春天的事了，十几万劳动力，用了半年时间，便修成了由外城、内城、皇城三重城垣构成的汴京城。

和原有的唐朝时期修建的旧城相比，新城的优势非常明显。

一是超强的军事防御功能。新城用的土，是来自虎牢关的“铁土”，此土筑城，坚硬如铁。几百年后，蒙古大将速不台攻打开封，没日没夜地用大炮轰炸，城池仍岿然不动。

二是面积足够大，新城周长22公里，面积25平方公里，是旧城的4倍多。旧城的街道就像肠子一样曲里拐弯，一旦出事就很麻烦。注意到了这个问题的后周世宗柴荣要求新城的街道必须是笔直的。新城的道路非常宽阔，分三个宽度，最窄的25步，然后是30步，最宽的50步。

三是城市绿化做得好。后周世宗柴荣鼓励百

姓在路边每隔三步或五步（唐代的一步等于六尺，根据传世和出土的唐尺，唐尺的长度为 28—31 厘米，因此唐代的一步为 1.7—1.9 米）修建一个小的街头公园，种植树木，挖井取水，朝廷可以承担相应的经费。

后周世宗柴荣还力排众议，扩大了开封的面积，提升了开封的军防功能，并且破除了影响开封商贸流通的地理壁垒，比如疏浚汴河。

事实也证明了后周世宗柴荣眼光的超前。北宋建立后，宋太祖赵匡胤想迁都，但已经没有哪个城市的综合优势能比得过开封了，因此宋太祖只能定都于此。考古证实，北宋汴京城一直是在后周汴京城的基础上扩建的。换句话说，北宋时东京汴梁城的无限繁华，只是在后周世宗柴荣的功劳簿上坐享其成。

北宋的东京城分为外城、内城、皇城与宫城三重城墙。北宋王朝就是在后周规划的基础上不断增筑和重修的。

北宋政权建立后，宋太祖深感皇宫狭小，便于公元 962 年下诏进行扩建。经过几年努力，公元968年终于完工。现经考古发掘可知，经过这次扩建，宫城东西为570米，南北约614米，周长实测为2520米，与《宋史·地理志》所载“宫城周回五里”相符。与此同时，皇城规模也达到了文献中所记之“九里十三步”的大小，“皇居始壮丽矣”。宋初扩建的皇城与宫城，是板筑土城，宋真宗赵恒即位后，才于1012年春下诏“以砖垒皇城”，这是开封有砖城墙之始。1113年，宋徽宗赵佶再次下诏扩大宫殿，将拱宸门外的所有建筑拆迁到别的地方，改建为新延福宫。

与此同时，外城也不断增筑和重修。宋神宗赵顼自即位起几乎年年修城。1075年秋，宋神宗下诏修整外城，工程到1078年冬完工，历时三年。此次修城，将城墙加高加厚，提高了防御能力。宋哲宗赵煦即位后，又相继完成了外城上辅助建筑如楼橹、战棚、马面等的建设。而外城城门的修筑，在宋神宗赵顼和宋哲宗赵煦时期分别完成。城门又分正门和偏门。

瓮城，又称月城、曲池，是古代城池中依附于城门，与城墙连为一体的附属建筑，多呈半圆形，少数呈方形或矩形。圆者似瓮，故称瓮城；方者也称方城。瓮城设在侧面，有助于增强防御功能。当敌人攻入瓮城时，如将主城门和瓮城门关闭，守军即可对敌形成“瓮中捉鳖”之势。

瓮城在中国最早出现的时代有待考古发掘论证。位于陕西省神木市高家堡镇的石峁遗址距今4300—3800年。石峁遗址由皇城台、内城、外城三座基本完整并相对独立的石构城址组成。内城墙体残长2000米，面积约235万平方米；外城墙体残长2840米，面积约425万平方米。其规模远大于年代相近的良渚遗址、陶寺遗址等已知城址，成为已知史前城址中最大的一个。石峁古城的布局，以及墙体上的城防性质建筑遗迹（如瓮城、角台、马面等）奠定了我国甚至整个东亚地区的古代都城布局的基础。石峁外城之东门至内城之东门与皇城台相连的大道，则开我国都城中轴线理念之先河。石峁皇城台门址由外及内的设施，开我国古代都城正门设广场的先河。

中国古代城池中，瓮城的设置兴盛于五代和北宋时期。北宋东京城也设置了瓮城。除了北宋都城东京，北宋一些重要的州府城市也多有瓮城之设，其代表如平江府（苏州）和襄阳城池。

外城城壕即护龙河的修治，在宋真宗赵恒时就开始实施：“改修京新城诸门外桥并增高之，欲通外濠舟楫使入故也。”公元1075年秋，增修外城的同时，大举开壕，使城壕与帝都规模相称，“四壁城濠，开阔五十步，下收四十步，深一丈五尺”。这个从1075年至1094年，前后持续了19年的修城挖河工程，是北宋最大的城防工程之一。

这次修城，除了加固城墙，还在城墙上修筑了镝楼、城门处修筑了瓮城。镝楼和瓮城，原本都是只用在边境城池上的防御设施。但是由于宋辽之间的紧张形势，东京汴梁城也日渐“边城”化了。

至北宋后期，东京汴梁城已经发展出了城外壕沟（护城河）、壕沟后羊马墙（处于城墙与城壕之间的城墙）、羊马墙后外城、外城后内城、内城后皇城的五重防御体系。此外，为了加强城池四角的防御，宋廷还于东京汴梁外城“封筑敌团”，即在外城的四角上修筑城楼，以增加城池四角的防御力量。

经过北宋九代皇帝168年的大力营建，到北宋末年，东京汴梁城不仅成为“人口上百万，富丽甲天下”的国际大都会，而且在中国古代都城发展史上，起着承前启后的作用。孟元老在《梦华录》中所描述的，便是这历经多次修葺后的北宋都城东京。

（二）东京汴梁的城墙和城门

外城有城门十五座。

南面三门：中为南薰门；东为陈州门（也称宣化门），一旁有蔡河出城水门；西为戴楼门（也称安上门），一旁有蔡河入城水门。东面有四门：最南为东水门，为汴河出城水门；东水门北为新宋门（也称朝阳门）；再北为新曹门（也称含辉门）；最北为东北水门（也称善利水门），是五丈河出城水门，包括一个水门和南岸的一个陆门。

北面有四门：东起为陈桥门（也称永泰门）；相继为新封丘门（也称景阳门）、新酸枣门（也称通天门）；最西为卫州门，一旁有永顺水门，即五丈河在北宋中期以后的入城水门。西面有四门：南起为新郑门（也称顺天门）、次为西水门，乃汴河上水门，包括南北两岸的陆行门大通和宜泽，水门形式与汴河东水门相同；再次为万胜门（也称开远门）、固子门（也称金耀门）；最北为西北水门（也称咸丰水门），为金水河上水门。

东京外城各城门形式有所不同，据《梦华录·卷一·东都外城》载，一般“城门皆瓮城三层，屈曲开门。唯南薰门、新郑门、新宋门、封丘门，皆直门两重，盖此系四正门，皆留御路故也”。外城除正门、瓮城门外，“新城每百步设马面、战棚，密置女头，旦暮修整，望之耸然”。

马面，筑于城墙上的防御设施，形状似马头正面，用于储备粮草，可使攻城者三面受敌，攻势受阻。女头，即女墙，城墙上面呈凹凸形的小墙，用于城顶防护和御敌，是古代城墙必备的传统防御建筑。

外城外还有“城壕曰护龙河”。外城墙内有牙道。据记载，公元1075年修外城时，在外城墙内开环路，距墙7步，路宽5步，少数地段因有房屋而稍窄一点。城内四角地带内空30步，30步内房屋通通拆除。

东京的内城，即唐代汴州城，又称旧城、阙城、里城，周围20里155步。内城共十门。

南三门：中为朱雀门，东为保康门，西为崇明门（也称新门）。东三门：南为汴河南岸角门子，中为旧宋门（也称丽景门），北为旧曹门（也称望春门）。西三门：南为旧郑门（也称宜秋门），中为汴河北岸角门子，北为梁门（也称阊阖门）。北三门：中为景龙门（也称旧酸枣门），东为旧封丘门（也称安远门），西为金水门（也称天波门）。另有两个角门，位于汴河南北岸。

景龙门向北，有直达历来为兵家必争之地的河南省延津县（古称酸枣）黄河渡口的大道，故称酸枣门。

因防御的需要，内城外保留有城壕，真宗时，经广济河（五丈河）将外城和内城壕连通。

宫城又称大内，位于东京城中央略偏西北，是殿宇耸峙的北宋皇宫所在地。其周围有皇城环绕。

北宋东京宫城到底有几个门呢，史料记载不一。《宋史·地理志》记载，“宫城周回五里。南三门：中曰乾元，东曰左掖，西曰右掖。东西面门曰东华、西华。熙宁十年（1077 年），又改东华门北曰諺门。北一门曰拱宸”。《宋会要辑稿·方域》在熙宁十年开始有了諺门的记载。《梦华录》所记与《宋史》基本一致，但缺諺门。由此可知，东京皇城共有七座城门。但问题在于，《宋史·地理志》也好，《宋会要辑稿·方域》也罢，实际上都漏掉了位于拱宸门之西的金水河进入皇城的一座水门。再加上北宋末年因修延福宫，东京皇城向北扩至内城北墙，但原皇城北墙并没有拆除而成为延福宫的南墙，北墙上的拱宸门成为延福宫的正门，延福宫东墙建晨晖门，西墙建丽泽门。

故而，到宋徽宗赵佶在位时期，北宋东京皇宫共计有十座城门。

北宋东京由于宫城居中，形成了以宫城为中心、以御路等城市干道为骨架向四周扩展的城市结构。其形成的原因，在于此城是以原唐代汴州州城为基础扩建而成。

而州城形制的特点一般是州衙城位居城市中央，外围以罗城。干道以衙城为中心向四周放射。

后周时因州城规模与都城要求不符，城市内部用地紧张，就在旧城周围展筑四倍于旧城的外城，最终形成了北宋东京城的外城、内城、皇城与宫城三套城的城市结构。

这种宫城居中的结构，恰好与中国传统的以“中”为尊的思想相吻合。与此同时，四套城可加大平原城市的防卫纵深，满足城防要求。

关于东京城市结构，另一个值得注意的地方是从宫城宣德门向南辟出的御街，形成全城的中轴线，从而加强了宫城在城市所处的主导地位，强化了皇权至高无上的都城规划理念。

御街宽两百多步，合现在三百多米，从宫城南门直通外城南门。御街两边设有御廊，各立有黑漆杈子，路的中间又有红漆杈子两行，中心御道不许人马通行，御街两边在北宋后期禁止做买卖；从宣德门到州桥这一段御街，两边布置的是礼制建筑及行政官署，有景灵东西两宫、明堂、秘书省、东西两府、大晟府和太常寺、尚书省、开封府等。

不仅如此，这一段御街还具有宫廷广场的性质，成为宫廷活动的场所。如在元旦、冬至的大朝会及上寿的庆贺活动中，百官都在这里排班等候。在郊祀活动中有一两万人的大驾，卤簿（帝后、皇子、宗室、王公大臣等出行使用的车驾仪卫）和仪仗队伍会从宣德门出发南去至南郊坛。

因此，这三百多米宽的御街很适合安排这类重大礼仪活动。

（三）东京汴梁的商业街区

北宋东京城内在许多交通要道上出现了繁华的新型商业街区，这些街区主要是由新兴的行市、酒楼、茶坊、食品店、瓦子等组成的。

东京城主要的商业街区，大致分布在以下八条主要街巷上。

（1）南面御街：在宣德门的左右掖门以南，建有左右千步廊，左右千步廊下各设有朱漆和黑漆杈子两行，行人限在朱漆杈子之外活动。这里原来一直是很兴盛的街市，宋徽宗赵佶即位后买卖店铺被禁止。从州桥到朱雀门的御街上，有许多酒店和饮食店；从朱雀门到龙津桥的御街上，则全是饮食店铺，卖各种荤素食品、蔬菜、果品，《梦华录》中列举了四十多种。这一带夜市也很兴盛。

（2）东面御街：东面御街从州桥向东，即临汴河的大街，出里城旧宋门，到外城新宋门。这一带多是客店，包括临汴河著名的十三间楼，是为从汴河来的客商准备的大型客栈。旧宋门外还有仁和店、姜店等大酒楼。

（3）西面御街：西面御街自州桥向西，出里城旧郑门，到新城新郑门。靠近州桥是果子行和卖花果的铺面。

（4）北面御街：北面御街是最繁华的一处。从宫城宣德门东去，经东西向的潘楼街，过宫城东南的东角楼，再向东到十字街头，名为土市子。这里有鹰店、珍珠、匹帛、香药铺面；界身巷的金银行；徐家瓠羹店；著名的潘楼酒店，楼下即为集市；街南有最大的桑家瓦子，大小勾栏五十余座。

值得一提的是“界身巷”名字的由来。

北宋时期，东京开封府下辖开封、浚仪（公元 1010 年改为祥符）两县，开封在西，浚仪在东。年岁大一些、不能再为皇宫服务的宦官与宫女出宫后，多聚居在皇城东南角一带。其中，出自御膳房的宫女多从事糖水生意，由此形成了三条糖水巷；而宦官多聚居在开封、浚仪两县交界的一段，这里被称为界身巷。聚居在界身巷的宦官多以给人培训宫中礼节，以便被培训者能顺利入宫为业。时间一长，很多宫里的人都会将得到的赏赐拿到界身巷委托已经出宫定居在此的宦官寄卖，或是帮忙送钱回家。界身巷由此就成了金银珠宝的聚集地。又因北宋很多东西都实行专卖制度，粮食、茶、盐等大宗采购，内官有时也交给界身巷分拆、转卖，从中获取私利。因此，界身巷又慢慢变成了以期货为主、金银珠宝为辅的一条街。由于界身巷资金流动量很大，因此金银储备也多。一些官员被贬或是出京，也会到界身巷出让资产或股权，从而换成金银带走。因此，界身巷也逐渐成了股权、地契交易基地。

（5）马行街及其南北段：从土市子北去，至马行街，这里有东、西鸡儿巷，多妓馆；东鸡儿巷郭厨，是有名的“卖贵细下酒”的店铺。再往北的庄楼楼下为马市。从马行街北到里城的旧封丘门，是医行、药行最为集中的地方。出里城旧封丘门，到外城新封丘门，这里有州北瓦子；新封丘门大街十多里长的街道两边多为茶坊与酒店及饮食店。从土市子南去，则有铁屑楼酒店、高阳正店、得胜桥郑家油饼店等酒楼和饮食店，这一带夜市尤盛。

值得一提的是“马行街”和“铁屑楼”名字的由来。

“马行街”，从土市子直达旧封丘门的大道，因临近马匹交易市场而得名。这条街道是贯穿内城东部的通街，部分街道与北向御街重合，是东京最繁华的街市之一。《梦华录·卷三·马行街北诸医铺》言其有包括大骨传（“传”疑为“傅”字之误）药铺，售卖口齿咽喉药的杜金钩家、山水李家，专门医治小儿疾病的石鱼儿班防御、银孩儿柏郎中家，妇产科大鞋任家等在内的众多医家。《梦华录·卷三·马行街铺席》又言及马行街两旁“坊巷院落，纵横万数，莫知纪极”。蔡京四子蔡绦在《铁围山丛谈》中曾谈及马行街夏天没有蚊蝇滋扰一事：“天下苦蚊蚋，都城独马行街无蚊蚋。马行街者，京师夜市酒楼极繁盛处也。蚊蚋恶油，而马行人物嘈杂，灯光照天，每至四更鼓罢，故永绝蚊蚋。上元五夜，马行南北几十里，夹道药肆，盖多国医，咸巨富，声伎非常，烧灯尤壮观，故诗人亦多道马行灯火。”苏轼在被贬谪黄州时，也曾在《二月三日点灯会客》诗中回忆马行街的盛况，“蚕市光阴非故国，马行灯火记当年。冷烟湿雪梅花在，留得新春作上元”。

“铁屑楼”，也称“铁薛楼”“铁楼”，是北宋东京著名大酒楼之一，位列“在京正店七十二户”，该楼是当时都城中最具异国情调的酒楼，有自产名酒“瑶醽”。据考证，“铁屑楼”很有可能是当时寓居于开封的犹太人开设的，“铁屑”是宋代对 Israel 的中文音译（金元两代译为“迭屑”，今译“以色列”），相传宋徽宗赵佶也曾光顾此楼。孔宪易的《开封一赐乐业教钩沉》认为，因被北宋皇帝赐姓“赵”而闻名的“赵十万”很可能是铁屑人。据《梦华录·卷二·潘楼东街巷》记载，“赵十万”的家在“鬼市子”以东街北的显赫位置。

（6）宣德门前大街：这是一条横贯全城中心的大街，东段经潘楼街、土市子，向东为十字大街，这里从五更到天明会有交易活动，称为“鬼市子”。从十字大街到旧曹门一段，多有酒楼、饮食店铺。出里城旧曹门，有朱家桥瓦子。再向东即牛行街，有著名的刘家药铺、看牛楼酒店等。西段从宫城西南角西角楼，沿大街西去，即踊路街，一路有许多客店和药铺。出梁门有州西瓦子，一直到万圣门，这条街上除个别水果店和金银铺外，都是药店和酒店。

（7）宫城东门前大街：宫城东门东华门外也是市场，樊楼就在这里。

“樊楼”也称矾楼，因为商贾买卖白矾于此而得名“白矾楼”，后改为丰乐楼。宋徽宗即位后，丰乐楼经过改造，高达三层，是东京城里最高大的酒楼，一次能接待上千人就餐宴饮。

（8）景灵宫东门大街和相国寺东门大街：景灵宫东门大街，与北边的潘楼街和曹门大街平行，这里有熙楼客店、高阳正店等。相国寺东门大街，是相国寺东门外的南北向大街。街上都是卖幞头、腰带、书籍、冠朵的店铺。据《梦华录·卷三·寺东门街巷》记载，“寺南即录事巷”。录事巷为妓馆集中之地。但此处“寺南”应为“寺东”之误，因为相国寺南即为临汴河大街，不可能再有街巷。

以上八条街市是东京主要的商业区域。如按繁华程度排列，最繁华的是潘楼街（即北面御街），其次是马行街和旧封丘门内外，还有宫城东华门前大街，宣德门前西大街，南、东、西御街等。其他几条街市的繁华程度次之。

肆

四、北宋东京的河道、桥梁和漕运

北宋时期的东京汴梁，被孟元老在《梦华录·自序》中称为“八荒争凑，万国咸通”的国际性水陆大都会。但我们也知道，北宋之所以定都开封，主要是因为开封是多条水渠的交汇处，能够很好地解决漕粮的运输问题，由此就形成了以都城为中心的漕运网：北宋漕运分四路向东京汴梁集运：江南、淮南、浙东、浙西、荆湖南、荆湖北六路之粟，由淮水经汴水入京；陕西之粟，由三门峡附近转黄河，入汴水入京；陈（今河南省周口市）、蔡（今河南省驻马店市）之粟，自惠民河入京；京东之粟，由齐鲁之地入五丈河达京。

《梦华录·卷一·河道》详细记录了流入东京的蔡河、汴河、五丈河、金水河这四条人工运河进出东京城的位置、流向与功能，并逐一介绍了这四条河道上的三十六座桥梁的名称与大致方位。

（一）蔡河及其沿线景点

运河被视为北宋开封的建都之本和京城的经济交通命脉，因此满足漕运水位成为国家水利工程的重中之重。北宋时期，在以首都开封为中心的汴河、惠民河（蔡河）、五丈河、金水河四大漕渠体系中，惠民河的地位仅次于汴河。

蔡河为北宋京城著名河道，几乎汇集了汴京以西的源于嵩山的众多水系，构筑了一条从郑州西南的豫南地区、许昌经东京汴梁，直抵豫东、淮北、淮南的水运通道，使禹州、许昌、郑州、周口、阜阳等成为东京都市圈的重要组成部分。

历经五代时期的战乱，蔡河多年失修，因泥沙淤积难以通航。公元 959 年，后周世宗柴荣复浚汴河，导汴河水自开封城东入蔡河，畅通陈、颍之漕运。北宋建都开封后，蔡河被视为京城开封漕运的生命线，河道疏浚与保护深受重视。

北宋时期，蔡河自京城戴楼门东广利水门入城缭绕城内，从陈州门普济水门出城后，分为东西两支。东支故道位于城东南，南经今通许、太康，至淮阳转向东南方向，复经鹿邑，下循今安徽省茨河经涡阳、蒙城，至怀远西入淮河；西支源头为古鸿沟，汉称蒗荡渠。

早在公元960年，北宋政权刚一建立，便投入大量人力疏浚蔡河。961年，北宋政府又投入数万人将城西闵水导入京城与蔡河汇合在一起，蔡河、闵水自此连为一河，漕运由此大为畅通。972年，汴、蔡二河公私船运江淮米数十万石至京师，供给兵食。973年，因蔡、闵二水相通，北宋政府便改蔡闵河为惠民河，这就是蔡河被称为惠民河的由来。

由于蔡河的畅通，到981年，经惠民河运抵京城的食粮增至“粟四十万石，菽二十万石”。至1007年，惠民河运达京师的漕运年运量保持在四十万石左右。江淮地区的稻米、茶叶、盐等源源不断地由惠民河运往京城，保障了京师百万人口的消费。其后，历代皇帝对蔡河的治理都十分重视，对蔡河流域的河道疏浚和开发利用从未间断。

北宋末年，因战乱频发，朝廷无暇顾及修缮，中原一带漕运受阻，河道的水流逐渐干涸，蔡河航运逐渐被废弃，繁荣了几百年的漕运主线就此沦为废墟。蔡河发源于山地，每逢夏秋时段洪水频发，蔡河又因常年无人修缮而时常决口。公元1290年，黄河在祥符义塘湾决口，蔡河西支被泥沙淤废，开封以东汴河也被洪水淹废，汴河向东不达淮水、泗水。元朝政府便从城内引汴河水入蔡河东支，并设闸提升水位，自里城东南置小木闸，以利舟楫。1327年，蔡河终于不堪重负，因河底泥沙淤积太多，水位超出两岸地面高度，变成了一条地上河；1399年，黄河泛滥，蔡河闸遭洪水破坏，河道被毁，从此航运中断。

北宋东京蔡河上有十三座桥（《梦华录》误为十一座），自东南出城到西南入城依次为：观桥、宣泰桥、云骑桥、横桥子、高桥、西保康门桥、龙津桥、新桥、太平桥、粜麦桥、第一座桥、宜男桥、四里桥。其中，值得点评的是以下六桥。

一是“观桥”，蔡河出城前的最后一座桥。“观”，指的是五岳观。

据《宋史·礼志五》记载，公元983年，“立春日祀东岳岱山于兖州……立夏日祀南岳衡山于衡州……立秋日祀西岳华山于华州……立冬日祀北岳恒山……土王日祀中岳嵩山于河南府”。宋真宗赵恒即位后，又于1008年统一了五岳帝号，“东曰淑明，南曰景明，西曰肃明，北曰靖明，中曰正明”。1012年，宋真宗在东京开封设立五岳观，以五岳之神为奉祀主体，其与五岳所在地国家祭祀的五岳之神有着明显的对应关系。道教系统的五岳神与以儒教为基础的国家祭祀的五岳神首次二位一体，融汇于一身，由此完成了道教与儒教五岳神的首次真正完整融合。

二是距“观桥”不远的“云骑桥”。“云骑桥”又名“云骥桥”，因隶属于侍卫马军司的云骑军驻扎在该桥附近而得名。

《梦华录·卷四·军头司》记载：“诸军营殿前指挥使直，在禁中有左右班、内殿直、散员、散都头、散直、散指挥。……天武、捧日、龙卫、神卫，各二十指挥，谓之上四军，不出戍。骁骑、云骑、拱圣、龙猛、龙骑，各十指挥。殿前司、步军司有虎翼各二十指挥，虎翼水军、宣武各十五指挥，神勇、广勇各十指挥，飞山、床子弩、雄武、广固等指挥。”也就是说，北宋末年汴京城中驻军不下二百余指挥（五代至宋朝的军队编制单位）。《清明上河图》上也画有并无士兵把守的望火楼和城门，三个赤身露体的禁军士兵却出现在孙记正店旁边的一堆酒桶后，他们应该是刚喝完酒，正准备将这些酒运回军营。

三是“云骑桥”再往上，位于“彭婆婆”宅前的“横桥子”。

这里的“彭婆婆”，指的是宋徽宗做端王时的妾。南宋王明清的《挥麈录》记载，“祐陵（指徽宗）在端邸，有妾彭者，稍惠黠，上怜之。小故出，嫁为都人聂氏妇。上即位，颇思焉，复召入禁中。以其尝为民妻，无所称，但以彭婆目之，或呼为聂婆婆，其实未有年也。恩幸一时，举无与比。父党夫族，颇招权，顾金钱，士大夫亦有登门而进者。逮二圣北狩，彭以无名位，独得留内庭”。后张邦昌为楚帝，彭婆又引张邦昌入宫闱，秽乱不堪，堪称乱世间一个传奇式的人物。

四是“横桥子”再往上的“龙津桥”。

作为北宋时期东京城内最著名的桥梁之一，龙津桥位于内城正南门朱雀门外的蔡河与南向御街的交叉处。苏轼曾有“龙津观夜市，灯火亦煌煌”的传世佳句。龙津桥遗址位于今开封西太平街东口之北20—50米的中山路地面以下，北距朱雀门遗址约百米。北宋东京城区横跨蔡河的十三座桥梁中，目前能基本界定位置的只有龙津桥。

五是位于“高殿前宅前”的“太平桥”。

这里的“高”，指的便是宋徽宗在位时期曾任殿前司都指挥使的高俅。高俅原本是苏轼的“小史”（即小秘书一类的角色），公元1093年，苏轼将高俅推荐给了他的朋友小王都太尉王诜。王诜是宋神宗赵顼的妹夫，端王赵佶（后来的宋徽宗）的姑夫，是一个“书画高手”。高俅写得一手漂亮的毛笔字，有一定的诗词歌赋功底；还会使枪弄棒，有一定的武功基础。他对宋徽宗百般讨好，迎合宋徽宗好名贪功的喜好。在任殿前司都指挥使时，他恃宠营私，“侵夺军营，以广私第，多占禁军，以充力役”，导致禁军“纪律废弛”“军政不修”，以致金兵来袭时，禁军一哄而散。金兵南下侵宋之后，高俅、童贯、蔡攸等人和宋徽宗一路南逃。到达泗州后不久，童贯便与高俅发生冲突。童贯扈从宋徽宗等人继续南下，而把高俅留在了泗州。高俅便以生病为由，回到了开封，不久病死。随从宋徽宗的童贯、梁师成一伙人都被宋钦宗下旨处死。

六是北宋东京蔡河上的最后一座桥，即“四里桥”。

四里桥是北宋时期蔡河上的主要津渡，北宋政府曾在此桥设拦河锁，征收过往商税。《梦华录·卷八·重阳》记载，人们在重阳节时会到郊外登高，四里桥也是登高宴聚的一个热门地点。值得注意的是，四里桥旁有战国时随魏公子信陵君救赵的力士朱亥的墓。据西汉刘向的《列士传》记载：朱亥奉命出使秦国，秦王想让朱亥留为己用，但被朱亥拒绝。秦王就将朱亥关在“虎圈”中，“虎圈”中还有一只饥饿的老虎。另据《长安志·汉宫殿疏》记载:“秦故虎圈,周匝三十五步,长十步。西去长安十五里。”朱亥不动手脚,发神威瞪大眼睛,目眦尽裂,血溅到虎身上,老虎竟然乖乖地趴在那里,再也不敢动弹。秦王对他更加敬佩,看他不愿归降,又把他关进了监狱。朱亥知道自己再也无法回到魏国,就在监狱里不断用头撞柱子,柱断而未死,最后他掐住自己的咽喉,喉断而死。朱亥死后,他的传说在民间流传甚广,人们虔诚崇祀,尊奉其为仙人;除此之外,后世屠夫还敬其为祖师,每到春节都会张贴他的画像。苏轼有《朱亥墓》诗:“昔日朱公子,雄豪不可追。今来游故国,大冢屈称儿。平日轻公相,千金弃若遗。梁人不好事,名姓寄当时。鲁史盗齐豹,求名谁复知。慎无怨世俗,犹不遭仲尼。”敬慕之余,苏轼又撰《朱亥墓志》:“崔嵬高丘,其下为谁?惟魏烈士,朱亥是依。时惟布衣,不震不惊。晋鄙在师,孔严不孤。进承其颐,视如豚猳。昔其在屠,谁养其威?鼓刀市人,谁者畏之?世之勇夫,杀人如蒿。及其所难,或失其刀。惟是贫贱,无以自豪。是谓真勇。士之布衣,其亦在养。有或不养，临事而恐。惟是屠者，其养可取。”

（二）汴河及其沿线景点

汴河，也称汴水，又名汳水、汴渠。其源出荥阳大周山，合京、索、须、郑四水，东流至开封城内。汴河开封以西一段为古鸿沟。公元605年，隋炀帝杨广下令开凿大运河首期工程，从位于今荥阳市汜水镇东北的黄河板渚渡口引黄河水入鸿沟，再经蒗荡渠与淮河的支流睢水连为一体。这条运河，隋称“通济渠”，唐改为广济渠，宋都开封以汴河称名。“安史之乱”后，汴河年久失修，河堤毁坏。五代时，受战争影响，汴河废置长达半个世纪之久。后周世宗柴荣即位后，先后三次派人疏浚汴河，使汴河重新舟楫畅通，也为北宋设置以汴河为主的航运体系打下了基础。

北宋治下的汴河，不但具有漕运的社会功能，还有淤田的自然属性。汴河的水源大多来自黄河。黄河“河水重浊，号为一石水而六斗泥”，以巨量的富含有机质的泥沙淤田可以有效改良土地。

北宋后期，汴河淤积加快，自京东外城上善门至泗州淮口 840 里，京师地势比泗州城高出十九丈四尺，河水下泄不畅，治理困难，每年通航的时间只有半年左右。金灭北宋之后，汴河年久失修，河道不畅。公元 1290 年，黄河在祥符义塘湾决口，汴河自城东至陈留、杞县河道皆为洪水所淤塞，城内汴河改由东南入蔡河。1391 年，黄河泛滥，汴河河道被洪水淹废。

北宋东京汴河上有十四座桥（《梦华录》误为十三座），自东南出城到西北入城依次为：虹桥、顺成仓桥、便桥、下土桥、上土桥、相国寺桥、州桥、浚仪桥、兴国寺桥（也名马车衙桥）、太师府桥、金梁桥、西浮桥、西水门便桥、横桥。其中，特别值得点评的是虹桥、州桥和太师府桥。

虹桥是宋代发明的一种构造独特的木拱桥，不立桥柱，穿插梁木成为木拱，具有长虹临空的外形，因此被称为“虹桥”“虹梁”，也叫“无脚桥”。如同飞虹般横跨在汴水之上的虹桥，当然是东京城内的一个相当惹眼的“地标性”建筑。虹桥之所以引人注目，是因为它不只是用来沟通汴河两岸的交通这么简单，还兼顾桥下的河道运输，是一座需要水陆兼顾的桥梁。

汴河上的桥一开始是有桥墩、桥柱的，只是随着时代的发展，经过汴梁城的船只越来越多，交通事故也开始频发。汴河水势湍急，船工在经过桥梁底下的时候，一旦操纵不好，就会发生触桥事故。

为了解决这一问题，北宋的桥梁设计者们想到了浮舟的办法。公元 1012 年夏，北宋政府用两只小舟来做浮桥（古代也称“舟桥”“浮航”“舟梁”），平时车来人往从浮舟木板上通行，漕船一到，则立即撤开绳索，移开浮舟，给船只让出水道。浮船架设简便快捷，故常为战争及临时性交通而用。东京城的河道之上，也常采用浮桥的桥梁形式以便交通，其方法多以船只横置于河道上，其上铺设木板，船与两岸用铁索联结固定，船下设置了抛锚锁，以加强船只的稳定性。然而，这种方案也只是适用于不经常走船的水道，来往船只一旦多起来，两岸行人就只能干瞪眼，如果优先方便行人，船只一排队累积，又会阻塞河道。因此，这个看起来很美好的方案，很快便被淘汰。东京城中的其他浮桥也先后改造为另外的形制，连汴河上赫赫有名的西浮桥也在北宋末年改用木石建造。

既要方便行人，又要桥下通行无阻，最终汴梁城的城市建设者们选择引进外地先进的造桥技术，即青州桥的建造方式。

据北宋王辟之的《渑水燕谈录》记载，虹桥首创于青州（今山东省青州市），“青州城西南皆山，中贯洋水，限为二城。先时，跨水植柱为桥，每至六七月间，山水暴涨，水与柱斗，率常坏桥，州以为患”。公元1034年，调任到青州的夏竦找到一位很有智慧的退役牢卒，设计发明了以几十根大木材为构件，使用纵横相贯、交错搭置的结构方法，构筑出大跨径、无桥柱的飞桥。此桥使用了近四百年，直到明代永乐年间才进行维修。庆历年间，陈希亮镇守东京，“以汴桥屡坏，率尝损官舟害人，乃命法青州所作飞桥。至今沿汴皆飞桥，为往来之利，俗名‘虹桥’”。

而《梦华录》记载的汴河东水门外七里处的虹桥，则为特指。虹桥地处河漕运的东大门，由于该桥采用了单孔无柱的构造样式，解决了多年来“汴水悍激，多因桥柱坏舟”的严重问题。正如宋人韦骧在《无脚桥·汴上》诗中所云：“激波无雁齿，跨岸只虹腰。改制千年取，倾舟众患消。”虹桥在横跨汴河的同时，非但没有成为发展漕运的羁绊，反而在兴建之后，激发了周边的经济活力，宽大的桥面甚至还发展出一种特殊的景象——桥市。

“州桥”，正名“天汉桥”，是北宋东都最著名的桥梁和交通枢纽，也是都城中轴线上的重要坐标。州桥是唐代“汴州桥”的简称。五代时称为“汴桥”。宋代先改名为“开平桥”，后又改名为“迎真桥”，再后来又改名为“御桥”，但百姓仍俗称“州桥”。

值得注意的是，“州桥”的正名“天汉桥”中的“天汉”二字，古时以“天汉”指银河（也称“天河”），也泛指浩瀚星空或宇宙。北宋视汴河为天河，故后又改称“天汉桥”。

此桥在金元时期未有大的变动，明朝初年曾改棚梁式石桥为石结构的拱形桥。公元1642年，明军与李自成农民起义军在开封交战，明军掘开黄河，洪水淹没开封，州桥没于地下。

还需说明的是，汴河作为北宋东京重要的漕运河道，各段的通航条件不同。为了保证交通运输，北宋政府以州桥（后以相国寺桥）为界，将汴河船只分为东河船和西河船两类：东河船主要是大型漕船，吃水深，无法通过州桥；西河船为平船，船身小巧，吃水浅，可以通过州桥，进入东河，将大型漕船从东南方运来的货物进行分装，然后再转运到汴河上游一带。

太师府桥，正名不详，位于曾被封为太师的蔡京府宅前，故得此俗名。

蔡京，字元长，北宋兴化军（今福建省莆田市）仙游县人。1070年，进士及第，任舒州推官，后升为龙图阁待制、知开封府。宋徽宗赵佶即位后，蔡京交结童贯，以书画攀附宋徽宗，讨宋徽宗欢心，得以多次任相。在宋徽宗的支持下，蔡京借继承宋神宗赵顼新法之名，改变盐茶两业的专卖制度，完善市舶制，以增加政府的财政收入。政治上，蔡京持续大规模打击持不同政见者，最终致使朝廷几无可用之人。国家治理方面，蔡京将社会救济规模化、制度化，设居养院、安济坊、漏泽园，属得民心之举。教育方面，蔡京要求全国普遍设立地方学校，建立县学、州学、太学三级相联系的学制系统；恢复设立医学，创立算学、书学、画学等专科学校等。金兵攻宋，蔡京率全家南逃，被宋钦宗赵桓放逐岭南，途中死于潭州（今长沙市）。

蔡京虽然促进了宋代教育事业的发展，暂缓了北宋政府的财政危机，满足了最高统治者的奢侈之求，但他只顾眼前而不顾长远的经济改革，过早地消耗了民力，也激化了社会矛盾。尤其是经济改革的成果并未转化为社会发展的动力，反而加剧了统治阶层的腐败，加速了王朝的衰败。北宋末年，金兵围攻开封，人们追究蔡京祸国之罪，他被称为“六贼之首”。

（三）五丈河及其沿线景点

五丈河位于东京汴梁北部，是北宋东京城的漕运四渠之一。此河历史悠久，武则天执政时期，“引水入白沟，接注湛渠，以通曹、兖之赋。因其阔五丈，名五丈河，即白沟河之下流也”。唐末五代连年战乱，五丈河荒废，河道被淤塞。

公元957年，后周世宗柴荣命“疏汴水北入五丈河，由是齐、鲁舟楫皆达于大梁”。959年，后周世宗柴荣又命“浚五丈渠，东通曹、济、梁山泊”“自是齐、鲁舟楫，皆达于汴”。

自宋初以来，五丈河一直被视为京城漕运的生命线。北宋时，京东数路每年经五丈河达于京城的粮食高达百万石。但五丈河水量较小，不利于通航。961年春，宋太祖赵匡胤命发曹、单两州（今山东省菏泽市及周边地区）丁夫数万人疏浚五丈河以利漕运。

与此同时，为预防五丈河泥沙再度淤积堵塞河道，宋太祖又命在京城之西夹汴河造斗门，引京、索二水和蔡河水入城壕进斗门提升水位，使其架流于汴河之上，以畅通漕运，使公私船运尽皆获利。金统治时期的公元 1194 年，黄河决口改道逼近开封，五丈河被洪水淹毁。

值得一提的是，五丈河上有五座桥，自西而东分别是小横桥、广备桥、蔡市桥、青晖桥、染院桥。

其中的“广备桥”位于通往当时的重要驿站陈桥驿的要道之上，因靠近“广备攻城作”而得名。宋代的东、西广备攻城作，又名“东、西广备”，是负责制造攻城、守城物品的作坊。东、西广备中的火药、猛火油、金火诸作，是宋代火器生产发展的重要标志。

而“染院桥”则位于通往重镇卫州（今河南省卫辉市）的要道上，因临近染院而得名。染院，是古代宫内掌染事的官署。北宋东京有东、西染院，设在京城西的金城坊，利用金水河水，不仅取水方便，而且金水河水质清澈，保证了染色质量。染院共有工匠 613 人，分工很细。当时开封官营纺织印染等工匠至少有 2200 人，这是其他城市所不可比拟的。当然，北宋东京既有官营的染院，也有《梦华录·卷三·大内前州桥东街巷》记载的位于水柜街的民营染坊“余家染店”。

（四）金水河及其沿线景点

作为北宋时期东京城内的四大河流之一，金水河并非自然形成。《宋史》记载，公元961年春，因五丈河以汴河为源，泥沙淤淀，行船受阻，宋太祖赵匡胤便命自荥阳凿渠引京、索二水东流，过中牟历百余里至京师，“都城西架其水横绝于汴，设斗门，入浚沟，通城壕，东汇于五丈河”。965年，宋太祖又命引金水河水入皇城，经后苑入庭池沼，因水质清澈，故此段人工修建的河道以“金水”为名。也就是说，金水河是北宋初期开凿的一条人工引水渠。976年，宋太祖又“命水工引金水河……南注晋王第”。这里的晋王，指的是当年便即位为帝的宋太祖的弟弟宋太宗赵光义。1009年春，宋真宗赵恒又命将金水河“由城下水窦入于壕”。

关于金水河一名“天源”的来历：跨越汴河的金水河因透水槽阻碍城西汴河行船，使汴河舟船往来十分不便。为畅通汴河舟船行驶，公元1082年，宋神宗赵顼命从外城西板桥向北引水入汴河。不久，再改引金水河水由副堤入蔡河，与永安青龙河相合，故名曰“天源”。

金水河为北宋京城四河之一，其功能与汴河、蔡河、五丈河不同。金水河虽不承载漕运运输，但流经外城、里城、皇城，水质清澈，是京城城市生活用水、环境绿化、园林湖泊的重要水源。其中，以金水河为水源的金明池是北宋都城最为著名的皇家园林之一。

金明池为北宋著名别苑，又名西池、教池，位于顺天门外，遗址在今开封市城西的南郑门口村西北、土城村西南和吕庄以东、西蔡屯东南一带。此地原为战国时期的“灵沼”，当时孟子见梁惠王便在此地。957年，为了征伐南唐，后周世宗柴荣又在此地开凿了一处人工湖，“内习水战”，正像汉武帝刘彻当年为训练水军而在长安城西开凿昆明池一样。宋太祖赵匡胤也曾泛舟湖上，并在龙舟中摆设酒席宴请众节度使。但对金明池进行大规模开挖与营建则始于公元976年冬。977年春，宋太宗赵光义亲临工地视察凿池情况，赐役卒35000人每人千钱、布一端（一端相当于半匹布，其长度约为两丈）。这时池尚未修好，也无名字，史书称作新凿池。直到978年春，池已凿成，并引金水河水入内，宋太宗赵光义赐名“金明池”。

这次开凿使金明池外扩至周围4.5公里，池中建有水心五殿，供皇帝观看水战表演。982年，宋太宗赵光义再次驾临金明池，检阅水军操练。这时的水战（嬉），与实战表演颇为相似，场面非常激烈壮观。宋徽宗赵佶即位后，又命在金明池内建殿宇，为皇帝春游和观看水战的地方。此时的金明池周长九里三十步，池形方整，四周有围墙，设门多座，西北角为进水口，池北后门外，即汴河西水门；正南门为棂星门，南与琼林苑的宝津楼相对，门内彩楼对峙。在其门内自南岸至池中心，有一巨型拱桥——仙桥，长数百步，桥面宽阔。桥有三拱，中央隆起，如飞虹状，称为“骆驼虹”。宋徽宗又挑选在京师诸军中江淮习水之兵，立为水虎翼一军，置营于金明池侧。此时为金明池的鼎盛时期，是当时东京的一大胜景。《梦华录 · 卷七》用了很大的篇幅对金明池的位置、大小、建筑布局及游池活动等方面进行了详尽描述。特别值得一提的是，金明池中有一建于宋神宗赵顼在位时期的金池大澳（船坞），是世界上第一个船坞，比英国朴次茅斯所建造的西方第一个船坞早了四百多年。北宋著名画家张择端有《金明池争标图》传世，让后人得以一睹北宋都城城市文化的繁荣。靖康年间，随着东京被金人攻陷，金明池也“毁于金兵”，池内建筑被破坏殆尽。

金水河上有三座桥，分别是白虎桥、横桥、五王宫桥。另外，从金水河引水经新曹门处名为小河子，其上建有念佛桥。

关于“白虎桥”，据《宋史》记载，公元 977 年秋，宋太宗赵光义“幸白鹘桥，临金水河”。由此可以看出，“白虎桥”本来的名字应为“白鹘桥”才对。

鹘，通常指海东青（又名鹘鹰）。其白色型又名白鹘，通体白色，背部和翼带有棕色斑点。在文化分类中，作为“祥瑞”的一种，白鹘被归类为飞鸟类祥瑞。北宋初年，帝王常来“白鹘桥”游幸，应该就是在此观看白鹘捕食各种鸟类。

海东青善捕天鹅，天鹅食蚌，多藏珍珠于嗉囊之中。这种珍珠号称“北珠”，是北宋末年奢侈无度的开封上流社会最为追捧的宝珠。

宋朝人的“北珠”是北宋方面从大辽政权那里通过贸易交换来的。而大辽政权的“北珠”，则是向其治下的生女真人索要来的。这最终引发了生女真完颜部首领完颜阿骨打的反抗。完颜阿骨打于公元1115年建立金政权；1125年，金灭辽；1127年，金灭北宋。

如果没有北宋上流社会对“北珠”的追求，也就不会有契丹人对海东青的狂热。如果没有契丹人对生女真人的无度索取，金国也许就不会建立，辽和北宋也许就不会灭亡。当然，这些都是表面的、直接的原因。而深层次的原因是，随着女真人社会生产力不断提高，女真走向强大成为必然。而辽与宋两国社会腐败，武备松弛，也早晚会为人所灭。

关于“五王宫桥”，《宋史》中并无“五王”到底是谁的准确记载，但定窑遗址曾出土过底款是“五王府”的白瓷碗和白瓷盘，是现存最早的王府款。经查阅史料得知，宋太宗赵光义有十几个儿子，第五子赵元杰死后，其四个儿子尚未取名便夭折了，以宗室赵宗望继其后；宋真宗赵恒有六子，第五子赵祈无后早亡；宋神宗赵顼有十几个儿子，第五子赵僩无后早亡，被追封为冀王；宋徽宗赵佶有三十多个儿子，第五子赵枢在靖康初被送到金营，为金军所扣留，后死于金。由上述考证来看，“五王府”也好，“五王宫”也罢，“五王”最有可能的还是过继给了宋太宗赵光义的第五子赵元杰的宗室赵宗望及其后代。

新曹门小河子上的桥之所以被叫作“念佛

桥”，是因为在皇宫中各职能部门里任职的辇官、亲事官们，大都住在曹门的军营里。每天天一亮，他们就要进宫当差，途中经过这座小河子桥时，就会遇到一位盲人在桥上念佛化缘，因此就有了“念佛桥”这个名字。

伍

五、北宋东京的宫殿建筑

就城市格局来讲，北宋的都城东京汴梁可谓典型的中国都城。在城市规划史上，古代都城采用“三套方城”制度，即外城、内城、皇城与宫城。内城与外城的中间是居民里坊、市肆以及地方政权；皇城里面是统治者游玩的园林和各种中央办公机构；宫城位于城市最中心的部分，是统治者的宫殿，也叫大内，在北宋王朝统治的168年中，这里曾是北宋九位皇帝议事的地方和寝宫的所在地。

（一）外朝

前面介绍过，到宋徽宗赵佶在位时期，北宋

东京皇宫共有十座城门。南三门：中为乾元门，东为左掖门，西为右掖门。东边二门：正门为东华门，其北有一门叫謻门。西边为西华门；西北有一水门，金水河从此水门进入皇城。北面是拱宸门。北宋末年因修延福宫，东京皇城向北扩至内城北墙，但原皇城北墙并未拆除而成为延福宫南墙，北墙上的拱宸门成为延福宫正门，延福宫东墙建晨晖门，西墙建丽泽门。

1. 乾元门

皇宫的正门是南三门中间的乾元门，又称宣德门、丹凤门、正阳门、端门等。乾元门是北宋皇帝施行“仁德之政”、取信于民的活动场所，每年正月十五上元张灯，是“君民同乐”的舞台；每逢皇帝生日、册封太子、星相生变，皇帝通常要大赦天下，此处也是举行仪式的场所。《梦华录·卷六·十六日》中有详细的描述。宋徽宗在《宫词》其五十五中描写了乾元门巍峨壮丽的景象：“九重城阙壮端门，霁色荣光瑞景分。一望葱葱佳气里，楼台常恐碍行云。”

乾元门由门楼（宣德楼）、左右两座朵楼、东西阙楼及两侧斜廊组成，总平面呈“凹”字形，在北宋东京皇宫建筑布局中居于重要地位，并对中国古代都城城门形制的演变产生了重要影响，是研究中国古代宫殿制度演变的重要资料。

乾元门来源于唐汴州城的鼓角门，原有两个城门洞，宋初扩展为三个门洞。公元1118年，蔡京主持扩建东京皇宫工程，曲解《礼记》中的“天子五门”（天子所居之处有五重门），将三个门洞扩建为五个门洞，以符合皇家规格，彰显皇家气质。宋徽宗赵佶在其历史巨作《瑞鹤图》中对乾元门如实进行了描绘，使后人得以观瞻其巍峨气象。

从乾元门向南的中心大道是全城的中轴线，也称“御街”。宣德楼以北的广大区域，就是金碧辉煌的北宋皇宫所在地。

北宋的宫城，从功能划分上也大致遵循了“前殿后寝”的原则，由外朝、内廷、后苑等部分组成。外朝和内廷区域以东华门、西华门之间的道路为界分开。外朝部分最主要的建筑是大庆殿。

2. 大庆殿

作为北宋皇宫的正殿，大庆殿是北宋皇宫里最为雄伟壮丽的殿宇。整个殿堂平面呈“工”字形，大殿九间，东西挟殿各五间，东西廊各六十间，可容纳数万人。殿前台阶为沙墀、龙墀，殿后有斋宿殿。据《宋史·地理志》记载，大庆殿旧名“崇元殿”，公元966年重修后改名“乾元殿”，后因火灾先后改名“朝元殿”和“天安殿”，宋仁宗赵祯即位后，最终定名为“大庆殿”。凡元旦、冬至、圣节称贺大礼、册封尊号等，皇帝必亲御大殿宝座，举行盛大的朝会大典。

大庆殿西侧的文德殿是皇帝进行主要政务活动的场所。在京不管理政事的朝官，需要定期来这里上朝。虽然皇帝不一定来这里参加朝会，但也需要等候的宰相和枢密使带领官员在此集合，并由一名带班的宰相或枢密使带领所有官员，向皇帝的御座行朝拜礼，传达、宣布皇帝的旨意后，再向皇帝的御座拜两拜，然后再有秩序地退出文德殿。这便是所谓的“天子不可一日不朝”的古礼。

3. 三大殿：紫宸、垂拱、集英

大庆殿北侧稍西的紫宸殿是节日举行大型活动的场所，作为视朝之前殿，“每诞节称觞及朔望御此殿”，即主要用于恭贺皇帝生日及每月初一、十五皇帝上朝。除此之外，紫宸殿还承担着接待契丹使者，皇帝在此赐宴近臣、宰臣与百官等任务。

紫宸殿之西为垂拱殿，既是北宋君主平日听政的地方，也是北宋君主接见外臣和设宴的场所。

集英殿始建于宋初，原名“广政殿”，著名的“杯酒释兵权”的故事便发生在这里。公元1032年更名“集英殿”，1115年改名“右文殿”。此殿主要作为宴殿，是每年举行春秋大宴的场所；宋神宗赵顼即位后，此殿也是皇帝策试进士之所。

4. 龙图、天章等六大阁

集英殿之北有需云殿，东有升平楼，再往北即为龙图阁。龙图阁后为天章阁、宝文阁等。

这里我们要注意，在宋朝，每一位皇帝去世后，都会建一座阁楼，以将他们生前的遗物放进去。史书记载：“每帝各建一阁，虽颇繁费，然亦足昭敬谨，且见诸帝文治之盛也。”

1001 年，宋真宗赵恒命为已经去世的宋太宗赵光义建龙图阁，龙图阁是北宋建的第一个馆阁。龙图阁里收藏了宋太宗的“御制、御书、文集计五千一百一十五卷、轴、册，御书纨扇数十幅，及宗正寺所进的属籍、世谱等”。1007 年，设置龙图阁学士，为正三品。学士下设直学士、待制。由此，后任皇帝为前任皇帝建立馆阁成为定制。到北宋末年，先后建成了太宗龙图阁、真宗天章阁、仁宗宝文阁、神宗显谟阁、哲宗徽猷阁、徽宗敷文阁等。

（二）内廷

外朝以北为内廷，是皇帝和后妃们的居住区。

1. 福宁殿

内廷诸殿中，最重要的是福宁殿。福宁殿旧名万岁殿，公元1014年改名为“延庆殿”，1032年又改名为“福宁殿”。福宁殿是皇帝的正寝殿，也是皇帝的起居之所。一般皇帝会在天亮前两个小时从福宁殿起床，整理装束，准备处理国家政事，也偶尔会在这里接待有急事的大臣。

值得注意的是，除了宋徽宗赵佶和宋钦宗赵桓，北宋前七帝皆崩于寝殿，其中，太祖、太宗崩于万岁殿；真宗崩于延庆殿，而延庆殿旧名万岁殿；仁宗、英宗、神宗、哲宗皆崩于福宁殿，而福宁殿即延庆殿，故北宋七帝实崩于同一宫殿，而殡宫也实为同一地点。

需要说明的是，北宋皇帝大多是在崩后才开始选择陵地，仅有宋太祖赵匡胤是在生前便已将陵地选好，而其选址过程颇具传奇色彩。976年，宋太祖拜谒其父母的永安陵（在今河南郑州巩义市西村镇常封村西）时“既而至阙台，西北向发鸣镝，指其所曰：‘我后当葬此’”。神奇的是，时隔不久，宋太祖便去世了，宋太宗赵光义即在此处建永昌陵。

福宁殿西边是宝慈殿，北面是坤宁殿，坤宁殿附近还有翔鸾阁、仪凤阁等各娘子（宋朝称嫔妃为“娘子”）的阁殿。

2. 皇仪殿

宝慈殿南侧的皇仪殿原来是宋太宗赵光义的明德皇后李氏的起居殿，后来废弃不用，成为皇后治丧场所。

之所以出现这种情况，还与宋仁宗赵祯的母亲之死有关。

赵祯的亲生母亲李宸妃的地位很低，赵祯出生以后就被送给德妃刘娥抚养。两年后，刘娥被宋真宗赵恒立为皇后。刘后像对待亲生儿子一样把赵祯抚养大。宋真宗死后，刘太后开始垂帘听政，一直到李宸妃去世都没让赵祯知道真相。直到刘太后也去世了，才有人告诉赵祯，他的亲生母亲乃是李宸妃，被刘太后虐待而死。赵祯闻言，号啕大哭，立即派兵包围了刘府，准备报复刘家，同时，亲自去李宸妃的葬地祭奠。在众人围观之下，棺椁打开，只见里面装满了水银，用以保持尸体不腐，李宸妃面色如生，神态安详，穿着皇后的服装。由此可见刘太后对李宸妃的厚待，传言不可信。赵祯这才消除了怒气。据《邵氏闻见录》记载，刘太后本计划按一般宫人的礼仪下葬李宸妃，但丞相吕夷简建议她给予厚葬，以免将来赵祯知道了真实情况后对刘家不利。刘太后采纳了吕夷简的建议，破例在皇仪殿为李宸妃治丧。结果自然是皆大欢喜。此后，皇仪殿便成了皇后治丧的场所。

福宁殿东边是庆寿殿，庆寿殿东边是崇政殿，崇政殿北面是延和殿和景福殿，崇政殿东西有延义、迩英二阁，为侍臣讲读之所。延义阁东边，是资善堂。其中最有故事的，当属崇政殿和资善堂。

3. 资善堂

资善堂，公元 1015 年设置，是皇子们读书的地方。

引人注意的是，北宋的皇宫中，太子东宫没有具体的名称。

在中国古代宫殿的布局中，皇宫被分为中、东、西三部。其中，东部为东宫，是太子日常居住和办公的地方。

东宫制度自汉代建立以来，经过不断完善，至唐初发展至顶峰。然而，北宋时期，皇宫并没有给予太子东宫一个特定的名称，东宫也逐渐沦为名存实废的闲散机构。

宋太祖赵匡胤中年暴毙，未能及时构建东宫制度，却开启了宋代晚立储乃至不立储的先河。自宋太宗赵光义定下设置苟简的基调之后，宋真宗赵恒立资善堂进一步架空东宫，晚立储甚至不立储惯例的形成又从时间上遏制了储君势力的发展。

此外，太子东宫的官员设置也体现了其地位和功能的变化。在宋代，虽然东宫官制的官衔名称依然存在，如“太师、太傅、太保”等，但这些职位“皆缘旧制除授而无职司”，意味着它们主要是随着皇储的册立而设立，并没有固定的职责和人员配置，多由其他官员兼任。这种设置反映了宋代太子东宫权力的逐渐弱化，与唐代东宫属官众多、有专门职掌范围的体系相比，宋代东宫的职能削弱了，地位也下降了。

这一系列制度设计，既巧妙地缓和了帝王与储君间的矛盾，又兼顾了对皇太子的培养与防范。专制社会不断加强的皇权不允许储君对其产生威胁。唐朝中期以来，储君权力的衰落已成趋势，宋代东宫衰微则是这一历史趋势下的产物。

4. 崇政殿

崇政殿，旧名“简贤讲武殿”，《宋史·地理志》记载，公元 977 年（《宋会要辑稿》记载为 983 年）改名“崇政殿”。值得注意的是，将“简贤讲武殿”更名为“崇政殿”，是北宋所推行的“崇文抑武”政策进一步深化的标志。1034 年，宋仁宗赵祯设“崇政殿说书”讲官名位，负责给皇帝讲解书史、解释经义，并随时准备回答皇帝提出的各种问题。

5. 内藏库

宋代的内藏库是直属皇帝的私人“财政”，由于其直属皇帝，皇帝有直接支配权，同时又具有大多数时候不许朝廷机构和大臣干涉的独立性特征，因此也可称内藏库是皇帝的小金库。

有皇帝小金库性质的内藏库其实并不是宋代首创，这种皇帝私财最早可追溯至西周时期。

西周时期天下之财有三部分，分别是九贡、九赋、九职。除此之外，剩余的部分就是所谓王室玩乐之财。由此可以看出，这个时候就出现了帝王私财的概念。

内藏库的真正雏形出现于汉代。西汉时期的少府是内藏库的雏形。到了东汉，皇帝的小金库开始变大，除少府变为中府外，还增加了中御园、西园等为天子私藏之处。

到唐朝，这种管理天子私财的机构变得更多，如琼林库、大盈库、丰德库、备边库等，到唐德宗李适时开始统称为内库。五代十国时期延续了唐内库的设置，虽然名称各不一致，但性质没变。

宋初，宋太祖赵匡胤立国后直接继承了后周皇帝的小金库——内府钱，并改名为封桩库。且在之后统一的过程中，通过征荆南（南平）、后蜀、南汉、南唐四地，把四地府藏都并入封桩库，完成了宋朝皇帝小金库的原始积累。

不过，宋太祖设置的封桩库又与之前各个朝代的“内藏库”不同，他设置封桩库的目的之一是当作私人库藏，同时还有另外一个目的，即“军旅、饥馑，当预为之备，不可临事厚敛于人”，这说明宋朝的内藏库开始出现新的职能，即作为国家军事、饥荒的应急储备。而后两宋历朝都基本遵守了这一祖训，因此宋朝的内藏库出现了双职能——既是皇帝的小金库，也是国家的储备财库。

宋太宗赵光义时将封桩库更名为内藏库，并在继承太祖朝封桩库的基础上，逐渐使其向机构化、正常化的轨道发展。太祖朝的内藏库仅仅是继承自后周的内府钱及征南方诸国的府藏，除二者之外没有其他固定的来源；宋太宗下令将朝廷三司财赋中的金、银、高级丝织物等高级物品转移到内藏库，内藏库的来源开始固定，同时也说明作为皇帝小金库的内藏库开始分割国家财政收入。

宋仁宗赵祯时，出现了内藏库大规模支援三司的情况：仁宗一朝内藏库 60 次支出中有 43 次明确指出为补助军费之用，而且主要用于河北、陕西和河东沿边军费。其余 17 次中泛泛而言助三司经费者 6 次、和籴经费 2 次、赈济费用 3 次、助修行宫和山陵 3 次、代纳地方上供 2 次。这充分体现了内藏库的国家储备财库功能。

（三）后苑

内廷再往北，便是后苑。宋初，皇帝为了表明自己勤俭爱民和对农事的重视，在后苑中设观稼殿和亲蚕宫。皇帝每年于殿前种稻，秋后收割。皇后作为一国之母，每年春天在亲蚕宫举行亲蚕仪式，并完成整个养蚕过程。

1. 延福宫

宫城之外的延福宫是相对独立的一处宫区，是供帝、后游乐的场所，最初规模并不大。宋徽宗赵佶即位后不满于宫苑的狭小，遂大肆扩建、营造。延福宫扩建以后，幽雅舒适，宋徽宗的大部分时间都是在这座宫苑中度过的。

延福宫殿、台、亭、阁众多，名称非常雅致，富于诗意，当然这都是由富于艺术修养的宋徽宗所取的。宫的东门为晨晖，西门称丽泽。大殿有延福、蕊珠。东旁的殿有移清、会宁、成平、叡谟、凝和、昆玉、群玉；阁有蕙馥、报琼、蟠桃、春锦、叠琼、芬芳、丽玉、寒香、拂云、偃盖、翠保、铅英、云锦、兰薰、摘玉。西侧的阁有繁英、雪香、披芳、铅华、琼华、文绮、绛萼、绿绮、瑶碧、清荫、秋香、从玉、扶玉、绛云。在会宁殿的北面，有一座用石头堆砌成的小山，山上建有一殿二亭，分别取名为翠微殿、云归亭、层亭。

凝和殿附近有两座小阁，名曰玉英、玉涧。背靠城墙处，筑有一个小土坡，上植杏树，名为杏岗，别有野趣。凝和殿的右侧为宴春阁，宴春阁旁有一个小圆池，小圆池的正中间有个名为“飞华”的石亭。小圆池的旁边又有一个稍大一点儿的湖，湖与小圆池中的亭子由一道堤坝相连，堤坝上又架了一道道栅栏入于湖水。从凝和殿到丽泽门一带，嘉花名木，类聚区分，幽胜宛如天造地设。

2. 艮岳

艮岳是宋徽宗在位时期于汴京宫城的东北隅营建的著名宫苑。公元1117年兴工，1122年竣工，初名万岁山，后改名艮岳、寿岳，或连称寿山艮岳，亦号华阳宫。

艮，在八卦中，为山之象，若作方位，指东北方。艮岳位于景龙门内以东、封丘门（安远门）内以西、东华门内以北、景龙江以南，周长约6里，占地面积约750亩。艮岳突破秦汉以来宫苑“一池三山”的规范，把诗情画意移入园林，以典型、概括的山水创作为主题，这在中国园林史上是一大转折。苑中叠石、掇山的技巧，以及对于山石的审美趣味都有所提高。苑中奇花异石取自南方民间，运输花石的船队称为“花石纲”（往汴京运送花石的船只，每十船为一纲）。据记载，艮岳里面左边是浅山，右边有溪水，溪水旁有田垄。园内种植奇花异木，养殖珍禽异兽，建筑精美，极尽奢华。当此园落成之后，宋徽宗赵佶曾亲写《御制艮岳记》记载这一盛举。

艮岳完工不久，即遇金人围城，等到金人再来，围城日久，宋钦宗赵桓便命取山禽水鸟十余万，尽投之于汴河，拆屋烧火，凿石为炮，伐竹为篦篱，又将苑中数以百千计的大鹿尽杀，作为鼓励士兵的食物。宋徽宗最终被金兵掳走，死于北国，含羞于地下。这个颇懂审美、酷爱奇石的皇帝，真是一个玩物丧国的典型。元人郝经曾咏道：“万岁山来穷九州，汴堤犹有万人愁。中原自古多亡国，亡宋谁知是石头。”

陆

六、北宋东京『天街』周边的政府机构

《梦华录》介绍的第一条街道，自然是东京汴梁城中最引人注目的道路——自宣德门向南，过州桥，经内城朱雀门、龙津桥，出外城南薰门至南郊祭天之郊坛的“御街”。

（一）并非正南正北的“天街”

作为北宋东京汴梁城南北中轴线存在的这条“御街”，也即南宋诗人范成大《州桥》诗中首句“州桥南北是天街”中的“天街”。对于靖康之难中流亡南方的宋人来说，这条“御街”是故都最鲜明的记忆；对于后世之人来说，这条“御街”的布局，在中国都城街路建置史上，具有重要的转折意义。

引人注意的是，这条“御街”并不是正南正北的，而是稍呈西南—东北走向。对于这一点，宋太祖赵匡胤给出的解释是，“我心端直正如此，有少偏曲处，汝曹必见之矣！”宋太祖的意思很明显：偏点儿就偏点儿吧，只要我的心放得正就好了。可见，宋太祖的解释其实就是没有解释。

事实上，中国古代城市与建筑的南北轴线与正子午线存在不同程度的角度差，是一个普遍现象。

因为地球在宇宙中运转，所以对地球的地理北极的确定总是指向北极星的方向，这被称为“天极”。与“天极”相对应的是，地球磁场的南北极被称为“地极”。按照“天人合一”的观念，上天用“天极”，天子用“地极”。北宋东京城的中轴线不是正南正北也就容易理解了。

这条御街，不但两边建有御廊，而且御廊前面及中心御道两边，还分别设立了黑漆与朱漆的杈子，不让人马在御街中心来往，行人只能在廊下杈子外行走。杈子里用砖石砌出两道御沟。到了宣和年间，御沟内尽植莲花，两侧种上桃、李、梨、杏等各类花树，花开时“望之如绣”。

所谓的杈子，是置于官府宦宅前阻拦人马通行的木架，由一横木连接数对两相交叉的竖木构成。古称“梐枑”，也称“行马”，俗称“鹿角”或“拒马叉子”。北宋以前，都城的御道都用土墙隔断，直到隋唐长安城，还存在着夯土墙；北宋汴梁御街则用杈子代替土墙，而且分为朱、黑两色，既醒目又庄严，使街道显得十分宽敞美观。

还需说明的是，隋唐长安城的御道，筑成中间高、两旁低的微拱形，侧边有泄水沟。北宋东京御街，则在御道两侧用砖石甃砌出泄水沟，沟内种植莲荷，既实用又美观。

值得注意的是，古代城市的道路上是植有行道树的，隋唐长安城内植的是槐树，故以“槐花黄，举子忙”来形容科举考试期临近的景象。隋唐洛阳城则是以樱桃、石榴作为行道树。

（二）宣德楼前的中央官府

《梦华录·卷二·宣德楼前省府宫宇》记载："宣德楼前，左南廊（应为'左廊南'）对左掖门，为明堂颁朔布政府、秘书省。右廊南对右掖门。近东则两府八位，西则尚书省。御街大内前南去，左则景灵东宫，右则西宫。近南大晟府，次曰太常寺。"

1. 掖门

说到左掖门、右掖门，还要从天上的星空说起。

古时候，人们为了便于观测，把天上的恒星分为若干个群组，然后再用线条连接起来，依据线条形成的形状，赋予美丽奇幻的名称，这就是星座的由来。星座的名称来源广泛，比如之所以叫银河，是因为看上去就像一条闪闪发光的河流；再如之所以叫北斗，是因为看上去像盛酒的斗。还有的名称直接来自人名，比如善于驾车的造父、人间的有情人牛郎、玉帝的外孙女织女等。天上的星星如此之多，中国古代的天文学家为了便于识别，便把天上的恒星分为三垣二十八宿。

所谓三垣，指的是在北天极附近的三个星区，分别是紫微垣、太微垣和天市垣。其中，“垣”即围墙之意。

紫微垣位于北斗七星的北方，相当于今天国际通用的大熊座、小熊座、天龙座等星座。古人认为紫微垣是天帝及后妃居住的地方；与之相对应，北宋东京城帝后居住的区域采取了类似的布置方式。

太微垣位于紫微垣的南方，相当于今天国际通用的室女座、后发座、狮子座等星座的一部分。古人认为太微垣是天帝处理政务的地方；与之相对应，北宋东京城前朝建筑群的布置体现出它是帝王执政的场所。太微垣南侧有端门星，端门星两侧有左掖门星、右掖门星；与之相对应，北宋东京城南侧有端门，端门两侧分别为左掖门、右掖门。

天市垣位于紫微垣的东南方向，相当于今天国际通用的武仙座、巨蛇座、蛇夫座等星座的一部分。古人认为，天市垣是天上的市集，是天帝聚众进行贸易的场所；相应地，北宋东京城的布局中也有市场。

与三垣相对应的是二十八宿。古时人们为了方便观测日、月和金、木、水、火、土五大行星的运转，便把南中天的恒星分为二十八个群组，合称二十八星座或二十八星宿：角、亢、氐、房、心、尾、箕，这七个星宿形成一个龙的形象，春分时节在东部的天空，故称东方青龙七宿；斗、牛、女、虚、危、室、壁，这七个星宿形成一组龟蛇互缠的形象，春分时节在北部的天空，故称北方玄武七宿；奎、娄、胃、昴、毕、觜、参，这七个星宿形成一个虎的形象，春分时节在西部的天空，故称西方白虎七宿；井、鬼、柳、星、张、翼、轸，这七个星宿形成一个鸟的形象，春分时节在南部的天空，故称南方朱雀七宿。

2.“太庙”和“明堂”

太庙和明堂都是中国古代与皇家祭祀和政治活动相关的建筑。

中国古代帝王的宗庙，夏朝时称“世室”，殷商时称“重屋”，周朝称“明堂”，既是帝王祭祀先祖的地方，也是帝王举行大典、发布政令的地方。秦汉以后，在“明堂”依然存在的前提下，又设置了“太庙”，“太庙”与“明堂”也有了明确的分工。

“太庙”专门供奉帝王先祖的神位，经皇帝批准，皇后和功臣的神位也可以被供奉在太庙，“太庙”由此成为皇家私人祭祀的场所。太庙的建立，体现了中国古代社会对家族和祖先的尊重，同时太庙也是皇帝统治权威的象征。至于太庙的位置，按照《周礼·考工记》中所说的“左祖右社”的传统，应建于大内皇宫的左前方。

“明堂”则成为天子举行大典、发布政令的地方。当然，明堂不仅是政治活动的中心，也是文化和教育的场所，用于宣明政教、举行朝会、祭祀、庆赏等活动。明堂的建立，体现了古代帝王通过神权来布政，宣扬君权神授的理念。

从历史演变来看，太庙和明堂在功能上有所重叠，都是皇家进行祭祀和政治活动的重要场所。太庙更侧重于供奉皇帝先祖（对内），而明堂则侧重于举行各种政治和文化活动（对外）。

北宋建立初期，是没有“明堂”这一建筑的。自宋仁宗赵祯即位之后，都是以大庆殿作为临时明堂行礼的场所。宋徽宗赵佶即位之后，于公元1115年下诏，把秘书省迁到宣德门外之东，在原秘书省旧址上建明堂。明堂于1117年建成后，成为宋徽宗宣明政教、粉饰太平的重要场所。原在大庆殿举行的朝会、祭祀、庆赏等大典，后也均改在此处举行，由此便有了“明堂颁朔布政府”这一机构的诞生。

“布政”指的是宣布来年的施政方针，“颁朔”指的则是古代帝王于每年季冬把来年的历日（俗称“皇历”）布告天下。

关于“太庙”，《梦华录·卷二·潘楼东街巷》记载，“自土市子南去，铁屑楼酒店、皇建院街、得胜桥郑家油饼店，动二十余炉，直南抵太庙街、高阳正店，夜市尤盛”。《梦华录·卷三·寺东门街巷》记载，“以东审计院，以东桐树子韩家，直抵太庙前门”。《梦华录·卷三·上清宫》记载，“观音院，在旧宋门后太庙南门”。到了《梦华录·卷十》，关于太庙的记载就更多了。

由此可知，北宋东京太庙的位置，也是按照《周礼·考工记》中所说的“左祖右社”的传统，建于大内皇宫的左前方的。

北宋东京的太庙有五开的大门，内有斋堂、寝殿、正殿等建筑，主要供奉先帝的神主牌位，皆以朱漆金字，每祖居于一室。太庙的庙柱之上皆雕金龙，形貌威严，神态各异。据史籍记载，金兵攻入东京城后，仅从庙柱龙身上刮剥下来的金屑，就有40多斤重，兴建太庙时的耗资之巨，由此可见一斑。

景灵宫建成后，太庙的作用被分去不少。凡祭祀天地，皇帝都要先到景灵宫，后到太庙，二处皆供有祖宗神位，但神主仍在太庙。

北宋东京的太庙，除了先帝的神主牌位，据南宋陆游的《避暑漫抄》记载，还有一块“誓碑”。

《避暑漫抄》记载，宋太祖赵匡胤于公元962年“密镌一碑，立于太庙寝殿之夹室，谓之‘誓碑’。……碑止高七八尺，阔四尺余，誓词三行。一云：‘柴氏子孙有罪不得加刑，纵犯谋逆，止于狱中赐尽，不得市曹刑戮，亦不得连坐支属。’一云：‘不得杀士大夫及上书言事人。’一云：‘子孙有渝此誓者，天必殛之。’”

《避暑漫抄》记载的真假，我们不得而知，但北宋皇帝“不得杀士大夫及上书言事人”倒是有很多的例子可以证明。

3. 秘书省

秘书省，我国古代专门管理国家藏书的中央机构。秦始皇焚书后，天下藏书几乎化为乌有。再加上手抄方式和简帛载体的限制，对于普通人来说，图书是至为珍贵的物品。西汉以来，朝廷曾多次下诏求书，藏于宫内秘府，等闲人难得一见，“秘书”一词即由此而来。

在这种特定的历史环境下，管理宫内藏书的机构备受重视，享有较高的地位。从东汉桓帝刘志设立秘书监起，到南朝梁武帝萧衍始定名秘书省，唐代曾一度改称“兰台”和“麟台”。

北宋初，秘书省原在皇城左掖门北，公元1115年，为修建明堂，宋徽宗赵佶将秘书省迁至宣德门前御街左侧的光化坊，至宣和年间始告完工。1122年夏，宋徽宗来到刚刚修建好的秘书省视察，“宣示御书千文、十体书《洛神赋》、行草近诗并御画”，将这些书法作品赏赐给了当值的56名官员。

随着印刷出版技术的逐步成熟，图书数量越来越多。很多地方都出现了官府和私人设立的书院、藏书楼等，即使在中央，藏书机构也不仅限于秘书一府了。秘书省的重要性逐渐削弱，到金元时期秘书省降为秘书监，明清两朝设置翰林院之后，便再无秘书省之名。

4.“两府八位”

“两府”，指中书和枢密院两个机构。“两府”的特点就是文武分权。宋朝的“中书”，是宰相办公的地方，而专管武事的枢密院这一机构，既分了宰相的权，又侵夺了原来专管军事的兵部的权力。

“八位”则与古代官员的住房问题有关。

秦汉魏晋南北朝时期，一般的朝廷官员根本不敢奢望在都城有自己的房子。秦朝官员的工资实行“秩石制”，朝廷直接发粮食作为工资，官员职位越高，领到的粮食越多，此外并无其他特权。

从西晋开始，为了优待官员，才正式按官品占田。但皇上赐给的土地，往往并不在官员任职的地方，而且按规矩，一旦官员退休，在职时的俸禄一律停发，土地也要收回。为了省去许多麻烦，更是为了办公的需要，很多官员就直接把家安在了条件相对优越的衙署里，或者叫“机关宿舍”更为合适。异地做官，则举家搬迁；如果不幸被淘汰出官场，那就得想办法另谋生路或者回老家了。唐末以后，退休的官员有幸能领到一半的俸禄，但退休后的住房问题，政府还是不管。

唐朝一般不为京官提供免费住房的做法，基本上为以后历朝所继承。宋朝自东京汴梁到各地州府，都设有楼店务（后改名“店宅务”），作为主管国有房产和邸店的行政部门，负责出租及修造事宜，相当于近世的房管局。在东京汴梁任职而又无私第的官员，都是租房居住，“两府”大臣也不例外。然而，不向京官提供住宅，虽然节省了开支，却带来工作上的不便。有时候官员已下班回家，但忽然有紧急公文需要处理，按制度还得“两府”大臣联署才能生效，那就只好由吏员拿着公文一家一家去请各位大人画押。如此一来，既耽搁了时间，还很容易泄露重要的朝廷机密。宋神宗赵顼即位以后，开始着手解决这一老大难问题：“始建东西府于右掖门之前，每府相对四位，俗谓之八位。”即从宋神宗元丰年间开始，两府执掌者才有了建在皇城区的官邸——两府，一共八张床铺。可见，在宋朝做官好难啊！

5. 尚书省

这里有个问题，那就是为什么“两府八位”是中书和枢密院而不是隋唐时期地位最为重要的尚书省？因为北宋的尚书省已经成为可有可无的闲散机构了。

隋朝建立之初，实行“五省六曹制”，五省包括内史省、门下省、尚书省、秘书省和内侍省。其中，秘书省掌书籍、历法，内侍省则是专门的宦官机构，两省较少涉及国家政务；实际的中央行政机关为内史、门下、尚书三省。尚书省下设吏、度支、礼、兵、都官、工六曹。

唐朝建立后，实行“三省六部制”。三省包括中书省、门下省和尚书省。中书省负责决策，门下省负责审议；尚书省则是最高行政机关，其下设吏部、户部、礼部、兵部、刑部、工部六部。

北宋建立后，宋太祖赵匡胤、宋太宗赵光义在结束割据分裂的过程中，留用了大批各国旧有官员，让他们继续拥有官位，还能领取俸禄，但不掌握实权；宗室、外戚、勋旧，也仅授予高官，优加俸禄，而不给实职。这样，有些官只是空名，所谓“官”，其概念也只是拿俸禄而已。

宋真宗赵恒时，便把这些措施加以制度化。一般官员都有官和差遣两个头衔，有的官还加有职的头衔。官阶，按年资升迁，即使不担任差遣，也可依官阶领取俸禄；而差遣则根据朝廷的需要和官员的才能，进行调动和升降；每个官署彼此互相牵制，任非其官的情形很普遍；职，是指三馆（昭文馆、史馆、集贤院）和秘阁中的官职，如大学士、学士、待制等。

官称和实职的分离，使北宋朝廷大批官员无所事事，三省六部二十四司名义上都有正式官员，但除非皇帝特命，否则不管本部的职事。

北宋的尚书省，又称“都省”。原在兴国坊，即梁太祖朱温旧第，后来才移到了利仁坊后蜀末代皇帝孟昶旧第，也就是右掖门向南到汴河浚仪桥之间街区的西侧。尚书省的长官名义上是尚书令，尚书令下还有左右仆射、左右丞等，但尚书令从不委任，实际上另外委派诸司三品以上者或学士一员任“权判尚书都省事”。尚书省的职权是总辖吏、户、礼、兵、刑、工等六部及下辖的二十四司，并主管议定官员谥号、祠祭、受誓戒、在京文武官封赠、注甲发付选人、二十四司人吏迁补等事。尚书省所辖六部二十四司，分属左司和右司，左司掌管吏部（下辖司封、司勋、考功），户部（下辖度支、金部、仓部），礼部（下辖祠部、主客、膳部）；右司掌管兵部（下辖职方、驾部、库部），刑部（下辖都官、比部、司门），工部（下辖屯田、虞部、水部）。左、右司各设郎中一人，员外郎一人。

6. 景灵宫

景灵宫是北宋朝廷供奉宋太祖赵匡胤之后的帝王、后妃御容的宫观，始建于公元 1012 年。值得注意的是，东、西景灵宫里，壁画及屏展画相当多。宋英宗赵曙在位时期，在景灵宫建的孝严殿，曾召集画手，画诸屏扆墙壁。景灵宫的三圣神御殿，先画有“图画创业戡定之功及朝廷所行大礼，次画讲肄文武之事，游豫宴飨之仪”；又令画宋仁宗赵祯在位时期的重要辅臣，自吕夷简以下至节钺，共72人。这次辅臣画像，先从各家“取影貌传写之，鸳行序列，历历可识其面，于是观者莫不叹其盛美”。

7. 太常寺和大晟府

北宋太常寺是皇家宗教机构，在宋朝时承担了很多宗教、文化和社会职能。北宋前期，太常寺的职权被太常礼院和礼仪院分走了一部分，它的实际权力比较小，太常卿只是一个表示官员品级的官名，并不负责太常寺的具体工作。宋神宗赵顼即位后，太常礼院的职事被废除，太常寺开始专注于本职工作，职权也得以恢复并扩大，掌有关礼乐、郊庙、社稷、坛壝、陵寝等事，成为管理礼乐事务的最高权力机构，掌管着整个宫廷中的雅乐部分。

宋徽宗赵佶即位后，为了创制和发展新的雅

乐，于公元1105年设置专门的机构讨论雅乐、翻新旧乐，这一机构美其名曰“大晟”，大晟府由此诞生。大晟府是宋朝管理音乐事务的最高行政机构，由大晟府创制的乐曲也被称为大晟乐。大晟府的主要职责包括演奏雅乐、制作乐章、搜集词调，以及为宫廷歌舞和娱乐负责。此外，大晟府还承担着为他国培训乐工的职能，并担负着为当时的其他音乐机构培训音乐人才的职责。大晟府对北宋的音乐文学产生了深远的影响，成为宋词的重要组成部分。许多著名的词人，如周邦彦等都曾在大晟府任职，他们的作品对宋词的发展产生了重要影响。大晟府的成立不仅促进了宋代音乐文化的发展，也使得大晟府成为北宋音乐文学创作的重要阵地。其中，周邦彦被后世认为是“大晟词人”中的佼佼者，他的作品标志着大晟词文化在宋代发展到了一个顶峰，从而使大晟府成为北宋时期的词乐创作中心。1120年，大晟府完成使命，退出历史舞台。

（三）“天街”北段两侧（宣德楼至朱雀门之间）的政府机构

东、西景灵宫至州桥之间的区域，呈现了政府官署、皇家寺院与商业店铺交织出现的局面。比较重要的左藏库、郑太宰宅、景灵东宫、大相国寺、十三间楼、都进奏院、都亭驿、开封府都分布在这一地段。

1. 左藏库

宋代的中央财库包括内藏库和左藏库，二者都承担着一定的国家财政职能，并一同分担着宋代巨大的财政管理压力。

但是，内藏库和左藏库的性质是完全不同的，内藏库实际上是属于宋代皇帝私有性质的一种财库，而左藏库则是一种公有性质的财库，两者最大的差别，也就体现于此。

内藏库的“私财”性质，主要体现在其财务管理层面。内藏库的财务管理，基本上是不对外公开的，甚至不会受到主管国家财政的中央三司机构的管理。内藏库的管理人员也都是直接对皇帝负责，而不需要经过其他机构。

左藏库就完全不同了，作为国家财政机构的“外府”，相当于国家财政部，它是一个公开性质的机构，是国家财政的主要支撑。

左藏库的主要职能是管理国家财政收入和支出。从管理人员来看，左藏库的管理人员与内藏库完全不同，都是朝廷内的编制官员，由三司机构管理，直接对三司机构负责。当时左藏库的监管者主要来源于文官或者是武官，而且选聘和职位调任，都具有一定的公开性质。

左藏库的主要收入来源包括两税和朝廷专卖等方面。两税主要包括户部征收的赋税和皇庄的租税，这部分是左藏库收入的主要来源；其次就是朝廷专卖品的收入，包括盐铁专卖等比较常见的特殊产品，还有土地这一类皇家专有的产品。从左藏库的具体收入来看，其实都来源于国家共同财产收入所得，这也说明了左藏库自身的收支，都是根据国家系统来进行运作的。

随着内藏库的不断发展，左藏库开始受到冲击。因为收入被侵占，所以左藏库完全负担不起国家的财政支配，入不敷出的情况日益严重。在种种压力之下，寻求内藏库的帮助逐渐成为一种常态。

2. 郑太宰宅

郑太宰，指比蔡京小十二岁的郑居中，宰相王珪之婿。

王珪的长女嫁给李格非，生下了李清照；王珪的一个孙女嫁给了秦桧。如此算来，迎娶了王珪三女儿的郑居中，既是李清照的三姨父，也是秦桧的三姑父。蔡京的胞弟蔡卞是王安石的女婿，郑居中的胞弟郑久中是王安石的孙女婿。举进士后，郑居中自称是郑贵妃的堂兄弟，郑贵妃向宋徽宗赵佶推荐了郑居中，因此郑居中很快升为同知枢密院事。但为迎合帝意和争权夺利，事后郑居中帮助被免职的蔡京恢复了相位后，蔡京并没有给予郑居中相应的好处，因此郑居中就事事和蔡京作对，蔡京每提出一条法令，郑居中都表示反对。

3. 十三间楼

位于东京内城旧宋门内汴河北岸的十三间楼

是供客商堆货、寓居并进行交易的邸店，始建于后周。后周世宗柴荣在扩建外城以后，立即疏通开封对外的水道交通。为便于接待大量客商运输货品进入新扩建的外城，同时满足客商需要的“邸店”建设，后周世宗柴荣允许民众自由建造房屋。为了繁荣市场，他还鼓励官员出资建设房屋，开设“邸店”或者租赁。汴水疏通后，它也只是一条水路而已。大将周景威很有商业眼光，在汴水边风光较佳的地方建楼十三间，称“十三间楼”，成为汴水边的标志性建筑。随着北宋的灭亡，东京汴梁的“十三间楼”已荡然无存，但杭州的“十三间楼”却保存至今。

4. 都进奏院

汉代，各郡都在京师设“邸”，即在京城长安设置的办事机构，类似于今天的各省驻京新闻机构，负责传达朝廷各种消息。唐代称“进奏院”。宋初沿用唐制，设进奏院，诸州以本州将吏为进奏官，驻京城，负责呈转公文。因为将吏不愿久居，呈转公文既多延误，也有泄露，因此公元 982 年宋太宗赵光义并诸道进奏院为都进奏院，职掌“总领天下邮递”，即总领全国诸路监司及所属州、府、军、监与中央朝廷上下往来邮递之事。宋前期，都进奏院所收受地方章奏交银台司；宋神宗赵顼即位后，都进奏院隶属于给事中，摘录各州章奏事交由门下省章奏房，投递各州文书给有关部门。

5. 开封府

开封府，又称南衙，主管京城市政治安等事务。其地在汴河的浚仪桥之西，南临汴河，北面是尚书省，其建筑“堂皇有炜，厅事斯严；廊回合以四周，庭清虚而中敞”，以府门、仪门、正厅、议事厅、梅花堂为主，辅以天庆观、明礼院、潜龙宫、清心楼、监狱、寅宾馆等。

史料记载，北宋开封府共有183任府尹，开封府题名记碑记载了200余名开封府府尹（有多人曾多次任开封府府尹）的任职情况。其中，宋太宗赵光义、宋真宗赵恒、宋钦宗赵桓三位皇帝都曾潜龙在此，先后还有寇准、包拯、欧阳修、范仲淹、苏轼、司马光、苏颂、蔡襄、宗泽等一大批杰出政治家、思想家、文学家、军事家在此任职。

6. 都亭驿

唐时名上源驿，为汴州的一个重要驿站。唐末，曾发生“上源驿之变”：公元884年，黄巢率农民起义军直逼汴州。宣武（今河南开封）节度使朱全忠（朱温背叛黄巢降唐后被赐名朱全忠）自知不敌，求援于河东（今山西太原）节度使李克用。李克用率兵击败黄巢后，朱全忠设宴犒劳李克用，为他庆功。而李克用傲气凌人，出言不逊，朱全忠气愤难忍，动了杀机。他于当晚遣兵包围李克用下榻之处上源驿，欲一举全歼李克用及其亲兵卫队。李克用在大醉中被左右亲信唤醒，在侍卫们的拼命保护下侥幸突围。

940年，上源驿改名都亭驿，负责接待河西蕃部使者，宋真宗赵恒即位后用其专门接待契丹使者。1102年，经过修葺，拥有500多间客房的都亭驿成为东京最大的迎宾馆。至明代仍存，为大梁驿。

除了负责接待外国使节，都亭驿在空闲时间还是举办皇帝赐宴之所，常用于朝廷酺宴、娱乐等活动。宋真宗赵恒就曾在此大摆宴席。此外，这里也曾作为三省、枢密院的临时办公之地。而居于都亭驿内的辽使负有稽查之责。当时北宋可能考虑到会有契丹人的奸细混于其中，故命都亭驿和开封府协同查办，有点外国“大使馆”管理宋境内的外国人的意味。当时的政策是，“告获一人，赏钱千缗；即居停知情人能告首，原罪外亦与酬赏”。

（四）“天街”南段两侧（朱雀门到南薰门之间）的政府机构

1. 教坊

“教坊”一词，首次出现是在《梦华录·卷二·朱雀门外街巷》中，从《梦华录》第五卷开始又陆续出现过15次。

唐朝建立后，唐高祖李渊在禁中设立的宫廷演乐机构内教坊，主要用于学习雅乐，并用于庙祀和宴会。武则天称帝后，将其改名为“云韶府”。唐玄宗李隆基即位后，置内教坊于禁中蓬莱宫侧的同时，还在宫外设立了左、右教坊，负责管理和训练各种表演艺术，如歌舞、杂技、百戏等。“内教坊”主掌皇家雅乐，“左右教坊”则负责俗乐，二者职责分明。这一时期，长安教坊的人数达到了 11400 人，且根据色艺高低，将演员分成不同等级。“安史之乱”后，教坊的活动大幅减少。

北宋教坊的设立是依循唐制，分为四部：大曲部、法曲部、龟兹部、鼓笛部。各部所用乐器和擅长演奏的曲目均不相同。教坊乐有三种类型：一是旧曲改编；二是乐工创作；三是皇帝自己创作。南宋时称“教坊大乐”为燕乐，以区别于号称“大乐”的俗乐。

北宋末年，又出现了按乐器、乐种分类的一种灵活的音乐组织形式——“色”，南宋时期被固定为“教坊十三色”：筚篥部、大鼓部、杖鼓部、拍板部、笛色、琵琶色、筝色、方响色、笙色、舞旋色、歌板色、杂剧色、参军色。

值得注意的是，宋代宫廷之中，还曾有一个特殊的内廷音乐机构云韶部。宋太祖赵匡胤在位时，云韶部共有乐工 80 人。公元 978 年，宋太宗赵光义成立了军乐机构钧容直，机构内所用的乐工与云韶部的建制相似。公元992年，钧容直取代了云韶部，云韶部随之被裁撤。《梦华录》中，有七处关于“钧容直”的记载。

2. 国子监与太学

国子监，中国古代最高学府和教育管理机构。晋武帝司马炎始设国子学，至隋炀帝杨广时改为国子监。宋初设国子监，学生名额甚少，且只收七品以上官员子弟。除在东京汴梁设立国子监外，北宋还在陪都西京（河南府，今洛阳）、南京（应天府，今河南商丘）、北京（大名府）陆续设立国子监，并增辖武学。宋代国子监亦屡次改名，有时称国子监，有时称国子学，其职能具有二重性：一是官学的最高管理机构；二是供生徒就学的最高学府。

太学是汉代出现的设在京师的全国最高教育机构。1044年，范仲淹推行新政，在东京开封锡庆院兴办太学，招收内舍生200人。宋神宗赵顼即位后，分太学为上舍、内舍、外舍，确立太学生依年限等条件，由外舍升内舍，再升上舍，然后经过考核，定其出身并授予官职，且增加学生名额2400个。宋徽宗赵佶在位时，又兴建辟雍作为外学，太学（包括辟雍）共招生3800人，由此太学达到极盛时期。

值得一提的是，北宋东京太学所在的锡庆院本是宋太祖赵匡胤为南唐后主李煜所建宅第，名“礼贤宅”，在京城南部。后赐给吴越末代国君钱俶，至其子钱惟演时收归朝廷。钱惟演的妹妹后来嫁给了宋真宗赵恒的皇后刘娥的前夫兼义兄刘美（原名龚美）。

3. 礼部贡院

宋代科举考试主要有乡试、省试和殿试三级。乡试主要在州一级考试，一般由州通判负责主持，本州官私学校学生都可报考。考试合格者称“举子”“贡生”，由州府保举赴京城参加省试。省试是指由尚书省礼部主持的全国举子考试，考官由皇帝和大臣会商后临时任命，称“知贡举”。省试通过后，再参加由皇帝亲自主持的殿试。

宋代还充分吸取了唐、五代时科场积弊的教训，在科举考试中采取了一系列措施，其中最重要的有以下几项。

一是“锁院”制度。“知贡举”（主考官）、“权知贡举”（副考官）等人选确定后，立即将他们锁于贡院之中，断绝与外界的联系，以防考题泄露。

二是“弥封”制度。考试结束后，由专人将考生试卷上的姓名、籍贯等部分用纸糊起来，再交给考官评判。直到最后统计成绩时，才能拆封公布姓名。

三是“誊录”制度。考生交完试卷后，朝廷雇请专人将考卷重新誊录一遍，再交考官，其用意在于进一步杜绝“弥封”措施的纰漏。

四是“别试”制度。针对考官子弟特设考场考试，另派考官监考、阅卷，以防止徇私舞弊现象的发生。此外，对当朝大臣权贵的子弟还要多复试一次，以甄别是否有人利用权势将无能子弟的成绩拔高。

贡院是举行科举考试的场所，是科举制度的重要组成部分和载体。贡院主要包含中央礼部贡院和地方州郡贡院两大类。礼部贡院既是管理省试的机构，又是举行省试的场所。

作为省试的管理机构，礼部贡院负责接收举人名籍、家保状（由保证人填写的关于举人资格的保证书）、文卷，审查举人资格（考验户籍、举数、年齿），出题，考校，录取，考场纪律的维护，试卷和举人档案的保存等工作。

礼部贡院产生于唐朝，初建时没有独立的建筑。北宋初，礼部贡院经历了由寄寓尚书省、寺院到太学的变迁过程。宋徽宗赵佶即位后，礼部贡院设立在太学的外学——辟雍，虽仍无独立的建筑，但场所得以固定。北宋末期，朝廷下令让州郡建立贡院，但因为经济、政治各方面因素，只有极少数的州郡贡院得以修建，如福州、真州（今江苏省仪征市）、泰州贡院等。

宋代贡院的建筑特点为沿中轴线对称分布，主次有序，设施功能齐全。不管是礼部贡院还是地方贡院主要都由办公区、试场区、生活区组成。办公区域有弥封所、誊录所、对读所等办公用地，试场区为相连的廊屋，生活区由厨房、水井、起居所等建筑设施组成。

贡院在非考试期间并非长期无人使用，无论是礼部贡院还是州郡贡院都会被朝廷或当地官员和民众改作其他用途。礼部贡院可以举办新科进士的聚会活动、圣节斋宴、祭祀活动等。地方贡院可以用来举办乡饮酒礼仪式，作为讲学、行衙、避难、临时驻扎军队的场所。

贡院是无数士人飞黄腾达的起点，牵动着士人的喜怒哀乐，折射出科举时代的文化面貌。贡院的创立使科举考试更加严密化和正规化，是科举选士公正有力的外部保障条件。

4. 中太一宫

说起“中太一宫”，还得从“太一”说起。

太一，又被称为“太乙”“泰一”，中国传统神话中的神。

一说，“太一”是住在水里的“水神”。郭店楚简《太一生水》记载：“太一生水。”同为战国时期成书的《灵枢经》（又称《针经》《九针》）也认为：“太一者，水之尊号也。先天地之母，后万物之源。”

更多的学者则认为“太一”是“天神”。《吕氏春秋·大乐篇》记载：“太一出两仪，两仪出阴阳……万物所出，造于太一，化于阴阳。”《竹书纪年·前编》记载：“太一者，北辰神明也。”《史记·封禅书》记载：“天神贵者太一，太一佐曰五帝。”《史记·天官书》记载：“中宫天极星，其一明者，太一常居也。”《淮南子·本经训》记载：“秉太一者，牢笼天地，弹压山川，含吐阴阳，伸曳四时，纪纲八极，经纬六合。”《淮南子·诠言篇》记载：“洞同天地，浑沌为朴，未造而成物，谓之太一。”

由此可见，作为天神的“太一”，在古代哲学家的眼里，是宇宙的本体，一种不可思议的超自然力。换句话说，“太一”创造了一切。

于“战国七雄”中的楚国而言，祭祀“太一”要在楚国的东方进行，故称“东皇太一”。东汉学者王逸的《楚辞章句》认为：“太一星名，天之尊神，祠在楚东，以配东帝，故曰东皇。”而这就是屈原《楚辞·九歌·东皇太一》名字的由来。

道家称“太一”为“道”，《吕氏春秋·大乐篇》记载：“道也者，至精也，不可为形，不可为名，强为之，谓之太一。”

“太一”又被称为“大一”。《礼记·礼运篇》记载：“是故礼必本于大一，分而为天地，转而为阴阳，变而为四时。”

“太一”又被称为“太极”。《易经·系辞上传·第八章》记载：“易有太极，是生两仪，两仪生四象，四象生八卦。”虞翻注：“太极，太一也，今为天地，故生两仪也。”

公元前133年，“太一”祭祀被汉武帝刘彻纳入国家祭祀体系。“天神贵者太一”，五方五帝从主神降为“太一之佐”。值得注意的是，元宵节挂花灯的习俗起源便与汉武帝刘彻用通宵达旦的灯火祭祀“太一”有关。魏晋南北朝时期，“太一”不再出现于国家的祭祀中。

道教诞生后，出现了多个“太一”。唐代王希明的《太乙金镜式经》首载太一十神：五福、君棋，大游、小游，天一、地一，四神，臣棋、民棋，直符。到了五代时期，人们普遍认为“太一十神”运行到一定分野（指将天上星空区域与地上的国、州互相对应。这种理论，就天文学来说，被称为分星；就地理来说，则被称为分野）便会为本地带来灾祸，必须进行罗天大醮，方能保障本辖区的平安。

道教有普天大醮、周天大醮、罗天大醮等盛大的祭祀仪式。普天大醮应供奉3600醮位（即神位），周天大醮应供奉2400醮位，罗天大醮应供奉1200醮位。三种大醮做法、规模虽有区别，但其目的相同，都是为祈求国泰民安、风调雨顺。

北宋建立之后，为了加强中央集权，开始突出太一为黎民百姓带来福佑的功能。宋太宗赵光义在位期间，十神太一信仰首次进入国家祀典。与此同时，北宋官方还将唐代王希明的“太一十神”加以修正，由此形成了北宋官方的“太一十神”:“一曰太一，次曰五福太一,三曰天一太一,四曰地一太一,五曰君基太一,六曰臣基太一,七曰民基太一,八曰大游太一,九曰九气太一,十曰十神太一。唯太一最尊，更无别名，止谓之太一。”

北宋东京共有四座太一宫，即公元983年建成的东太一宫，1028年建成的西太一宫，1073年建成的中太一宫，1118年建成的北太一宫。

认真计算一下，我们就会发现，上述四座太一宫建成的时间，都是间隔45年。这是因为，北宋的官方认为，这“十神太一”中的主管五福（寿、富、康宁、攸好德、考终命）之神的“五福太一”所临分野是四十五年一移。所以，北宋四个太一宫修建的时间，也是严格遵照了“五福太一”45 年一移的规律而确定的；而在其方位的选择上，也与太一所临分野相一致，且提前一年建成。

5. 九成宫

《史记·封禅书》记载，大禹治水成功后，将天下划分为九州，令九州州牧贡献青铜，铸造九鼎，象征九州，将全国九州的名山大川、奇异之物镌刻于九鼎之身，以一鼎象征一州。夏、商、周均以九鼎为象征国家政权的传国之宝。后世帝王也非常看重九鼎的权力象征与意义，也曾屡次重铸九鼎，武则天、宋徽宗赵佶皆在其列。

公元 1105 年春，为彰显国家强盛、疆域统一，宋徽宗赵佶用铜 22 万斤铸以黄金装饰的九鼎，取九州水土内置于鼎中。九鼎告成后，宋徽宗赵佶作《九鼎记》，命名中央为帝鼎、东方为苍鼎、南方为彤鼎、北方为宝鼎、东北为牡鼎、东南为冈鼎、西南为阜鼎、西方为皛鼎、西北为魁鼎，并仿明堂，在汴京中太一宫之南建造九殿，专门用于安放九鼎，名为九成宫。1105 年秋，九成宫建成，宋徽宗酌献九鼎于九成宫。但是，就在宋徽宗献酒之时，象征着北方的宝鼎却突然裂开了，里面装的酒都洒了出来。

公元 1118 年，宋徽宗赵佶又下令铸造“神霄九鼎”：太极飞云洞劫之鼎、苍梧祀天贮醇之鼎、山岳五神之鼎、精明洞渊之鼎、天地阴阳之鼎、混沌之鼎、浮光洞天之鼎、灵光晃耀炼神之鼎、苍龟火蛇虫鱼金轮之鼎。这九鼎全部放置在建成于 1115 年的上清宝箓宫神霄殿。

6. 迎祥池

迎祥为俗称，本作“凝祥”。北宋时的东京汴梁城的排水系统主要由四部分组成：一是流经东京汴梁城城区的四条河流；二是从内城的皇宫到外城的三条护城河；三是城内的凝祥、琼林、金明、玉津四个池塘；四是复杂的排水沟网，有的建在地下，有的沿街道而建，尤其是在四条皇宫大道两侧都建有排水沟。这些部分相互贯通，非雨季节可以起到储水的作用，雨季时可以通过下水道、水沟、池塘、城内河、护城河蓄纳雨水并排向城外，起到排水作用。

其中的凝祥池建于宋真宗赵恒大中祥符年间，在城南会灵观旁，风景优美，又因池内盛产芡实（鸡头米），成为文人墨客们的好去处。北宋欧阳修的《初食鸡头有感》："六月京师暑雨多，夜夜南风吹芡嘴。凝祥池锁会灵园，仆射荒陂安可拟……自惭窃食万钱厨，满口飘浮嗟病齿。却思年少在江湖，野艇高歌菱荇里。香新味全手自摘，玉洁沙磨软还美。一瓢固不羡玉鼎，万事适情为可喜。何时遂买颍东田，归去结茅临野水。"诗中，欧阳修以凝祥池的鸡头米为引子，回忆了自己年少时的江湖生活。通过对新鲜香美的鸡头米的描绘，欧阳修表达了自己对俭朴生活的喜爱和对田园生活的向往。

7. 武成王庙与武学巷

武成王庙，简称"武庙"，旧称"太公庙""太公尚父庙"，是专门祭祀姜太公以及历代良将的庙宇。

唐朝建立之初，百废待兴。唐太宗李世民即位后，自称是吕尚的化身，在磻溪（今陕西省宝鸡市东南，相传是姜太公钓鱼的地方）建立太公庙。唐玄宗李隆基即位后，又于公元 731 年敕令天下诸州各建一所"太公尚父庙"（"太公庙"），并要求以张良配享，在仲春仲秋月上戊日祭祀。每当发兵出师或各将领及文武举人应诏，都要先去太公庙拜谒。739年，唐玄宗李隆基追谥吕尚为“武成王”。

公元760年，唐肃宗命将“太公尚父庙”更名为“武成王庙”（“武庙”），其祭典与祭孔子的文宣王庙相同，并以历代良将为十哲像坐侍，秦武安君白起、汉淮阴侯韩信、蜀丞相武乡侯诸葛亮、唐尚书右仆射卫国公李靖、司空英国公李勣列于左，汉太子少傅张良、齐大司马田穰苴、吴将军孙武、魏西河守吴起、燕昌国君乐毅列于右，以张良为配。782年，礼仪使颜真卿奏请唐德宗李括增设古今六十四名将为从祀。

宋朝建国之初，调整了从祀的名将，其中，最重要的便是战神白起除名。有一次，宋太祖赵匡胤来到武成王庙祭祀时，看到白起也在从祀的名将之列，觉得“起杀已降，不武之甚”，便将白起除名。宋真宗赵恒即位后，又追封姜太公为“昭烈武成王”，且将从祀的名将改为七十二位。

梁

七、北宋东京其他街巷的政府机构与官营手工业的布局

在右掖门以南与汴河浚仪桥之间，有尚书省、御史台等政府机构和郊社等坛庙祠祀建筑；皇宫西角楼到梁门之间，还有重要的政府机构殿前司；权臣蔡京的豪华府邸，则在内城梁门到瓮市子之间。

（一）其他街巷的政府机构与坛庙祠祀建筑

1. 袄庙

袄庙，拜火教祭拜袄神的庙。袄教又称“拜火教”，起源于公元前 6 世纪的古波斯，该教创始人是琐罗亚斯德（又称查拉图斯特拉），故最早被称为琐罗亚斯德教，琐罗亚斯德教的教义一般认为是神学上的一神论（光明神阿胡拉·马兹达）和哲学上的二元论（光明神阿胡拉·马兹达与黑暗神安哥拉·曼纽的斗争），其教典是《阿维斯塔》，意为知识、谕令或经典，通称《波斯古经》。

值得注意的是，祆教是基督教诞生之前在中东最有影响的宗教。南北朝时，祆教传入中国，被称为天神、火天神、火神天神或天神火神；隋末唐初才被称为火祆，以此表示它是外国的天神。该教传入中国后曾得到北魏、北齐、北周等统治阶级的支持。北周的皇帝还曾亲自“拜胡天”“从事夷俗”。

唐朝在东西两京都建立了祆祠，东京有两所，西京有四所。另外，在丝绸之路上也随处可见祆祠。唐朝政府还设有管理火祆教的祀官萨宝府官，主持祭祀。萨宝府官分为萨宝（也称萨甫）府祆正、祆祝、率府、府史等，自四品至七品不等。

到了北宋，东京汴梁城也有三座祆教寺庙，其中被《梦华录》记载的有两处：一处在大内西右掖门外，一处位于马行街北的封丘门外。北宋大臣、历史学家宋敏求的《东京记》则记载，“宁远坊有祆神庙”。此外，镇江亦有火祆庙。《宋史·礼志》记载：公元960年，宋太祖赵匡胤平定山西南部的反叛势力时，曾祭祆庙、泰山、城隍。

《梦华录·卷七·驾登宝津楼诸军呈百戏》记载：“又爆仗响，有烟火就涌出，人面不相睹，烟中有七人，皆披发文身，着青纱短后之衣，锦绣围肚看带，内一人金花小帽、执白旗，余皆头巾，执真刀，互相格斗击刺，作破面剖心之势，谓之‘七圣刀’。”

值得注意的是，这里所说的清明节期间的“七圣刀”表演，便来源于祆教的下神幻术仪式。这种令世人惊骇的幻术，由于和儒家所持身体发肤受之父母应予爱惜的道德观与民俗不符，故而到明代以后便基本消亡。时至今日，只在陕西省宝鸡市陈仓区赤沙镇和大荔县溢渡村等偏远地区还有“刺心剖腹”的血社火遗存。

2. 御史台

在北宋的行政体系当中，御史台是一个较为特别的机构。北宋初年的御史台只是沿袭了唐朝以及五代以来的习惯，在形式上也参照前朝。御史台的最高长官为御史大夫，其下有御史中丞作为副手，再下面就是台院、殿院和察院这三个机构。

从职能来看，御史台对官员的管辖范围是相当广泛的，管辖力度也是相当大的。其中，监察和弹劾文武百官是御史台最主要的职能。另外，御史台对于朝廷当中所存在的拉帮结派行为也是持零容忍的态度，稍有发现便会参奏到皇帝那里请求予以重罚。当然，如果御史台无法及时发现官员的罪责或者发现了官员的罪责却没有及时处理，就相当于是失职，也会遭到相应的处罚。

除了对朝廷文武百官具有监察之权，御史台还拥有专门针对皇帝的谏诤之权。这里就要注意，御史台的谏诤职能是直到宋真宗赵恒即位之后才被赋予的，而此前的谏诤则主要是由谏官负责的。

与此同时，御史台在司法上也拥有一定的地位。当时，如果地方官员碰到无法单独处理、难以处理或者一些较为重大的案件，便需要通过层层上报之后由御史台来进行最后的定夺。

3. 郊社

“郊”指冬至日祭天于国都南郊，“社”指夏至日祭地于北郊。因为这两项祭典都在郊外举行，所以常常统称为“郊”。在古人的观念中，南方为阳位，所以在南郊祭天，天圆，由此南郊的祭坛筑成圆形，称为“圆丘”（也称“圜丘”）；北方为阴位，所以在北郊祭地，地方，由此北郊的祭坛筑成方形，称为“方丘”。北京的天坛和地坛，就是清王朝举行南北郊的所在。根据儒家经典的规定，郊祭天地是天子的特权，因此这两项祭礼都由皇帝亲自主持。即使皇帝因事不能亲祭，而派人代劳，也并不表示皇帝放弃郊祭的特权，仪式还是要以皇帝的名义举行，只不过请人代替皇帝完成具体的礼仪罢了。至于郊祭的频率，历代各有不同，有的一年一祭，有的三年一祭。国家有大丧，可以暂停宗庙之祭及其他活动，却不能停止郊祭。每逢郊祭，包括皇帝在内，凡参加郊祭的王公贵臣以及神职人员都必须先行斋戒。皇帝通往南北郊祭坛的大道，也要预先清扫干净，沿路还要点燃一排排火炬。郊祭之后，朝廷通常会颁布大赦令，称为“郊赦”。

《梦粱录·卷三·大内西右掖门外街巷》所说的“郊社”指的是祭祀土地的“太社坛”（“社坛”），“稷坛”在“社坛”的西边。元人白珽的《湛渊静语》引《使燕日录》载：“复出太庙，向西行，一屏墙绰楔门。入门行二十步，西南一门即社坛，周围皆墙，四角有楼，内有社稷二坛、东西南北四门，遇祭祀则开，导迎四方之气。”

4. 启圣院

《梦粱录·卷三·大内西右掖门外街巷》记载，“大内西角楼大街，西去踊路街，南太平兴国寺后门，北对启圣院”。

“启圣院”，又名“启圣禅院”，原来是后晋护圣营驻地。公元939年11月20日（农历十月初七），宋太宗赵光义便诞生于此。981年，宋太宗命在其地建寺，三年后建成。999年，开始供奉宋太宗御容。

作为宋太宗的诞生地，北宋文人经常光顾启圣院，并留下了大量与启圣院有关的诗词作品，其中最著名的是王安石的《驾自启圣还内》、苏轼的《沐浴启圣僧舍，与赵德麟邂逅》、张耒的《同鲁直无咎游启圣》和晁补之的《次韵文潜瞻启圣院旃檀像》。

5. 殿前司

殿前司为宋代禁军官司，与侍卫亲军司合称“两司”。其下属机构殿前都指挥使司与侍卫亲军司下属机构侍卫亲军马军都指挥使司、侍卫亲军步军都指挥使司，合称“三衙”。“两司三衙”体制为宋代禁军最高指挥机构。

两司三衙不仅是北宋的军事机构，也是北宋政治体制的重要组成部分。它们与枢密院共同构成了宋朝的军事决策和执行机构，枢密院负责军事决策，而两司三衙则负责具体的军事执行。

宋朝实行“重文轻武”的政策，通过文臣主持的枢密院与武将主持的两司三衙互相牵制，以防止武将专权。这种政策旨在巩固皇权，防止武将势力过大对中央集权构成威胁。

6. 都亭西驿

都亭西驿，原为东京上源西驿，公元 1008 年改名为都亭西驿。其在惠宁西坊，右掖门外宝相寺以东。起初用以接待河西蕃部诸贡使，后来成为接待西蕃、阿黎（今西藏阿里）、于阗、新罗、渤海使者的地方。西夏建国后，成为接待西夏使者的专用馆驿。都亭西驿后废，在其址建三圣堂，成为祭祀观音大士、义勇武安王（关羽）、清源妙道真君（二郎神）的场所。

当时辽使住都亭驿，西夏使者住都亭西驿，高丽使者住同文馆，回鹘、于阗使者住礼宾院，诸番国使者住瞻云馆或怀远驿等。

7. 定力院

定力院本为梁太祖庙，在东京保康门内、东南城角。公元 928 年改名为“定力院”。宋代朱弁《曲洧旧闻》、赵葵《行营杂录》和司马光《涑水纪闻》中都记载了下面的故事。

赵匡胤带兵出征，不可能带上家眷，所以他的母亲杜氏和其他家眷全部留在开封。当时杜氏的身份是后周的南阳郡太夫人。

当赵匡胤被拥立为天子的消息传到开封时，这位太夫人正带着赵府的所有女眷在定力院设斋拜佛。太夫人非常高兴，说：“我早知道我这个儿子定会有一番大作为。”

但是，开封城内的其他人并非都愿意接受赵匡胤做皇帝。一支巡逻队打听到赵匡胤的家眷都在定力院，就朝定力院赶去，打算将她们全部捉拿，以此要挟赵匡胤。

得知士兵们正在赶来，女眷们都慌作一团，只有太夫人镇定自若，毫不慌乱。她找来定力院的住持，让他找个地方帮她们躲避，并许诺他，将来必定重赏。

住持向来敬重太夫人，因此下定决心绝不让士兵发现她们。他让女眷们躲在楼上，从外面锁上门，装作并未有人来过的样子。

不久，士兵冲入定力院，四处搜捕，不见女眷的踪迹，就把住持找来盘问。住持不紧不慢地说：“她们听说你们要来捉拿，早就四散而逃了，不知道跑到哪里去了。”

这时，有几个士兵爬上梯子，打算上楼检查，却发现，门锁上布满了蜘蛛网，而且到处都是灰尘，积了几寸厚，像是很多年都没有人来过的样子。于是，这些士兵互相看看说：“这里不可能有人。”

然后，士兵们没有搜到人，就都离去了。而这时，赵匡胤已经回到开封，掌控了局势，天下已经变成赵家的了，杜太后和女眷们的一场生死危机由此解除。

也正因为如此，北宋文人经常光顾定力院，欧阳修、王安石、梅尧臣等人都有相关诗作。

8. 乾明寺与五寺三监

北宋五寺三监中的五寺指的是大理寺、太常寺、光禄寺、鸿胪寺和司农寺。大理寺主要负责审理案件，太常寺负责礼乐文化，光禄寺管理宫廷饮食，鸿胪寺处理外交事务，司农寺则负责农业和水利等方面的事务。三监指的是国子监、将作监和都水监。国子监是北宋的最高教育机构，负责培养官员和学者；将作监负责公共建筑和工程的修建；都水监则负责水利工程的规划和实施。

值得注意的是，乾明寺原为佛教寺院，后来之所以改为五寺三监，一方面是因为火灾；另一方面也与宋徽宗赵佶崇道毁佛有关。

9. 审计院

中国的审计史最早可以追溯到西周时期。到了唐朝，审计制度已经相当完善，形成了一套完整的审计体系。宋朝建立后，继承了唐朝的审计制度，并在此基础上进行了一定的改进和完善。

北宋建立后，审计司为太府寺下设的25个职能部门之一，这是我国首个用“审计”命名的审计机构。同时，户部设诸军诸司专勾司和都磨勘司、刑部设比部等行使审计职能的机构。公元1127年夏，南宋高宗赵构称帝之后，“专勾司”的“勾”字音近宋高宗赵构的“构”，为了避讳，改称“审计院”。《梦粱录》成书于南宋高宗赵构在位时期，也因避讳而改用“审计院”之名。

（二）官营手工业的布局

东京的手工业分为官营和私营两大类，其中官营手工业无论在生产规模、组织分工等方面均大大超过私营手工业。这是因为官营手工业主要是为皇室服务的。

如《梦华录·卷一·外诸司》中就记有法酒库、内酒坊、东西作坊、文思院上下界、绫锦院、文绣院等众多官营手工作坊。

1. 官营手工业的组织构成

一是属“少府监”管辖的五个机构：文思院、绫锦院、染院、裁造院、文绣院，主管生产皇室所用乘舆、服饰之类；二是属“将作监”管辖的修内司、东西八作司、竹木务、事材场、麦𪎭场、丹粉所、作坊物料库、退材场（专门从事建筑旧料的回收和再次利用的政府机构）、窑务、箔场等，主管建筑工程；三是属“军器监”管辖的东西作坊、作坊物料库、皮角场、弓弩院四个场坊，主管生产军器；四是“后苑造作所”，“掌造禁中及皇属婚娶之名物”；五是后苑烧朱所，“掌烧变朱红以供丹漆作绘之用”。此外，还有造船务、内酒坊等专业手工作坊。

2. 手工行业作坊的分布

一是设在里城西南部兴国坊的武器制造业作坊：又称南北作坊，制造兵器、戎具、旗帜及其他军用什物，内设木作、铁甲作、大炉作、小炉作、器械作等，共计 51 个作坊，有兵校及工匠共 7931 人，是当时东京最大的工场之一，其中仅弓的产量就是全国各州的 2.5 倍。

二是印刷业作坊：广布全城，东京是当时全国印刷业的四大中心之一（其他三个是成都、杭州、建州），官私作坊均极发达，尤以官刻为最佳。当时国子监、崇文院、秘书监、司天监等均有各自的刻书作坊，刻印了大批经史典籍。此外还有若干私营刻书作坊，较为分散。

三是水磨步磨加工业：东京的官私水磨业相当发达，以水磨制茶，也可制麦。外城北部的永顺坊和嘉庆坊以水磨务著称，官磨茶场原集中在城东汴河岸边之丁字河，公元 1083 年春，因疏浚蔡河，宋廷乃在通津门外，用汴河水置水磨百盘，范围相当大。除水磨之外还有用人力、畜力推动的步磨，主要磨制面粉。步磨的私营磨户，数量也比较多。

四是冶铁业：外城东部显仁坊的铸铁务，是官营金属加工场。民间有小型铁铺，如《清明上河图》中就有这种小铁铺的画面。

五是染织业：里城东北部昭庆坊的官办绫锦院，有兵匠1034人，锦绮机400多张，是东京重要的纺织品生产基地。染院，设在京城西的金城坊，利用金水河水，污水排于新城墙外护龙河旁。

六是裁造、刺绣业作坊：官办有裁造院，先在里城西南的利仁坊，后迁至里城东北部的延康坊。宫廷中所需刺绣用品多来自“闾巷市井妇人之手，或付之尼寺”。后官建文绣院一所，招工300人。

七是都曲院：在曲院街的敦义坊，为官办造酒作坊，又称内酒坊，内酒坊造的名酒称法酒。私营造酒者更多，分布于城内各处繁华的闹市，且品牌众多，东京城的大酒楼各家皆有自己的名酒。据宋人张能臣的《酒名记》记载，天下名酒有：丰乐楼，眉寿；忻乐楼，仙醪；和乐楼，琼浆；遇仙楼，玉液；玉楼，玉酝；铁薛楼，瑶醽；仁和楼，琼浆；高阳店，流霞；清风楼，玉髓；会仙楼，玉醑；八仙楼，仙醪；时楼，碧光；班楼，琼波；潘楼，琼液；千春楼，仙醇；中山园子店，千日春；银王店，延寿；蛮王园子正店，玉浆；朱宅园子正店，瑶光；邵宅园子正店，法清；大桶张宅园子正店，仙醁；方宅园子正店，琼酥；姜宅园子正店，羊羔；梁宅园子正店，美禄；郭小齐园子正店，琼波；杨皇后园子正店，法清。

八是制药业作坊：北宋制药业发达，官办药业，除设在宫廷的御药院外，还有官药所七个，其中两个为制药作坊，五个为官药局。

九是文具制造业作坊：生产“文房四宝”的小作坊，在大相国寺附近尤多。对此有诗记曰：“京师诸笔工，牌榜自称述。累累相国东，比若衣缝虱。”又如宋人潘谷所造之墨质量极高，“遇湿不败”，誉满京城。

其他手工业如造船业、陶瓷业等则大都设在城外，少量在城内。

由上可知，东京各种手工业作坊分散于城内外，形成按“行”集中的态势。

捌

八、吃喝玩乐：北宋东京的日常生活

《梦华录》的第二、三两卷，依次介绍了东京城中的主要街道，以及分布在各个街区的政府机构、宫观庙宇、名人府宅、商业区与各类店铺、酒楼以及勾栏瓦肆等娱乐场所，重点介绍了著名酒楼与餐饮服务情况、相国寺中的万姓交易，还介绍了与城市经济生活密切相关的交通运输工具、货币制度、城市防火与提供各类杂役的服务行业等。

（一）吃：舌尖上的北宋东京

《梦华录》用回味的笔触描绘了北宋末年东京汴梁的日常生活和人物风情，其中大段文字谈到了当时人们的吃喝饮食。

1. 排档夜市，快餐烧烤

东京汴梁的州桥夜市，品种丰富。离皇宫不远的龙津桥一带，小商贩在夜市街面摆放“水饭、爊肉、干脯”，客人可以站在街上大快朵颐。如果想找个位子坐下来，可以就近找一家小快餐店，慢慢吃。比如，王楼山洞包子店、李家香铺、曹婆婆肉饼店、李四分茶等快餐店做的“煎鱼、鸭子、炒鸡兔、煎燠肉、梅汁、血羹、粉羹之类，每分不过十五钱”。梅家、鹿家快餐店的“鹅、鸭、鸡、兔、肚、肺、鳝鱼、包子、鸡皮、腰肾、鸡碎，每个不过十五文”。想吃野味，可以到王楼前快餐店，吃“獾儿、野狐、肉脯、鸡”等。

这里要注意的是“爊肉”与“煎燠肉”的区别：“爊”原本指把食物埋在炭火中煨熟，吃爊肉要蘸椒盐；而元明清之后的文献记载乃至今日苏州的“爊肉”，则是炖煮加盐等佐料做成的，类似我们现在的“卤肉”，与宋代的爊肉不同。“煎燠肉”则指将肉类在油中熬熟，拌以盐、酒和佐料，油渍在瓮中，以备取食。

“血羹”与“粉羹”合流，就是著名的“鸭血粉丝汤”了。

朱雀门一带，快餐店还根据季节的变化，推出不同的特色快餐。

如果按季节划分，春秋两季可以吃到“旋煎羊白肠、鲊脯、姜豉、抹脏、红丝、批切羊头、辣脚子、姜辣萝卜”。夏天可以吃到“麻腐鸡皮、麻饮细粉、素签沙糖、冰雪冷元子、水晶角儿、生淹水木瓜、药木瓜、鸡头穰沙糖、绿豆、甘草冰雪凉水、荔枝膏、广芥瓜儿、咸菜、杏片、梅子姜、莴苣笋、芥辣瓜儿、细料馉饳儿、香糖果子、间道糖荔枝、越梅、锯刀紫苏膏、金丝党梅、香枨元，皆用梅红匣儿盛贮”等。冬天可以吃到“月盘兔旋炙、猪皮肉、冻鱼头、野鸭肉、滴酥水晶脍、煎角子、猪脏之类”，真是应有尽有。

值得注意的是，“锯刀紫苏膏”是一种药膳，“锯”是一种小型的刀，“锯刀”指的是一种特殊的刀法；“元子”和“元”，就是我们现在所说的“丸子”；“角儿”和“角子”，就是我们现在所说的“饺子”。除了有“水晶角儿”，《梦华录·卷八·是月巷陌杂卖》还记载了“水晶皂儿”，“水晶皂儿”指的是将皂角树的种子（也称皂角米）煮熟，泡在糖水中浸透，软糯甜美，如紫红色的水晶。

2. 服务周到，菜品种类多

当时，“诸酒店必有厅院，廊庑掩映，排列小阁子，吊窗花竹，各垂帘幕，命妓歌笑，各得稳便”。

酒店随时备有各种菜品，即来即食的“茶饭”。主要有“百味羹、头羹、新法鹌子羹、三脆羹、二色腰子、虾蕈、鸡蕈、浑炮等羹、旋索粉、玉棋子、群仙羹、假河鲀、白渫齑、货鳜鱼、假元鱼、决明兜子、决明汤齑、肉醋托胎衬肠、沙鱼两熟、紫苏鱼、假蛤蜊、白肉夹面子、茸割肉、胡饼、汤骨头、乳炊羊、闹厅羊、羊角、腰子、鹅鸭排蒸、荔枝腰子、还元腰子、烧臆子、入炉细项莲花鸭签、酒炙肚胘、虚汁垂丝羊头、入炉羊、羊头签、鹅鸭签、鸡签、盘兔、炒兔、葱泼兔、假野狐、金丝肚羹、石肚羹、假炙獐、煎鹌子、生炒肺、炒蛤蜊、炒蟹、渫蟹、洗手蟹”等。

这些茶饭之类，客人“逐时旋行索唤，不许一味有阙，或别呼索变造下酒，亦即时供应”。

这里的“入炉细项莲花鸭签”和“羊头签、鹅鸭签、鸡签”，就是我们现在的“卤串儿”和“烤串儿”。

客人进店后，还可自点外卖，由店小二替客人代购，主要有“炙鸡、爊鸭、羊脚子、点羊头、脆筋巴子、姜虾、酒蟹、獐巴、鹿脯、从食蒸作、海鲜、时果、旋切莴苣、生菜、西京笋”“软羊诸色包子、猪羊荷包、烧肉干脯、玉板鲊、犯鲊、片酱之类”。

小商小贩在酒店向客人现场兜售小点心。小商小贩们“着白虔布衫，青花手巾”，挟白瓷缸子或托小盘子，走到客人餐桌边，现场兜售“辣菜、干果子”，以及“旋炒银杏、栗子、河北鹅梨、梨条、梨干、梨肉、胶枣、枣圈、梨圈、桃圈、核桃肉、牙枣、海红、嘉庆子（现在人称‘李子干’，福建人称‘加应子’）、林檎旋、乌李、李子旋、樱桃煎、西京雪梨、尖梨、甘棠梨、凤栖梨、镇府浊梨、河阴石榴、河阳查子、查条、沙苑榅椁、回马孛萄（葡萄的一种）、西川乳糖狮子、糖霜蜂儿、橄榄、温柑、绵枨金橘、龙眼、荔枝、召白藕、甘蔗、漉梨、林檎干、枝头干、芭蕉干、人面子、巴览子、榛子、榧子、虾具之类”。

3. 地域特色，区分明显

①分茶店。一般大型的食店被称为“分茶”，主要为市民提供早餐。菜谱为：“头羹、石髓羹、白肉、胡饼、软羊、大小骨、角炙犒腰子、石肚羹、入炉羊、罨生软羊面、桐皮面、姜泼刀、回刀、冷淘棋子、寄炉面饭之类”。

“桐皮”即“豚皮”的音转，特指猪皮；“桐皮面”，与现在的面皮、河粉极为类似，形容面爽滑如猪皮。“泼刀”，是一种细而较硬的短面条，因切面时切几刀就要将面条拨到一边而得名。“回刀”，是一种细而长的面条，与现在流行的“兰州拉面”中最细的相仿。而“罨生软羊面”的制作方法则是：将羊肉炖烂，晾凉后切碎，揉入面团中，经过特殊的烹饪技巧，使得面条柔软且富有弹性。这种面食不仅在口感上独具特色，而且营养价值极高。

②川饭店。主要为市民提供中晚日常菜肴。菜谱为“插肉面、大燠面、大小抹肉淘、煎燠肉、杂煎事件、生熟烧饭”。

这里的“大小抹肉淘”指的是用大块或小块“抹肉”做浇头的过水面；“杂煎事件”指的是较小块的食材，包括切成小块的禽畜肉和内脏，以及各色果子类食品等。

③南食店。主要为市民提供南方风味特色菜肴。菜谱为“鱼兜子、桐皮熟脍面、煎鱼饭”。

这里的“鱼兜子”，指的是鱼肉馅儿的兜子。至于鱼肉馅儿的做法，可参考元朝无名氏《居家必用事类全集》的记载：“每十分（每做十份）：鲤、鳜皆可；净鱼五斤，柳叶切（切成柳叶般大小的片子）；羊脂十两，骰块切（切成骰子大小的块子）；猪膘八两，柳叶切；盐、酱各二两，桔皮两个细切，葱丝十五茎，香油炒葱，熟姜丝一两；川椒末半两，细料物一两，胡椒半两；杏仁粒三十粒研细，醋一合，和面裹之。”

④瓠羹店。所谓瓠羹，是用葫芦类的瓜果做成的菜肴或食品。位于大内西右掖门外街巷的史

家瓠羹店是京城内独一无二的，大内前州桥东街巷的贾家瓠羹也很有名。

瓠羹店往往五更就开门了，用蜡烛来照明。除了主营瓠羹，还卖主食，比如米饭、粥、点心等，有时也卖炒肺和灌肺，甚至会有洗脸的热水，煎制的汤、药茶贩卖，所有餐食的价格不会超过 20 文。

瓠羹店的门前，总是用枋木或图案式的栅条，搭建牌楼式的棚架，上面混杂地挂着二三十个已经杀好了的半边猪或羊。临街一面的窗户，装饰着五颜六色的彩绢，叫作欢门。店门口总是坐着一个小孩，俗称“饶骨头”，可能相当于今天的门童或迎宾先生。可见，当时的服务已很周到细致，理念也很先进，估计这饶骨头就是如今餐饮业门童的祖师爷。

⑤油饼店和胡饼店。“若油饼店，即卖蒸饼（即馒头，也叫‘炊饼’）、糖饼，装合、引盘之类。胡饼店即卖门油、菊花、宽焦（也称‘宽焦薄脆’，现在人称‘薄脆’）、侧厚（类似于马蹄烧饼）、油碢、髓饼（用牛羊肉骨髓炼制的脂膏做馅儿的饼）、新样、满麻。每案用三五人，捍剂（擀

面并切成大小合适的剂子），卓花（相当于现在山西、陕西人做的各种花式面食），入炉。自五更，卓案之声，远近相闻。唯武成王庙前海州张家、皇建院前郑家最盛，每家有五十余炉”。

⑥《梦华录》里提到，鸡头店生意最好的，是梁门里李和家，他家的肉嫩，其他任何家都比不上。很多皇亲国戚、达官显贵都在这里购买，用金盒装着带走，李和也优先满足他们的需求。卖给士大夫和普通百姓的，十文钱一包，掺一点儿麝香，用小片的荷叶包着，再用红色的细绳捆扎，也自有一番风味。

⑦除此之外，“更有插肉、拨刀、炒羊、细物料棋子、馄饨店。及有素分茶，如寺院斋食也”。

（二）喝：北宋东京著名的酒楼

《梦华录·卷二·酒楼》称，“在京正店七十二户，此外不能遍数。其余皆谓之‘脚店’”。谈到“正店”与“脚店”的关系之前，我们还得了解一下北宋酿酒业的发展情况。

1. 北宋榷酤之法

北宋建立后，对酿酒行业做出了严格规定。《宋史·食货志》:“宋榷酤之法：诸州城内皆置务酿酒，县、镇、乡、闾或许民酿而定其岁课，若有遗利，所在多请官酤。三京官造曲，听民纳直以取。”

“榷酤”，也称“榷沽”，指汉朝以后历代政府所实行的酒专卖制度，或一切管制酒业以取得酒利的措施。

公元前 98 年，汉武帝刘彻为解决北伐匈奴的巨大开支，除了实行“盐铁官营”，还制定了“榷酒酤”法，将酒的生产和经营全部收归国有，即酒类专卖的开始。此后历代沿之，用以增加政府的财政收入。北宋建立后，我国的“榷酤”制度达到顶峰。

这里的“三京”，指的是北宋前期的都城东京开封府、陪都西京河南府（今河南洛阳）和赵匡胤的起家之地南京应天府（今河南商丘，春秋战国时期宋国的都城，“宋朝”的“宋”便来源于此）。公元 1042 年，北宋升河北大名府为北京。这里的“三京官造曲，听民纳直以取”，指的是

“三京”（后为“四京”）之内是酒曲专卖，州城之内酒类专卖，县镇以下则根据具体情况或是酒类专卖，或是特许纳税酒户经营。

“三京”实行榷曲，并非意味着任何人都可以购买官曲酿酒，有资格购曲酿酒的有两类人：一是正户酒店（即正店）；二是宗室、戚里和品官。前者酿酒用于销售，后者酿酒用于自饮。正店的酿酒量很大，公元1076年，“在京酒户，岁用糯米三十万石”，可酿酒约4000万斤。这或许还不包括乡下人进城卖酒的数量。这个数字既反映了京都市场的巨大，也反映了巨大市场背后带来的巨额利润、巨额赋税，还反映了奢华富裕的京都生活。张择端的《清明上河图》以另一种方式印证了这一切。在《清明上河图》里，流动的河流、宁静的乡野、繁杂的码头、动感的舟船、雄伟的桥梁、喧嚣的街市，鳞次栉比的茶馆、酒肆、药店、当铺、河关、栈房、饭店、香料铺、理发店、冥纸铺等，无所不在、无奇不有。

宗室、戚里、品官虽有资格买曲酿酒，但所酿之酒不得到市场上去售卖。“旧法：品官之家有官酒不限数，若私自酝造沽卖，已有等格罪赏禁约。”“宗室外戚之家卖酒禁约，大率从重……亲事官等卖酒四瓶以上，并从违制断遣，刺配五百里外本城，其余以次定罪，皇帝临时取旨，仍许人告提两瓶以上，赏钱十贯止。”

北宋政府在“诸州城内皆置务酿酒”，在某些人口较多、交通发达的县镇也往往设置有酒务。以酒务为中心，对所在城镇及其附近区域（州城二十里，县镇十里）实行榷酒。在远离城镇的广大乡村，北宋政府虽允许农家自酿自饮，但仍然不许沽卖。乡村中的商品酒则由特许酒户经营，这些酒户每年向官府交纳一定的钱财而取得酿卖权，他们只能在特定的区域内卖酒，不得进入官酒禁地卖酒，同时负有检举本销售区内售卖私酒的义务。

北宋政府之所以在不同区域实行不同形式的榷酤制度，是为了攫取更多的酒利。北宋“四京”人口众多，酒类的消耗量极大。如果榷酤，政府不仅在生产上不能满足需要，在酒的销售上也需要大量人手，这无疑会增加酒的生产成本。故不如榷曲，既简便可行，又能获得巨额利润。北宋政府榷曲的利润率高达600%，令人咋舌。故当时的人们就已经指出榷曲为“虽不榷（指榷酒）亦榷也”。同时，“四京”集中了大量官僚、贵族等特权阶层，如果实行榷酤，让他们出钱买酒，势必会引起他们的不满，动摇统治基础。从这一意义上说，榷酒制度也是北宋王室推恩于臣僚，保障特权阶层利益的措施。

各地州府、县城，人口较集中，同时规模又不甚大，官方酒务不仅在生产上能满足消费，亦能控制销售。生产、销售互相衔接，能根据市场销售，调节生产，保证酿酒原料、劳力的最佳配置，获得最大利润。故在各地州府、县城实行榷酤制度。而在广大乡村，人们分散居住，农民大多贫困，酒的消耗量不大，实行榷酒势必会在酒的运输、销售网点等问题上费尽周折，得不偿失。在广大乡村实行榷曲也不易办到，而采取特许酒户的方式，则能保证每年都能获得一定的榷酤收入。

宋代的榷酤，不仅严禁非法酿造沽卖酒、曲，而且对各地酒、曲的销售区也做了严格的划分。“四京”榷酒区和诸州榷酒区之间，地方官营酒务相互之间，地方官营酒务与乡村特许酒户之间，乡村特许酒户相互之间，不得过界销售，否则即以私酒论处。之所以如此，是为了消除相互竞争，形成酒、曲销售的垄断局面，进而通过垄断价格达到攫取最大酒利的目的。

通过榷酤，宋代政府聚敛了大量的财富，宋代的榷酤收入在当时的财政总收入中占有相当大的比例，具体情况如下表。

榷酤收入与财政总收入对照表

年代	榷酤收入（万贯）	财政货币总收入（万贯）	所占比例（%）
宋太宗至道年间（995—997年）	185	2224	8.3
宋真宗天禧末（1021年）	896	2653	33.8
宋仁宗庆历年间（1041—1048年）	1710	4400	38.9
宋仁宗皇祐年间（1049—1053年）	1498	3900	38.4
宋仁宗嘉祐年间（1056—1063年）	1348	3682	36.6
宋英宗治平年间（1064—1067年）	1286	4400	29.2
宋神宗熙宁年间（1068—1077年）	1310	5060	25.9
宋哲宗元祐年间（1086—1093年）	1287	4848	26.6
宋高宗绍兴末（1162年）	1400	8000	17.5
宋孝宗乾道年间（1165—1173年）	1332	7000以上	19.0以上

从表中可知，宋代初期的榷酒收入是逐年增长的，到宋仁宗赵祯即位后达到最高峰，之后逐年下降，但仍保持在1200万贯以上。

酿酒卖酒的暴利，促使一些不法分子铤而走险。如何处理这些不法分子呢？《宋史·食货志》记载："五代汉初，犯曲者并弃市；周，至五斤者死。建隆二年（公元961年），以周法太峻，犯私曲至十五斤、以私酒入城至三斗者始处极刑，余论罪有差……乾德四年（966年），诏比建隆之禁第减之：凡至城郭五十斤以上、乡闾百斤以上、私酒入禁地二石三石以上、至有官署处四石五石以上者，乃死。法益轻而犯者鲜矣。"

由五代的"犯曲者并弃市"，到后周朝的"至五斤者死"，再到赵匡胤的"犯私曲至十五斤、以私酒入城至三斗者始处极刑"，酒政越来越宽松，因此促进了经济的发展，犯罪率也得以降低——"法益轻而犯者鲜"。

北宋的酒，还有"小酒"与"大酒"之分。据《宋史·食货志》记载："自春至秋，酝成即鬻，谓之‘小酒’，其价自五钱至三十钱，有二十六等；腊酿蒸鬻，候夏而出，谓之‘大酒’，自八钱至四十八钱，有二十三等。凡酝用粳、糯、粟、黍、麦等及曲法、酒式，皆从水土所宜。诸州官酿所费谷麦，准常籴以给，不得用仓储。酒匠、役人当受粮者给钱。凡官曲，麦一斗为曲六斤四两。卖曲价：东京、南京斤直钱百五十五，西京减五。”

所谓“小酒”，就是一种米酒。从“小酒”的酿造和发售上看，是随酿随卖，发酵和老熟的周期都很短，不需要“老熟储存”，如果储存的时间稍长一点儿，就会发酸、沉淀、变质，不能饮用；所谓“大酒”，就是一种蒸馏酒，从《宋史》的记载可知，大酒是经过腊月下料，采取蒸馏工艺，经过“酿”和“蒸”出来的新酒还要存储半年，待其自然醇化老熟，方可出售，即史称“候夏而出”，这种施曲蒸酿、储存醇化的“大酒”，酒精浓度高，酒的品质（色、香、味）超过“小酒”，因其从生产到饮用还需近一年的时间，所以价格也昂贵得多。

2. 官妓：宋代官方卖酒的一大发明创造

值得注意的是，宋神宗即位后，推行新法，也涉及了“榷酤之法”的改革。《宋史·食货志》记载：“元丰元年（公元1078年），增在京酒户曲钱，较年额损曲三十万斤，闰年益造万斤。二年（1079年），诏：‘在京鬻曲，岁以百二十万斤为额，斤直钱二百五十。’”

关于新法实行之后的效果，南宋王楙的《燕翼诒谋录》：“新法既行……而置酒肆于谯门，民持钱而出者，诱之使饮，十费其二三矣。又恐其不顾也，则命娼女坐肆作乐以蛊惑之。小民无知，争竞斗殴，官不能禁，则又差兵官，列枷杖以弹压之，名曰‘设法卖酒’。”

所谓“设法卖酒”，便是政府专门选派隶身乐籍的漂亮官妓来官办的酒肆弹唱作乐，以诱使人们买酒和饮酒，这种方式类似于今天的酒吧坐台。

《梦华录·卷二·酒楼》载：“凡京师酒店，门首皆缚彩楼欢门。唯任店入其门，一直主廊约百余步，南北天井两廊皆小阁子。向晚灯烛荧煌，上下相照，浓妆妓女数百，聚于主廊槏面上，以待酒客呼唤，望之宛若神仙。”

值得注意的是，这些招徕顾客的“妓女”中很大一部分都是“官妓”。宋代官办的众多酒楼，均有数量不菲的“官妓”，一般为数十名。而“官妓”则是宋代官方卖酒的一大发明创造。宋代各级官府从民间选取有才艺的女子加入乐籍，以供官府庆典、宴会时歌舞演出和侑觞（劝酒，佐助饮兴）。她们在服役期间不能婚配，也不得与官员有私。在官酒库设法卖酒时，她们奉命以歌唱和音乐引诱民众饮酒，以此为官府效力。

在这些官办的酒楼里，除了呈身献技劝酒的“官妓”，其酒器、陈设等用品，均用金银打造，另外还配备了不少为酒客服务的“下番”（在酒楼中当值陪侍酒客的官妓）。据《梦华录·卷二·饮食果子》记载：“凡店内卖下酒厨子，谓之‘茶饭量酒博士’。至店中小儿子，皆通谓之‘大伯’。更有街坊妇人，腰系青花布手巾，绾危髻，为酒客换汤、斟酒，俗谓之‘焌糟’。更有百姓入酒肆，见子弟少年辈饮酒，近前小心供过使令，买物命妓、取送钱物之类，谓之‘闲汉’。又有向前换汤、斟酒、歌唱，或献果子、香药之类，客散得钱，谓之‘厮波’。又有下等妓女，不呼自来筵前歌唱，临时以些小钱物赠之而去，谓之‘劄客’，亦谓之‘打酒坐’。又有卖药或果实、萝卜之类，不问酒客买与不买，散与坐客，然后得钱，谓之‘撒暂’。如此处处有之。唯州桥炭张家、乳酪张家，不放前项人入店，亦不卖下酒，唯以好淹藏菜蔬，卖一色好酒。”

官办酒楼里的客人，大多是商人和文士，官员是不能置身其中的，因为宋代已有专门禁止职官宿娼的律令。商人一向是酒肆的豪客，出手大方而又豪爽，故而能为政府创收贡献良多。只是商人的地位与品行往往使他们无法获得官妓们的青睐，因为对于那些受过琴棋书画等艺术教育且有一定艺术修养的官妓们来说，商人身上的铜臭味儿过于浓重，再加上他们缺乏艺术细胞，无法播弄风月，所以他们难以真正一睹官妓中的上品女人。

真正色艺俱佳的名妓们理想中的对象是文人学士，主要是举人、太学生，或刚刚考上进士而尚未授官者。当时固定的传统是，每次太学生于学舍宴集，必点一名或多名官妓来侍宴佐酒，他们只要写一份帖子，写明时间、地点和所请官妓的花名，官妓们就会准时赴会，从不无故缺席。

名妓之所以青睐文人学士，其原因大致可归为以下三点。

一是宋代的文人学士地位极高，社会的推崇与尊重必然令身处贱籍的名妓们仰慕不已。在中国数千年的专制社会中，宋代的文人学士很少有杀头的风险，因此有人称宋代为中国文人的黄金时代。

二是宋代文人学士有较高的收入，宋代的文官制度使得包括太学生在内的文人们能享受普通百姓无法企及的优裕生活，物质上的保障使他们有条件涉足高消费的场所。

三是宋代文人学士的诗名才学容易激起具有艺术才华的官妓们的共鸣。正如北宋词人柳永所说："烟花巷陌，依约丹青屏障。幸有意中人，堪寻访。且恁偎红倚翠，风流事，平生畅。青春都一饷。忍把浮名，换了浅斟低唱。"失意文人需要女性的温柔呵护，擦一把英雄泪，聊慰他们郁郁寡欢的心灵；官妓们也从才华横溢的文人身上领略到艺术的真谛与愉悦。正是这种相互需要，使得文人们成为酒楼里最重要的客人，他们和名妓们相谈甚欢，而且只有他们才能获得名妓们全身心的招待。

此外，为了避免酒客们对酒楼官妓的审美疲劳，各大酒楼之间会相互轮岗，以进一步提高酒楼的吸引力与竞争力。通常情况下，白天这些官妓们会身着最时髦的衣裳，"巧笑争妍"，以她们的温言软语来招呼客人；夜晚华灯初上，她们则会"各戴杏花冠儿，危坐花架"，等待着客人的光顾。

3. 北宋东京著名的酒楼

北宋年间全国各地的酒楼都很壮观，但要论数量之多、规模之大，则首推都城开封，这里著名者如樊楼、任店、和乐楼、遇仙楼、仁和楼、清风楼、会仙楼、八仙楼、长庆楼、状元楼、铁屑楼、得胜楼等不可胜数，其余中小酒店更是不计其数。开封城内的这些酒楼也有几种不同的分类：一种分法是就产权所有人来说，可以分为官营（即官库）和私营（即市楼）两类；另一种分法是就经营规模来说，可以分为正店和脚店两类。

所谓“正店”，是第一流的高级酒店。这种酒店不但可以承揽官府榷曲造酒业务，还可以向“脚店”和“拍户”批发零售酒曲。“正店”是比较大的商品生产和商业经营单位，资金雄厚，华丽壮观，环境优雅，是适应层面较宽的综合性大酒家。开封城有 72 家“正店”。

所谓“脚店”，或者称“分茶酒店”，是普通酒店。这类酒店规模小于正店而大于“拍户”。“卖贵细下酒，迎接中贵饮食”，主要为社会中层服务。当时北宋开封著名的“脚店”有“州西安州巷张秀，以次保康门李庆家，东鸡儿巷郭厨，郑皇后宅后宋厨，曹门砖筒李家，寺东骰子李家、黄胖家”。张择端的《清明上河图》城外汴河上虹桥南岸也有个店名取自李白《行路难》名句“金樽清酒斗十千，玉盘珍羞直万钱”的酒店——“十千脚店”。

值得注意的是，“安州巷张秀”家的酒店之所以有名，是因为宋神宗即位后在安州巷设置了同文馆。同文馆的规模很大，有舍宇278间，主要用于接待高丽国的使者。北宋政府曾鼓励中外客商到同文馆进行贸易，“安州巷张秀”家的酒店虽属“脚店”，但也因此接待了大量的客人前来用餐。

与“安州巷张秀”家的酒店主要接待高丽国的使者和中外客商在此进行贸易不同，“黄胖家”的酒店则以“寓玩于饮”而闻名。

玩什么呢？当然是“黄胖”啦！

“黄胖”，也称“游春黄胖”或“泥孩儿”，是以黄土为泥塑捏为人形的土偶。据说“黄胖”源于金明池。游人取金明池内杏花园的黄土捏为人形，此后它就成为游春时应景的玩具，也寓有祈求生子之意。据《梦华录·卷七·清明节》记载，“黄胖”是北宋东京汴梁人清明祭扫时所随身携带之物。在张择端《清明上河图》虹桥的两端分别有三处出售“黄胖”的摊贩，皆虔诚地摆在有台布的桌案上，鲜明地区别于馒头或他物。另在《清明上河图》画尾四套粮车拐弯处也有一处黄胖摊。时至南宋，“黄胖”（“泥孩儿”）依然流行。据陆游的《老学笫记》记载：“承平时，鄜州田氏作泥孩儿，名天下，态度无穷……一对至直十缣，一床至三十千；一床者或五或七也。小者二三寸，大者尺余，无绝大者。”叶绍翁的《四朝闻见录·黄胖诗》：“韩（侂胄）以春日宴族人于西湖。用土为偶，名曰‘黄胖’。”南宋权臣韩侂胄即用土偶（泥人）充当活跃宴会气氛的道具。《西湖老人繁胜录》与《梦粱录》中列出的杭州市场上的玩具商品，也有“黄胖儿”“泥黄胖”。明代田汝成的《西湖游览志余》称，“临安风俗嬉游，游湖上者竞买泥孩子”。

（三）玩：北宋东京著名的商圈

“瓦子”（又称“瓦肆”），是北宋时期普通市民休闲活动的主要场所。之所以叫“瓦子”，是因为当时没有一个现成的名称，古人发现这类玩闹之徒忽聚忽散，犹如砖瓦之属，便将其聚会玩闹的场所称作“瓦舍”“瓦子”。南宋吴自牧的《梦粱录》记载：“瓦舍者，谓其‘来时瓦合，去时瓦解’之义，易聚易散也。”

“瓦子”的出现，标志着一场城市生活、城市景观变革的完成。

在我们的观念中，“勾栏”代表着一种不雅的场所。然而，“勾栏”最初的意思只是栏杆而已；又引申为露天的演艺场所，它没有固定的建筑，用栏杆围起一块场地，演员在栏杆内演出，而观众都在栏杆外观赏。北宋东京的“勾栏”，是指

“瓦子”里面，用栏杆或者帘幕隔成的专门用于演出的棚子。

“勾栏”不是宋代才有的事物，李商隐的《河内诗二首·其一》就有“帘轻幕重金勾栏”之句，“倡家”指的是擅长歌舞的艺人。由于唐朝时实行宵禁，休闲娱乐活动受到极大的限制，“勾栏”真正成为演艺场所，并且得到兴盛和发展，是在没有宵禁的北宋时期。

北宋年间，“勾栏”内部设有戏台和观众席。戏台一般高出地面，前部为表演区，后部是演员妆扮、休息的地方，叫“戏房”。观众席分两种，正对戏台的叫“神楼”，分布在戏台两侧的叫“腰棚”。勾栏的大门入口处，一般贴着一种叫“招子”的东西，花花绿绿的，上面写着当天的戏名和演员姓名，相当于节目预告。

《梦华录》里，提到过十一次“瓦子”，一次“瓦肆”，两次“勾栏”。其中，涉及了新门瓦子、桑家瓦子、中瓦、里瓦、朱家桥瓦子、州瓦子、亚其里瓦、街西保康门瓦子、州北瓦子、宋门外瓦子、州西梁门外瓦子、潘楼并州东西瓦子。《梦华录》里提到，“西去州西瓦子，南自汴河岸，北抵梁门大街，亚其里瓦，约一里有余”。可见在当时，一个“瓦子”的占地面积就已经达到了一里多长，仔细分析，“瓦子”的分布范围的确很广。而“街南桑家瓦子，近北则中瓦，次里瓦，其中大小勾栏五十余座。内中瓦子莲花棚、牡丹棚；里瓦子夜叉棚、象棚最大，可容数千人”，可见其规模之大。据估计，北宋汴京当时的“勾栏”数量有两百个左右。根据“瓦子”和“勾栏”的分布数量，完全可以得出当时人们的娱乐生活十分丰富的结论。

《梦华录》记载，宋徽宗赵佶即位后，在京瓦肆伎艺就有小唱、嘌唱、教坊减罢并温习、般杂剧、小杂剧、杖头傀儡、悬丝傀儡、药发傀儡、水傀儡、筋骨上索杂手伎、毬仗、踢弄、讲史、小说、散乐、舞旋、小儿相扑、杂剧、掉刀蛮牌、影戏、乔影戏、弄虫蚁、诸宫调、商谜、合生、说诨话、杂班、叫果子等内容。

这些内容都是人们喜闻乐见的。据《梦华录》记载，当时是“不以风雨寒暑，诸棚看人，日日如是”“每日五更头回小杂剧，差晚看不及矣”，颇有今日争看“贺岁片”的架势。总之，瓦子给人们以视觉、听觉等多重享受，加上其内“多有货药、卖卦、喝故衣、探搏、饮食、剃剪、纸画、令曲之类”的服务项目，以至于人们“终日居此，不觉抵暮”。

（四）乐：北宋东京的娱乐活动

1. 歌舞类表演

据《梦华录》记载，北宋专供宫廷用的官办乐团主要有教坊、云韶部、钧容直、东西班乐、四夷乐等。《梦华录》中还记载了教坊中裁减的艺人，以及教坊、钧容直在旬休之日（唐宋时期，各级政府官员都是上九天班休息一天，即在每月的上旬、中旬、下旬的最后一天休息）练习击鼓，允许百姓观看的情况。

小唱，一般是指一个人的清唱，有时候会用乐器如琵琶、箫、笙等伴奏，演唱的人有男有女，以女性居多，其中很多还是官妓或私妓。小唱是宋词最普遍的演唱形式，从市井勾栏到皇宫内院、官府聚会、文人雅集都很受欢迎。《梦华录·卷五·京瓦伎艺》记载，小唱的明星，除了名妓李师师，还有徐婆惜、封宜奴、孙三四等人。

嘌唱产生于民间，用曲折柔曼的音调演唱的一种时调、小曲。《梦华录·卷五·京瓦伎艺》记载，表演嘌唱的女伶中，最有名的是张七七、王京奴、左小四、安娘、毛团。

队舞：宋代的舞蹈形式也很多样。《梦华录·卷九·宰执亲王宗室百官入内上寿》记载，小儿舞队都是十二三岁的男童，共两百多人，分成四队，分别穿红、绿、青、紫色的衣服，每队有领队，他们舞蹈并合唱，中间会穿插参军色（宋代宫廷杂剧乐舞演出时的开场、引导人员）的致辞和总领队的颂诗，营造现场的欢乐气氛。女童队有四百多人，长得都很漂亮，其中四个作为“杖子头”的人，手拿银裹头的木杖，相当于今天的领舞，都是当时京城里的名角，如陈奴哥、俎姐哥、李伴奴、双奴等。她们也在参军色致辞发问后，边舞边唱，以颂诗作答。

2. 杂剧类表演

宋代的杂剧，是由滑稽表演、歌舞、杂技组合而成的一种综合性戏曲，北宋时在汴京盛行。演出时先演一段日常生活中的场景，叫“艳段”；再接着演“正杂剧”，内容多为一个完整的故事。《梦华录》对杂剧的描写较多，如《梦华录·卷八·中元节》中“构肆乐人，自过七夕，便般《目连救母》杂剧，直至十五日止”。

在勾栏中从事杂剧演出的，多是“露台弟子”，他们是城市商业演出中的民间艺人，同时也是有官籍的杂剧从业者。他们经常进行合作，《梦华录·卷七·驾登宝津楼诸军呈百戏》记载：“后部乐作，诸军缴队杂剧一段。继而露台弟子杂剧一段。”《梦华录·卷五·京瓦伎艺》说到杂剧的演员中非常出色的，有张翠盖、张成及其弟子薛子大、薛子小、俏枝儿、杨总惜、周寿奴、称心等人。

3. 说话类节目

值得注意的是，这里的讲史、小说、说经、合生，为唐宋“说话四家”。所谓“说话”，指的是唐、宋时代民间艺人讲说故事的专称，相当于近世的说书。说话伎艺繁荣兴盛于两宋，元明两代仍很流行，但以讲史为最盛。说话伎艺注重诗、词、赋赞的运用是受唐代的影响。说话须凭口才，有的还要歌唱。“说话”分为四家：小说，又称银字儿，一般认为是因小说在说唱时用银字笙或银字觱篥来伴奏而得名；讲史，讲说历代争战兴亡的故事，都是长篇；说经，演说佛经故事和参禅悟道故事；合生，又作“合生歌”或“合笙”，指的是艺人当场指物赋诗，是一种反应能力和即席成篇能力的展示，与我们现代的“脱口秀”极为接近。

“说话四家”中艺术上最有成就、对后世影响最大的还是讲史和小说。北宋时说三分已经很盛行,《梦华录》载，宋徽宗赵佶即位后，瓦肆中除一般讲史外，单有艺人霍四究专门说三分，还有尹常卖讲五代史。宋代民间诸色伎艺人中，以小说艺人为最多，小说有说有唱，可以用银字笙或银字觱篥来伴奏，也可以吹起这种乐器来招徕听众。《梦华录》载，北宋时出色的小说艺人有李慥、杨中立等六人。

在北宋时已发展成熟的说话，对后世的说书艺术乃至中国戏曲的形成和白话小说的发展都具有深远的影响。明代文人创作的小说，采取拟话本的形式，进一步推动了白话章回体长篇小说的出现。宋、元说话的故事，还为宋元的戏文和北杂剧提供了丰富的题材。戏曲中的自报家门、下场诗、插科打诨、以叙述来描绘战争场面、描绘人物和景色时使用骈俪文体、剧尾的题目正名等都留有说话的痕迹。

4. 四种“傀儡戏”

傀儡是用布或木头做成的玩偶，人操纵玩偶进行表演就叫傀儡戏。北宋时的傀儡戏有杖头傀儡、悬丝傀儡、药发傀儡、水傀儡等。

杖头傀儡是用木杖来操纵玩偶进行表演。《梦华录·卷五·京瓦伎艺》提到它的著名艺人任小三，非常受欢迎："杖头傀儡任小三，每日五更头回小杂剧，差晚看不及矣。"

悬丝傀儡，也叫提线木偶，傀儡一般高一尺左右，关节部分以线连缀，艺人在上方提线操纵。宋代的提线木偶艺人，技艺相当高超，被冠以"金线"之名，比如《梦华录·卷五》提到的"张金线"。

药发傀儡是一种源于宋代的烟花杂技，以火药带动木偶进行表演。《梦华录·卷五·京瓦伎艺》记载，李外宁最善于表演药发傀儡。

水傀儡是在水上表演的有情节的木偶戏。《梦华录·卷七·驾幸临水殿观争标锡宴》记载："又有一小船，上结小彩楼，下有三小门，如傀儡棚，正对水中乐船。上参军色进致语，乐作，彩棚中门开，出小木偶人。小船子上有一白衣人垂钓，后有小童举棹划船，辽绕数回，作语，乐作，钓出活小鱼一枚。又作乐，小船入棚。继有木偶筑球舞旋之类，亦各念致语、唱和、乐作而已，谓之‘水傀儡’。”

5. 影戏

影戏是一种用纸或皮子剪出各种形象，然后用灯光将其映在帷布上，来表现一定情节的戏剧艺术，有手影戏、纸影戏、皮影戏三种形式。影戏因为贴近群众生活，深受人们喜爱，不过汴京重大节日时的影戏棚，似乎更多的是为了吸引小孩子而设的。

《梦华录·卷六·十六日》记载：“诸门皆有官中乐棚，万街千巷，尽皆繁盛浩闹。每一坊巷口，无乐棚去处，多设小影戏棚子，以防本坊游人小儿相失，以引聚之。”《梦华录·卷五·京瓦伎艺》记载，董十五、赵七、曹保义、朱婆儿、没困驼、风僧哥、俎六姐七人是影戏艺人中最有名的。另外，还有真人乔装影戏皮偶的表演，乔影戏的高手有丁仪、瘦吉等。

6. 相扑

《梦华录》先后五次提到相扑，《梦华录·卷四·军头司》记载了“军头司每旬休，按阅内等子、相扑手、剑棒手格斗”，《梦华录·卷五·京瓦伎艺》记载了“小儿相扑”，《梦华录·卷八·六月六日崔府君生日，二十四日神保观神生日》记载了“相扑”和“乔相扑”，《梦华录·卷九·宰执亲王宗室百官入内上寿》记载了“左右军相扑”。

相扑是宋代宫廷宴会娱乐的压轴节目。宋代宫廷里设置了职业相扑手，称为“内等子”。据《宋史·乐志》记载，“（宴会）第十九（项表演）用角觝，宴毕”。另据《宋史·礼志》记载，使人到阙筵宴，“凡用乐人三百人，相扑一十五人”。更吸引人眼球的是，北宋不仅仅有男子相扑，还有女子相扑，就连皇帝也对女子相扑感兴趣。

公元 1062 年 3 月 1 日（农历正月十八），宋仁宗赵祯驾临皇宫正南门宣德门，“召诸色艺人，令各进技艺，赐与银绢，内有妇人相扑，亦被赏赉”。当时，作为谏官的司马光觉得，这些姑娘们一个个抛头露面的，成何体统，皇帝还看得津津有味，不行我得劝劝，于是，他就上了一封名为《论上元令妇人相扑状》的奏疏，委婉地批评了皇帝，并建议取消女性相扑，禁止女性抛头露面。

对于司马光的这封奏疏，宋仁宗是怎么回复的，我们不得而知，但从《梦华录》中既没有宣德门“相扑”的记载，更没有任何一处描写“女子相扑”的记载来看，官方起码在城市核心区禁止了这项活动，但民间非重点区域好像没有受到太多限制。

其实，女子相扑早在三国时就有了，东吴末帝孙皓就曾令“使尚方以金作华燧、步摇、假髻以千数，令宫人著以相扑”。

7. 其他杂耍类节目

宋代的杂耍类节目种类特别多，《梦华录·卷八·六月六日崔府君生日，二十四日神保观神生日》记载的百戏节目，就有几十种：上竿、趯弄、跳索、斗鸡、说诨话、杂扮、乔筋骨、掉刀装鬼、砑鼓、牌棒、道术等。至于杂耍类明星就更多了，《梦华录·卷六·元宵》中提到的，有倒吃冷淘的赵野人，吞铁剑的张九哥，吐五色水、旋烧泥丸子的小健儿，弄虫蚁的刘百禽等。

上述这些精彩纷呈、百花齐放的文艺活动，丰富了北宋东京各个阶层的精神文化生活，成为北宋东京繁华社会的重要组成部分，也为后世戏剧、演艺、小说等文化艺术的发展打下了良好的基础。

玖

九、北宋东京的衣冠服饰与风土人情

中国自古以来就有“衣冠上国”的美誉，北宋的服饰实现了对其里程碑式的呈现。北宋有“百工百衣”之说，不同行业有不同制式的服装。从上到下，整个社会都呈现出一种繁荣发达的景象，服装服饰方面超前繁荣、超前多样化。《梦华录·卷五·民俗》记载，“其士农工商诸行百户衣装，各有本色，不敢越外”。

（一）北宋皇室以及衣冠官员的服饰

中国古代，皇帝作为国家的最高统治者，他们的吃穿用度代表着当时的最高生产力水平，在两宋时期也不例外。

虽然在北宋时儒家经学有了极大的发展，文人士大夫阶级对皇帝的个人享受进行了一定的限制，但在儒家礼法的要求下，皇帝在一些重大场合依然需要用华丽的服装来彰显自己作为统治者的地位。因此，皇帝最华美贵重的服装是他们的礼服。

皇帝的礼服大致包括大裘冕、衮服、通天冠、绛纱袍、履袍、衫袍、窄袍、御阅服等。其中，大裘冕是祭祀昊天上帝时的礼服，主要由黑色羔羊皮制成，上面没有繁复的图案，但是制作十分考究。

图案最为精美的是祭祀宗庙、朝拜太清宫等场合所穿的衮服，衮服的颜色一般为青色，上面绣有龙、山、华虫、火和宗彝等图形，而下身所穿的红裙上面则有藻、粉米、黼、黻等图形。头上的冕上也有珍珠加以点缀，显得华丽异常。

在祭祀场合以外，皇帝的装束就简单多了，他们在平时理政的时候会身着窄袍。窄袍，解释有三：一是宋代皇帝礼服之一，袍身狭小，两袖紧窄，故以为名。《宋史·舆服志三》，“窄袍，天子祀享、朝会、亲耕及亲事、燕居之服也”。二是宋辽时诸国使人入殿参加朝会之服，有紫、绯等色。《梦华录·卷六·元旦朝会》，“诸国使人：大辽大使顶金冠，后檐尖长如大莲叶，服紫窄袍……夏国使、副皆金冠，短小样制，服绯窄袍”。三是宋代宫廷内职出入内廷所着之服。《宋史·舆服志五》：“景德三年（公元1006年），诏内诸司使以下出入内庭，不得服皂衣，违者论其罪，内职亦许服窄袍。”

阅兵时，皇帝会身穿简便的御阅服。这些服装为突出功能性，会有一些特殊的改动，如窄袍的袖口会收窄，以方便皇帝批阅奏章；还会去掉不必要的装饰物，使行动更加方便。总之，北宋皇帝的服装无论在制作工艺还是功能设计上，都达到了当时的顶级水平。

北宋时期的男子服饰，在继承唐代样式的基础上，发展出了具有自己特色的服装风格。男子服装主要包括幞头、圆领袍、衫等。其中幞头的变化尤为明显，从唐代的软脚幞头演变为硬质展脚幞头，特别是官帽两侧的直脚设计，显示了官阶的高低。

此外，北宋男子的服饰注重细节的装饰，如佩戴玉、玉钏等饰品，还注重衣物的颜色和图案。这些都反映了当时社会的等级制度和审美观念。

北宋官服的服饰也分为礼服和平常官服两种，其中礼服的制作也是十分考究的。百官的衮服和皇帝的衮服类似，不过颜色和花纹存在较大的差别。根据官员品级的不同，他们服装的形制也不尽相同。

例如，紫色、红色、绿色和青色等颜色的官服，以及官服上的图案，如龙、山水、花鸟等，都明确标识了官员的等级。紫色通常授予三品以上的官员，红色授予五品以上，绿色授予七品以上，而青色则授予九品以上的官员。这种颜色和图案的区分，不仅体现了官阶的高低，也是社会地位的一种象征。

（二）北宋东京民间的衣冠服饰

由于民间纺织业的高度发达，北宋民间服装的种类也变得十分丰富。虽然在政府提倡节俭的号召下，北宋服饰的样式略显朴素，但是百姓们还是在其花纹和配色上别出心裁，使衣着依然能够显示穿着者的个性。

北宋男子的日常服装中，上身以穿圆领袍衫为主；此外，还有凉衫、紫衫、毛衫、葛衫、襕衫等，其中比较有时代特色的为凉衫。之所以叫凉衫，不是因为其用途，而是因为北宋崇尚简朴，衫多以属于冷色的白色素布为材料，所以称为凉衫。这种短衣最开始的时候是军队中的戎服，后来因为穿着方便而广泛流传。

对于富商来说，由于北宋对衣服的形制有比较严格的限制，因此他们只能在服装的材料上下功夫。曾被苏轼写入诗歌的“鹤氅”就是一种很有名的服装。

所谓鹤氅，虽然现在经常被用来形容道士所穿着的道袍，但是在北宋时期，它指代的是用鸟类羽毛编织而成的外套，这种外套的保暖性极好，关键是材料难得，使其成为富户们身份的象征。

北宋时期的女子服饰也比隋唐五代时期更加简朴，无论是颜色还是选用的花纹都不及前代华丽，不过爱美的女子还是会想尽办法让自己变得漂亮一些。宋代女子的服装款式比男子丰富得多，主要分为夏季所穿的衫以及冬天所穿的袄。

由于北宋政府要求人们穿着简朴，因此女子袄衫的颜色多为淡绿、粉紫、银灰、葱白等略淡的颜色。不过对于下裳的要求并不似上身服装那般严苛，因此北宋时期女性的裙子多为青、碧、绿、蓝、杏黄等艳丽的颜色，形成了上淡下艳的服饰风格。

伴随着纺织业的发展，中国的刺绣事业也获得极大的发展，不过为了保证衣着的简朴，女性上衣的刺绣往往集中在领子等不显眼的位置，而她们裙子上刺绣的种类就十分多样了，且以花鸟为最常见的图案。

除了刺绣，为了提升美观度，北宋的女裙多为有着细密褶叠的长裙。当时女性还喜欢在上衣和下裳之间缀以一些装饰物，其中围腰在当时最为流行，由于围腰的颜色多为鹅黄色，因此也被人们称为“腰上黄”。

随着宋代经学的发展，和官服一样，女性的服装颜色和样式也开始被严格规定，公元1025年，政府就发布了规定让百姓不能穿着太过艳丽的衣服。在政府的一再管理和打压下，北宋民间服装的形制日渐单调。

（三）北宋东京市井间见义勇为的风气

“见义勇为”一词源自《论语·为政》中的“见义不为，无勇也”一句。西汉经学家孔安国，将其解释为：“义者，所宜为也。而不能为，是无勇也。”“见义勇为，惩恶扬善，扶正祛邪，扶危济困”，是中华民族的传统美德，是时代精神的集中体现，也是每个时代都需要的好品质。它不仅可以弘扬社会的正气，还能让我们生活的环境变得更加美好。因为我国历史上的各朝各代都非常提倡“见义勇为”，所以古代民间涌现出了一大批英雄人物。与此相对应，对那些“见义不为”者，历朝历代的统治者都有相应的惩罚措施。

早在秦朝，就对“见义不为”的行为，有了明确的惩罚制度：“有贼杀伤人冲术，偕旁人不援，百步中比野，当赀二甲。”这句话翻译过来的意思是在公共场所（大道上）看到有人被杀伤，距离百步以内的路人如果不加以救援，会被罚两套铠甲。之后的朝代，随着制度的不断完善，对于见义“不勇为”的惩罚力度也越来越大。时至唐朝，对见死不救、见义不勇为的法律法规更加明确：见到邻家起火，非但不求助，还趁火打劫，会被监禁一年。可以说，这些制度的出现，与儒家礼学和封建法律典范密切相关。

北宋对“见危不救”的法律规定，也有着明确的记载。如《宋刑统·卷二十八·捕亡律》就规定，“有人殴击他人，折齿、折指以上……旁人皆得捕系，以送官司。诸追捕罪人而力不能制，告道路行人，其行人力能助之而不助者，杖八十”。由此便出现了《梦华录·卷五·民俗》中关于“见义勇为”的记载。

（四）娶妇

《梦华录·卷五·娶妇》讲述了在北宋东京城里一个普通人家娶妻的过程和礼节。

关于东京人的成婚之礼，虽然一般士庶人家崇尚从简，但由于六礼之制在人们思想中已根深蒂固，因此有一定经济基础的人家仍然极为讲究。《梦华录·卷五·娶妇》对婚俗礼仪有详细的介绍："凡娶媳妇，先起草帖子，两家允许，然后起细帖子，序三代名讳，议亲人有服亲、田产、官职之类。次檐许口酒，以络盛酒瓶，装以大花八朵，罗绢生色或银胜八枚，又以花红缴檐上，谓之'缴檐红'，与女家。女家以淡水二瓶，活鱼三五个，箸一双，悉送在元酒瓶内，谓之'回鱼箸'。或下小定、大定，或相媳妇与不相……次下财礼，次报成结日子，次过大礼……"大礼以前属于议婚定亲的过程，过罢大礼，算是最后定亲，婚姻关系基本确立。之后，男家还要求神卜卦，根据男、女双方的生辰八字求得吉日良辰，由媒人告知女方，双方商定迎娶日期。

迎娶前一日，“女家先来挂帐，铺设房卧，谓之‘铺房’”。铺房之礼为宋代所特有，一般由女家派人往男家布置新房，包括挂帐幔、铺毡褥、陈设嫁妆器具等。女方娘家陪送的衣服、首饰等物，按礼应先锁入箱柜，以备后用；而京师一些势利人家往往将陪送的衣服和珠宝首饰等物一概陈设在外，借以炫耀富贵，这就是著名的铺房，现在叫铺床。

婚礼至迎亲日方达到高潮，极其隆重，习俗中的规矩和套路也特别多。按例，该日一大早，新郎即率领迎亲人马前往女家接亲。出发之前，新郎家长照例要交代一番，新郎恭听父母之命。富有家庭的迎亲队伍，带有花瓶、花烛、香球、裙箱、衣匣、交椅等，有的还雇用歌女及鼓吹乐队前来助兴。想象一下，那浩浩荡荡的迎亲队伍，一路上吹吹打打，前呼后拥，招来观者如堵，好不热闹。新娘离家之前，父母及婶娘照例也要有一番训诫：“父戒之曰：‘往之汝家，无忘肃恭。’母戒之曰：‘夙夜以思，无有违命。’诸母申之曰：‘无违尔父母之训！’”

北宋时期迎亲时新娘乘坐的交通工具，主要有檐子和车子两种。檐子即花轿，车子又叫毡车，就是普通车子搭上彩幔。而按京城一带的习惯，大多数新娘都喜乘坐檐子而不愿坐毡车。男方迎娶人员在新娘登车或上轿时，照例要说些吉利话，讨点儿钱物小费之类，直到心满意足方肯起程。

迎亲队伍回到男家，新娘子下轿之前，京师还流行拦门习俗："迎客先回至儿家门，从人及儿家人乞觅利市、钱物、花红等，谓之'拦门'。"这里的"利市、钱物、花红"指的是喜钱、礼物和赏金。撒谷豆也是一个习俗，"新妇下车子，有阴阳人执斗，内盛谷豆、钱果、草节等咒祝，望门而撒，小儿辈争拾之，谓之'撒谷豆'"。这里的"阴阳人"指的是风水先生。此俗源于汉代，旨在驱灾避邪。新娘下车轿后，要脚踏青布条或毡席而过，不得踏地，寓意免得触了晦气。之后，男家一人捧镜倒行，引新娘跨鞍或从秤上过，象征新娘一生平平安安。

拜堂又称拜天地，在北宋时期才出现，并迅速流行于全国各地。在举行婚礼时，新郎新娘参拜天地后，再拜祖先及男方父母、尊长。也有将拜天地、拜祖先及父母和夫妻对拜都统称为拜堂。唐代，新婚之妇第二日见公婆，俗称拜堂，但与大宋的拜天地不同。这之后，新娘便可进入新房了。新房正中，往往悬挂一个帐幔，俗称“坐虚帐”。新娘进入新房要径直坐在床榻上的蒲团上，俗称“坐富贵”，象征婚后生活永远富裕、早生贵子等。

新娘入新房后，新婚喜宴便可开席了。这时，男女双方的宾客好友相继入座，共邀举杯同饮，席间谈话的内容无非是夸赞一对新人郎才女貌，祝愿新郎、新娘在婚后生活中互敬互爱、白头偕老、多子多孙多富贵等。按例，酒过三盏，“婿具公裳，花胜簇面，于中堂升一榻，上置椅子，谓之‘高坐’。先媒氏请，次姨氏或妗氏请，各斟一杯饮之；次丈母请，方下坐”。这里的“婿具公裳，花胜簇面”，指的是新郎穿好正装，头上插满花形首饰。“高坐”礼在当时的京师极为盛行，若婚礼仪程中不设此礼，常被视为憾事。酒过三巡，菜过五味，新婚喜宴结束，新郎、新娘便携手同入洞房。根据当时京师的习俗，在洞房内还要进行“牵巾”“撒帐”“合髻”“喝交杯酒”等仪程。

新郎迎新娘到家，成礼后他们需要从新房出来，一同前往家庙参拜祖先。这时，礼官会给他们一条彩绸，彩绸上有一个同心结，新郎、新娘各执一端，相向而行，谓之“牵巾”。

撒帐就是新婚之夜，新人对拜之后都坐在床上，众妇人向床帐内撒同心金钱、五色彩果，以祈富贵吉祥，多生贵子。

合髻就是新婚夫妇在饮交杯酒前各剪下一绺头发，绾在一起表示同心。

喝交杯酒就是新郎、新娘进入洞房后先各饮半杯，然后交换一起饮干，谓之饮交杯酒，在古代又称为“合卺”。

之后，便是通常所谓的洞房花烛夜了。但至此，新婚礼仪并未结束，因为按古代的宗法观念，虽然夫妻已经同居，但如果不拜公婆祖先，还不能算是完备的婚礼。因此，次日早晨，新娘还要拜公婆。

新婚第二日（或第三日），新郎还要到岳父母家“拜门”。第七日，新娘也要回娘家“洗头”。

（五）育子

妇女怀孕，古时称为“有喜”。婴儿一生下来，家人便向邻友“报喜”，亲友送礼表示祝贺。《礼记》载：“生男子，设弧于门左，女子设帨于门右。”因古代认为左为“天道所尊”，右为“地道所尊”，以此作男女之别的标志。“弧”，是木马，象征男子之刚。“帨”，是佩巾类的手帕，为女子日常用物，在家时将其挂在门的右边，外出时系在身体左边的衣服上，代表女子温柔。

生子第三天，亲友都来庆贺与祝福，称为“三朝礼”。古代重视“三朝礼”，如在宫廷，则以官爵、重财相贺；如在民间，外婆家及亲朋则以红蛋、小儿衣帽、鞋袜相贺。而主人家设宴庆祝，并把红蛋分送给邻居小孩、来客，则称为“三朝吃红蛋”。所谓“红蛋”，指的是把鸡蛋煮熟后，用红色颜料染成红色，象征喜庆。此俗流行至今。

生子第三天，还要给婴儿洗浴，古称“洗三

礼”。苏东坡祝贺儿子生孙时说：“昨闻万里孙，已振三日浴。”这里的“三日浴”，指的就是“洗三礼”。

婴儿满月，则要举行“满月礼”活动。主人设宴，亲友、亲邻则送礼相贺。《梦华录·卷五·育子》记载：“亲宾盛集，煎香汤于盆中，下果子、彩钱、葱蒜等，用数丈彩绕之，名曰‘围盆’。以钗子搅水，谓之‘搅盆’。观者各撒钱于水中，谓之‘添盆’。盆中枣子直立者，妇人争取食之，以为生男之征。浴儿毕，落胎发，遍谢坐客，抱牙儿入他人房，谓之‘移窠’。”

婴儿诞生百日，需要举行“百晬礼”，再次庆贺祝福。《梦华录·卷五·育子》记载：“生子百日置会，谓之‘百晬’。”

婴儿满一周岁的那天，还要举行“拈周试晬”礼（简称“周晬”）。亲友皆来庆贺。《梦华录·卷五·育子》载，“至来岁生日，谓之‘周晬’。罗列盘盏于地，盛果木、饮食、官诰、笔研、算秤等，经卷、针线、应用之物，观其所先拈者以为征兆，谓之‘试晬’。此小儿之盛礼也”。

“周晬”礼，主要是试卜幼儿前途、职业。把各种玩物和生活用具陈列于小孩面前，任其抓取，由此卜定其日后的前途、志向、兴趣。

“周晬”的风俗，可上溯到春秋时期。《左传·昭公十三年》中记，楚共王有公子昭、公子围、公子比、公子黑肱、公子弃疾五个儿子，不知该立谁，就遍祭名山大川，祈曰：“请神择于五人者，使主社稷。”又以一块玉璧遍示名山大川，祈曰：“当璧而拜者，神所立也。”然后，楚共王命人将此璧秘密埋在祖庙的庭院里，让五个儿子依长幼次第进庙拜跪祖先，谁正好压在埋玉璧的位置上，谁就是神灵所确立的王嗣。公子昭（楚康王）两脚跨在玉璧上，公子围（楚灵王）的胳臂放在玉璧上，公子比、公子黑肱都离璧很远。公子弃疾（楚平王）还小，由别人抱了进来，两次下拜都压在璧纽上。这正好暗合了五人日后的命运。

“周晬”的风俗，在北宋时已非常流行。黄庭坚周岁时，父母在他面前摆满弓、矢、纸、笔等物件，观其所取。在这些物件中，他一手拿起毛笔就不愿放下。黄庭坚的父亲黄庶不但在《伐檀集》中记载了此事，还特赋诗《教绳权学书偶成》一首。

拾

十、北宋东京的岁时节令与民间习俗

《梦华录》用了后五卷的篇幅，以正月到十二月的时间为序，介绍了东京城中的岁时节令、朝廷庆典与民间习俗，其中涉及的节日有立春、元宵、寒食与清明、四月八日佛生日、端午、六月六日崔府君生日、六月二十四日神保观神生日、七夕、中元节、立秋、中秋、重阳、十月一日寒衣节、十月十日天宁节（宋徽宗生日）、立冬、冬至、交年节、除夕等。节日类型多种多样，节令习俗丰富多彩，在时序流转中完整展现了东京市民极高水平的物质与精神生活状况，展现了东京城作为首都的特色。其中，元旦大朝会，上元节观灯，皇帝驾幸金明池观争标与百戏，六月六日崔府君生日、二十四日神保观神生日，十月十日天宁节宫廷大宴，冬至日南郊大礼，以及除夕夜禁中呈大傩仪等由朝廷主导的重要礼仪庆典活动，放到下一章介绍。

（一）年节

《梦华录·卷六·正月》记载:“正月一日年节，开封府放关扑三日。士庶自早互相庆贺，坊巷以食物、动使、果实、柴炭之类，歌叫关扑。如马行、潘楼街，州东宋门外，州西梁门外踊路，州北封丘门外及州南一带，皆结彩棚，铺陈冠梳、珠翠、头面、衣着、花朵、领抹、靴鞋、玩好之类。间列舞场歌馆，车马交驰。向晚，贵家妇女纵赏关赌，入场观看，入市店饮宴，惯习成风，不相笑讶。至寒食、冬至三日亦如此。小民虽贫者，亦须新洁衣服，把酒相酬尔。”

大年初一这一天，北宋开封府会开放“关扑”三日。

关扑是北宋兴起的一种以商品为诱饵的赌博游戏，玩家通过投注一定的金额来赌取商品。具体玩法包括掷铜钱或飞镖等方式，根据铜钱正反面的组合或飞镖投中的图案来判断输赢。如果玩家赢了，可以免费获得商品；如果玩家输了，投注的金额归商家所有。

北宋时期，关扑一经兴起便非常流行，尤其是在每年的春节、寒食节、冬至等节日期间，城市中心地带会设立关扑摊铺，吸引大量民众参与。关扑不仅是一种娱乐方式，还成为商家的一种营销手段。通过关扑，商家可以吸引更多顾客购买商品，同时也增加了商品的销售额。关扑不只限于日常生活用品，有时赌得很大。《梦华录·卷七·池苑内纵人关扑游戏》记载："池苑内，除酒家、艺人占外，多以彩幕缴络，铺设珍玉、奇玩、匹帛、动使、茶酒器物关扑。有以一笏扑三十笏者。以至车马、地宅、歌姬、舞女，皆约以价而扑之。"

这里的"动使"，指的是日常使用的器具或物品，有时也称为"动事"或"动用家事"。这里的"笏"，指的是古代大臣上朝时拿着的手板，用玉、象牙或竹片制成，上面可以记事。

所谓“开封府放关扑三日”指的是平日官府是禁止“关扑”活动的。《宋刑统》规定，凡是赌博者，一律打一百杖，赌资多的话，就按盗窃罪论处。但因为新年，官府也想与民同乐，所以特意开放三天。新年小注赌一赌，感觉就像我们现代人在过年时会打麻将、玩扑克一样。

在大年初一这一天，无论士人还是庶民，从早上起，一见面就会互相拜年。坊巷中到处可见大小商家在沿街叫卖，进行“关扑”。食物、日用器具、干果糕点、柴草木炭等，都可以作为“关扑”的物品。一些重要的商业坊巷，都已经悉心布置，搭建彩棚，铺排陈列着不同的商品，例如冠帽梳篦、珍珠翡翠、头饰、衣物、花朵、鞋靴、奇珍异宝等。而在坊巷之中的歌舞场馆，每天都是车来人往，十分热闹。到了傍晚，一些富贵人家的女子也会走出闺门，观看“关扑”，感受一下天子脚下的“年味”。除了看“关扑”，她们还会到歌舞场馆观看表演，或者到街市中的店铺与亲朋大快朵颐。

（二）立春

《梦华录·卷六·立春》记载:“立春前一日，开封府进春牛入禁中鞭春。开封、祥符两县，置春牛于府前。至日绝早，府僚打春，如方州仪。府前左右，百姓卖小春牛，往往花装栏坐，上列百戏人物。春幡雪柳，各相献遗。春日，宰执、亲王、百官，皆赐金银幡胜。入贺讫，戴归私第。”

作为二十四节气之首的“立春”，又称“打春”。“立”是“开始”的意思，“打”指的是“鞭春之礼”中“鞭打土牛”的仪式。

在立春的前一天，开封府就把春牛进献到皇宫，以供朝廷大臣、官僚们打春之用。开封府下辖的开封、祥符两县把春牛放到开封府的衙门前。立春当天一大早，开封府中的官员们就开始打春。那时，鼓乐齐鸣，队伍整齐，口号统一，仪式盛大、庄严且热闹。宰相、亲王、百官都会获赐金银制作的“春幡”，即春天的“幡胜”，到宫中庆贺立春完毕后，把幡胜戴在头上各回自己家。

而街道上则是另一番情景。开封府衙前的左右两边，百姓们在出售各种小春牛。当然，小春牛要比生活中的真牛小许多。人们会给春牛穿上彩色的衣裳，放置在有栏杆的底座上，上面还排列着各种戏曲人偶，是颇具艺术特色的工艺品。京城中的人们互相串门，赠送新潮的礼物，男人赠送春幡，女人赠送“雪柳”（一种用丝绸或者彩纸做成的头花），气氛喜庆，热闹非凡。

（三）四月八日

《梦华录·卷八·四月八日》：“四月八日，佛生日，十大禅院各有浴佛斋会，煎香药糖水相遗，名曰‘浴佛水’。……在京七十二户诸正店，初卖煮酒，市井一新。唯州南清风楼，最宜夏饮。初尝青杏，乍荐樱桃，时得佳宾，觥酬交作。是月茄瓠初出上市，东华门争先供进，一对可直三五十千者。时果则御桃、李子、金杏、林檎之类。”

四月初八是民间传统浴佛节，传说此日是佛

祖释迦牟尼的诞辰，因此每年佛诞日成为佛教最重要的节日之一。佛教寺庙于此日诵经，并将各种香料浸入水中，灌洗佛像，以兹纪念，因此又称“浴佛节”。

四月初八这一天，东京汴梁十个大的寺院都有各自的浴佛斋会，活动上用香料与蔗糖煎煮的热饮，就叫作“浴佛水”。浴佛斋会上，寺庙将“浴佛水”送给前来参加活动的香客和常年供佛的施主。

时值四月，不知不觉间白昼越来越长，天气也越来越清明和暖。开满石榴花的院落里，时时能听到莺鸟彼此召唤的鸣叫。亭轩旁的柳树抽出嫩芽，燕子带着雏燕上下翻飞。京城的七十二家正店里，开始销售春夏特有的黄酒，整个街市面目一新。这些酒楼里，最适合初夏饮酒的，当属城南的清风楼。此时新杏和樱桃都开始上市了，时常约集三五好友，饮酒酬唱，真是人生乐事。这个月茄瓠上市了，东华门外的菜农抢着把最新的送到宫里去，一对儿茄瓠能值三五十千钱。时令水果则有御桃、李子、金杏、林檎等。

值得注意的是，作为计数单位的“万”字，北宋时还未流行起来，人们依旧会用“十千”来表达。

（四）端午

《梦华录·卷八·端午》：“端午节物：百索、艾花、银样鼓儿、花花巧画扇、香糖果子、粽子、白团、紫苏、菖蒲、木瓜，并皆茸切，以香药相和，用梅红匣子盛裹。自五月一日及端午前一日，卖桃、柳、葵花、蒲叶、佛道艾。次日，家家铺陈于门首，与粽子、五色水团、茶酒供养，又钉艾人于门上。士庶递相宴赏。”

这段虽然用词简洁，但并不晦涩，现代人读起来也不觉吃力。接下来，我们就看看宋代有多少风俗习惯还留存了下来吧。

端午节会有很多应节的物品，有用五彩线编织的手绳，这些手绳大多会系在手腕处，也有人会系在脖子上。这种五彩绳名为“百索”。

还有艾花、小银鼓、彩色小团扇，以及各种

各样的“香糖果子”。

南宋陈元靓的《岁时广记》中有清晰的记录，一般是将菖蒲、生姜、杏、梅子、李子、紫苏切成细丝，再用盐腌制或是用糖秘制后食用，这就是端午节特色的香糖果子了。

然后，就是粽子。虽然历经千年传承，粽子的馅料一直在变化，但是包裹粽子所用的芦叶或箬叶却始终没有变化。

还有用糯米做成的白团，以及用紫苏、菖蒲、木瓜切成茸，与香料糅合在一起，装进专用的梅红色果匣中的小点心。

商人们会在五月初一到五月初四这几天，售卖刚成熟的桃子和祈福的柳条，还有可以内服去火的冬葵和驱毒的黄葵，以及可以作为胭脂涂抹的藤葵。人们还会头插艾草，身上装饰各种“毒虫”来模仿张天师的形象。除了佩戴五彩手绳，人们还会将艾草编织成人形挂在门上以驱祟避害。艾草中的上品是产于河南省汤阴县伏道镇的“伏道艾”，驱虫效果非常好。

端午节这天，家家户户都会把前几天买的端

午节食品摆在门口，用粽子、五色的糯米团、茶水和美酒来供奉神明，祈求平安。

（五）七夕

秋季的第一个节日是夏末秋初之际的七夕，此时虽仍有酷夏的影子，但已平添了一分秋凉。“七夕节”始于上古，普及于西汉，鼎盛于两宋。那个时候的七夕节并不是情人节，而是女儿节，众多的活动都是围绕女孩子展开的。《梦华录》记载，七夕节的前几天，过节的氛围就已经相当浓厚了。街市上卖得最多的是“磨喝乐”（摩睺罗）。

“磨喝乐”是梵文mahoraga的音译，是佛祖释迦牟尼的儿子。传入中国后经过一番汉化，由蛇首人身的形象演化为可爱儿童的形象，成为七夕节的祭物。到了北宋，这种祭物演变为民间流行的玩偶，题材涉及宗教、传说及社会各个层面，展现出当时的世俗风情。我国北方一些地方寻常市民家、富室乃至皇家之中，都有磨喝乐的忠实粉丝，“禁中及贵家与士庶为时物追陪”。宋朝的孩子们很喜欢模仿磨喝乐的造型："市井儿童，手执新荷叶，效摩睺罗之状。"大人们夸一个孩子可爱迷人，也会说"生得磨喝乐模样"。磨喝乐既然风靡天下，那价格就不可能太便宜，贵者，"一对直数千（文）"。

除了磨喝乐，还有很多新奇玩意儿在售卖。有用黄蜡制作的鸭子、大雁、鸳鸯、鸂鶒、乌龟、游鱼，都彩绘上色，金线装饰，这些东西也都能在水面上浮起，因此被称为"水上浮"。还有的在一块木板上放置一层薄土，种上粟的种子使其发芽，木板上还放置上小茅屋和花木，摆放一些农家田舍的小物件，看起来像一个农家小村子一样，这种小玩意儿叫"谷板"。还有的在瓜上雕刻出各种花样，叫作"花瓜"。

还有用油、面、糖和蜜做成的笑脸娃娃一样的面食点心，叫作"果食"。"果食"有各种各样的造型，新奇细巧，常见的是一种寓意吉祥的由两个菱形部分重叠相连而成的几何纹样，被称为"捺香方胜"。如果一次买一斤，其中就会有个像身披盔甲的门神造型，这个造型由来已久，却不知源自何处，被大家称为“果食将军”。还有人把绿豆、小豆、小麦放进瓷盆里，倒进去水，等它们发芽长到几寸高的时候，就用红色和蓝色的丝线把这些嫩芽捆扎起来，这个叫“种生”。上面这些玩意儿，都有人搭起彩色帐幕售卖。

七夕前的三五天，街上特别热闹，车水马龙，满大街都是穿着新衣服的人。有人会现采待开的荷花花苞，连在一起做成双头莲的样子，玩赏一番，带着回家时，路上的行人看了往往感叹称赞。这一天，小孩子们手里要拿着新买的新鲜荷叶，这是在模仿磨喝乐的造型。小孩子们会为此特地换上新衣服，还要比比谁穿得更漂亮。

到了初六和初七的晚上，富贵人家会在家中庭院里搭建一个彩楼，称为“乞巧楼”。楼下摆放磨喝乐、花瓜、酒肉、笔砚、针线等物品，男孩子要念诵诗句，女孩子要展示自己的女红，然后焚香礼拜，称为“乞巧”。

七夕的夜里，女性会对着月亮穿针，也有的人会抓只小蜘蛛装在盒子里，第二天早上打开盒子观看，如果蛛网织得圆匀端正，这就是好兆头，叫“得巧”。人们纷纷把七夕的各种节令物品摆在门口，攀比谁家的更奢华。

（六）中元

宋代是个有趣的朝代，即便是“鬼节”也犹如过年一般热闹。据《梦华录》记载，七夕一过，开封城各大集市里的小商品就换成了祭品：“市井卖冥器：靴鞋、幞头、帽子、金犀假带、五彩衣服，以纸糊架子，盘游出卖。”而戏台子“勾栏”也开始上演杂剧《目连救母》。

目连即《佛说盂兰盆经》中的孝僧目犍连，他想喂养死后化为饿鬼的母亲，可是每当饭一进口就变成烈火。佛祖说其母生前造孽太深，并指导目犍连在七月十五日以美食招待十方众僧，率众一同忏悔，最终使她脱离了“饿鬼道”。这个故事传入提倡孝道的中国后深得人心，成为“鬼节”的重要内容。

（七）立秋

在众多的节气中，秋天的第一个节气立秋是个相当重要的节日。《礼记·月令》记载，“立秋之日，天子亲帅三公、九卿、诸侯、大夫，以迎秋于西郊”。《后汉书·礼仪志》说，立秋当天，百官都要换上皂领白衣，在西郊迎接第一阵秋风。仪式结束后再换绛色朝服，一直要穿到立冬。到了宋代，迎秋变成一种颇为风雅的仪式。

立秋戴楸树叶子的风俗由来已久。唐代陈藏器的《本草拾遗》中记载，唐朝时立秋这天，长安城里开始售卖楸树叶子，供人们插戴。到了宋朝，此俗风靡全国。《梦华录》记载，立秋这天，北宋的东京满大街都是卖楸树叶子的：“妇女儿童辈皆剪成花样戴之。”楸树叶子叶大而早凋，捣烂后可敷治疮肿，用楸树叶子煮水可清洗脓血，是外科常用的药物。南宋诗人王镃《立秋》中的“自汲井花调药罢，却簪秋叶满头归”，说的就是这个功效。

北宋的东京，还有人习惯以石楠红叶剪刻花

瓣簪插鬓边、以秋水吞食小赤豆七粒，以平安度秋。立秋时节，正是瓜果梨枣大量上市的时候，京师的枣有好几个品种：灵枣、牙枣、青州枣、亳州枣。这个时候的鸡头米（芡实）也上市了，卖芡实生意最兴隆的商家是梁门里面的李和家，就连宫里的达官贵人也抢着要他家的芡实。

（八）秋社

主要祭祀土地神的社日，源于三代，初兴于秦汉，传承于魏晋南北朝，兴盛于唐宋，衰微于元明清。

社日一般分为春社和秋社，而秋社一般在农历八月左右，设在立秋之后的第五个戊（属土）日。什么是第五个戊日呢？以2025年立秋（8月7日）为例，查农历得知这一天为戊申日，之后的戊日分别是戊午日（8月17日）、戊辰日（8月27日）、戊寅日（9月6日）、戊子日（9月16日）、戊戌日（9月26日）、戊申日（10月6日）——合称六戊日，而第五个戊日（戊戌日，农历八月初五，公历 9 月 26 日）便是秋社。而 2025 年的秋分则是乙未日（9 月 23 日），恰好符合秋社应在秋分前后五天内的说法。

值得注意的是，“秋社”和“春社”都是古代祭祀土地神的“社日”。八月秋社，新谷登场，收获已毕，官府与民间皆于此日祭祀土地神报谢。宋时有食糕、饮酒、妇女归宁（回娘家）之俗。

北宋时，家家户户互赠社糕和社酒。王宫贵族则把猪羊肉、腰子、奶房、肚肺、鸭饼、瓜姜之类的食材切成棋子大小的片状，经过烹调，调和滋味，然后铺在米饭上，称为“社饭”，用来招待客人和奉祀。出嫁的妇女们会带着孩子回娘家，早上去，傍晚归。外公、姨娘、舅舅会拿些新收的葫芦，并在葫芦里装上新枣，送给外甥们，这个俗称“宜良外甥”，希望给外甥带来好运。《梦华录·卷八·立秋》记载：“八月秋社，各以社糕、社酒相赍送。”各地学堂里的私塾会预先收取学生们的学费，在秋社之日给学生们办聚会：请些人做招待，雇人做白席（宴会承包商），再请些唱曲说书人。聚会结束散场时，会给每个学生发个篮子，里面装着水果、食物和社糕。每逢春社、端午、重阳，也是这样。

（九）中秋

在唐朝时期，中秋节已经成为一个固定的节日。宋太宗赵光义即位后，最终形成了以赏月活动为中心的中秋民俗节日，官家正式定八月十五为中秋节，无论是庶民还是显贵，都可同乐。

由于官府废除了“宵禁”法令，因此北宋东京汴梁的中秋夜是这样的：“闾里儿童，连宵嬉戏，夜市骈阗，至于通晓。”连小朋友都彻夜玩耍，嬉玩至天亮。“中秋夜，贵家结饰台榭，民间争占酒楼玩月，丝篁鼎沸。近内庭居民，夜深遥闻笙竽之声，宛若云外。”

“玩月”也好，“笙歌”也罢，包括通宵达旦、一夜嬉戏，都表现出阖家团圆的喜悦之情。古往今来，人们常用月圆、月缺来形容人生的悲欢离合，客居他乡的游子更是以月来寄托深情。宋时宫廷中秋流行吃“宫饼”，民间吃“小饼”或“月团”。边赏月，边吃月饼、团圆饭等习俗，一直流传至今。

需要说明的是，北宋的月饼并不承载团圆之意，也不是必备食品。学界普遍认为，中秋节吃月饼的习俗得以兴盛是在明代。北宋时期，有一种特别的中秋食品叫“玩月羹”，由桂圆、莲子和藕粉等材料制成，是一种清爽的甜品。《梦华录》记载：“是时螯蟹新出，石榴、榅勃、梨、枣、栗、孛萄、弄色枨橘，皆新上市。”“榅勃”，又称木梨；“孛萄”，就是葡萄；“弄色枨橘”，指的是经过特殊处理的橙橘类的果品。这些新鲜上市的食材不仅满足了人们对美食的追求，还体现了北宋人对生活品质的重视。

最后，还有不可或缺的饮品——美酒。《梦华录》记载：“中秋节前，诸店皆卖新酒……市人争饮，至午未间，家家无酒，拽下望子。”“望子”，指的是酒楼门口挑着的旗子，也被称为“酒旗”。“拽下望子”，指的是拽下旗子，酒店暂停营业。“午未间”，指的是上午十一点到下午三点。北宋时，人们没有吃午饭的习惯，所以酒店此时暂停营业。由此可知，北宋人多在中秋节前就开始买酒准备过节。到了中秋当天，各大酒坊的生意更是火爆异常，成为北宋城市生活中一道独特的风景线。酒香与笑语交织，酒坊内外人声鼎沸，顾客络绎不绝。在中秋这个特别的节日，人们纷纷涌向酒坊，选购美酒，与家人、朋友共饮，以此表达对团圆的珍视和对美好生活的祝愿。在北宋，即便是陋巷穷人也会“解衣市酒，勉强迎欢，不肯虚度”。

（十）重阳

时至今日，重阳节的习俗主要有赏菊、登高、吃重阳糕等，而这些习俗早在北宋就已基本定型了。

宋人簪花习俗的兴起，与皇家的推崇有关。重阳节前一天，皇宫之内就摆满了菊花，还要点上菊灯，灿烂夺目。重阳节庆祝活动中有一个很重要的环节，那就是皇帝给百官赐宴，并在宴会上给文武百官簪花。《宋史·礼志》记载：“酒五行，预宴官并兴就次，赐花有差。少顷，戴花毕，与宴官诣望阙位立，谢花，再拜讫，复升就坐。”有了皇家的推崇，簪花现象逐渐蔚然成风。

《梦华录》记载，农历九月，菊花盛开。重阳节这天，京城举办重阳菊花会，人们都出来观赏菊花。城里大街小巷菊花争奇斗艳地开放，菊香弥漫每个角落。菊花的品种丰富，有万龄菊、桃花菊、木香菊、金铃菊、喜容菊等，“无处无之，酒家皆以菊花缚成洞户”。

除了观赏菊花，宋人还到郊外登高。《梦华录》记载：“都人多出郊外登高，如仓王庙、四里桥、愁台、梁王城、砚台、毛驼冈、独乐冈等处宴聚。”晏殊也有词云，“芙蓉金菊斗馨香，天气欲重阳。远村秋色如画，红树间疏黄。流水淡，碧天长，路茫茫。凭高目断。鸿雁来时，无限思量”。登高远眺，大雁飞过，勾起词人无限思乡之情。

唐人或许还有重阳佩戴茱萸的习惯，但到了宋朝，则更多是以之入酒。或许是宋人更看重及时行乐，从而忽略了茱萸传说中的辟邪功能，以之入酒，虚应故事。

重阳节这天，宋人都要吃重阳糕。依《梦华

录》所记，重阳节前几天，街上就开始卖重阳糕了，一层层地发酵面粉，中间掺上石榴子、栗子黄、银杏、松子肉等，上面插着用纸剪成的彩色小旗，有的还用面粉做成狮子、蛮王的造型，放置在糕上，别有趣味。除了自家吃，还会赠送些给左邻右舍、亲朋好友。

重阳这一天，京城各寺院都会举行斋会，开宝寺、仁王寺有狮子会。僧人都坐在狮子座位上，做法事、讲经。来参加狮子会的人非常多。

宋代，重阳节真的是很有传统节日的气氛。若没有历史资料的记载，我们今天难以想象当时的热闹景象。及至当下，重阳节逐渐淡化了古代驱疫避邪的神秘色彩，将自然节气与人文风俗融为一体，让人在感受秋意渐浓的自然风光的同时，弘扬中华民族爱老敬老的传统美德。

（十一）十月一日

寒衣节，又称“十月朝”“祭祖节”“冥阴节”“秋祭”，是中国传统的祭祀节日。农历十月初一是进入寒冬后的第一天，古时有授衣、祭祀、开炉等习俗，提醒人们注意寒冬要来了。这一天，妇女们要拿出棉衣，送给在远方戍边、服徭役的亲人。

中国古代“授衣”之礼历史久远。《诗经·豳风·七月》中说：“七月流火，九月授衣。”前代授衣多在农历九月，日期不定。唐代时曾在九月初一举行“授衣”之礼。后来，由于九月天气尚未寒冷，宋代的“授衣”之礼便移至十月初一。《梦华录》记载，北宋东京汴梁“十月一日，宰臣已下受衣，着锦袄”。

在儒家“孝亲”传统与“灵魂不灭”的原始宗教信仰的支配下，古人由生者推及死者，由阳世推及阴间，认为远在黄泉之下的亡亲，也需要在十月添衣过冬。作为亡者亲属，有义务为其置备御寒物品，谓之送寒衣，以示悼念之情，后来逐渐发展成与清明、中元并称的中国三大“鬼节”之一。《梦华录》记载，东京九月“下旬即卖冥衣、靴鞋、席帽、衣段，以十月朔日烧献故也”，至“十月一日”，则“士庶皆出城飨坟。禁中车马，出道者院及西京朝陵。宗室车马，亦如寒食节”。

宋代的“十月一”是全民共同参与的盛大节日，不仅社会上层要相聚、宴饮，民间也要相互馈赠，沟通情感。《梦华录》记载，“十月一日……民间皆置酒，作暖炉会也”。金盈之的《醉翁谈录》记载，“十月一”这一天亲友之间相互馈赠炭火、酒肉，还有衣物。如果家里有女儿新嫁，还要专门送火炉。

（十二）立冬

立冬是我国古代“四时八节”之一，民间有贺冬、迎冬、祭祖、饮宴等习俗。《吕氏春秋》记载，立冬时节，天子会亲率三公九卿出郊迎冬，并会赏赐群臣、抚恤孤寡。此外，立冬也是进补的好时节，正如谚语所说“立冬补冬，补嘴空”。南方人会吃鸡、鸭、鱼肉等滋阴补阳的食物；在北方，人们则会吃水饺、备冬菜。《梦华录》便描绘了人们储存冬菜的场景：“前五日，西御园进冬菜。京师地寒，冬月无蔬菜，上至宫禁，下及民间，一时收藏，以充一冬食用。于是车载马驼，充塞道路。”

（十三）腊八

农历十二月初八是我国的传统节日腊八节，俗称“腊八”。

先秦时期，人们受到“万物有灵”观念的影响，产生了很多神灵崇拜，如对祖先的崇拜，对天神地祇、日月星辰以及动植物等自然神的崇拜，并会根据季节和时间的不同安排各种祭祀活动。其中冬季有两个重要的祭祀：“蜡祭”（祭祀百神）和“腊祭”（祭祀祖先）。

秦汉以后，“蜡祭”和“腊祭”虽然有时还分别举行，但已出现“蜡”“腊”不分，逐渐混同的现象。在“蜡”和“腊”逐渐混同为“腊”的过程中，“腊日”融入岁时节日体系中，成为重要的民俗节日。从汉代开始，“腊日”就成为一个宗族团聚、祭祀祖先、休息宴饮的节日。汉代“腊日”，朝廷还有赐钱、赐食的惯例，如赐羊，寓意吉祥如意，还赐牛肉、粳米等，皆为贵重食料。

关于“蜡祭”和“腊祭”的具体时间，自周代以来历朝都在十二月，固定不变。至于在十二月的哪一天，秦以前的文献中没有明确记载，汉以后，历朝各个皇帝依据五行相生理论，有的定在腊月的某个辰日，有的定在戌日，不尽相同。但共同点是，都在农历的十二月，久而久之，人们便把十二月称为腊月了。直到南北朝时，梁武帝萧衍把腊日节定在佛教始祖释迦牟尼得道成佛的十二月初八，这才最终形成了“腊八节”。

唐宋时，“腊日”要放假三天，与民休息，欢聚娱乐。“腊日”除了传统的祭祖、祭百神和打猎活动，朝廷还要赐宴、赐食，赐衣，赐新历，赐中和尺，赐金花，赐头膏、面脂、口脂、澡豆等清洁用品和红雪、紫雪、香药等药物。宋代馈赠之风蔓延到民间，《梦华录》记载北宋东京汴梁，“腊日，寺院送面油与门徒”“闾巷家家互相遗送”。

“腊八”这天，民间还有制腊酒、腊肉的风俗。驱傩也是一项重要的腊节民俗活动。唐宋时期，出现了源于驱逐野狐的“打夜狐（胡）”习俗，同时还加入了“钟馗打鬼”的内容。后来由“傩仪”又衍变发展出“傩戏”，在酬神的同时，娱乐的成分也越来越多。

腊八沐浴的习俗来自佛教关于佛祖降伏六师外道的传说。此外，唐宋时期，寺院还有腊八燃灯的习俗。

腊八节最重要的节俗则是喝腊八粥，此俗也与佛教传说有关。据说佛祖释迦牟尼在腊月八日成道之前的六年苦修中，每日仅食一麻一米，导致身体极度虚弱，于是喝了牧女奉献的乳糜粥，恢复了体力，终于悟道成佛。后世佛门子弟为了纪念此事，就效法牧女献糜的传说，在腊八成道节这天，选取精米杂粮和各种干果，煮粥供佛，称为“佛粥”或“腊八粥”。各地佛寺还要在此日诵经、施粥，救贫济穷。此俗从宋代开始流行，《梦华录》记载：“腊八”这天，“诸大寺作浴佛会，并送七宝五味粥与门徒，谓之‘腊八粥’。都人是日各家亦以果子、杂料煮粥而食也”。

此外，各地腊八节还形成了腌“腊八蒜”、酿“腊八酒”、吃“腊八面”、做“腊八豆腐”等习俗。从“腊八”开始，各地陆续拉开了过春节的序幕。人们忙着杀猪宰羊、腌鸡酱鸭、熏鱼腊肠、打扫房屋、制作新衣、采办年货，过年的气氛越来越浓，民谚也有“过了腊八就是年”的说法。至此，“腊八”已经从最初的宗教节日演变为民间腊月年节习俗开始的象征。

（十四）二十四日交年

“过小年”是由祭祀灶神节日演变而来的。

我国祭灶的传统非常古老，可以追溯到夏商时期。到了秦汉时期，人们普遍认为，灶神与门神、井神、厕神、中溜神（通常被视为土地神的另一种称呼）共同负责家宅平安，为重要的“五祀”之一。那时候的说法是“灶神晦日归天，白人罪”。也就是说，每月最后一天都要送灶王爷升天。后来大概是觉得太折腾，终于从月祭改为年祭。

南北朝时，祭灶是在腊月初八，与腊八节重合。最迟到宋代时，祭灶已经与“过小年”合并，定在了腊月二十四这一天。

北宋时，“小年”叫“交年”；南宋时则称为“小节夜”。

如何度过“交年”呢？《梦华录》记载，买酒、买纸钱、买灶马。有钱人请和尚或道士念经，穷苦人自己念诵经咒。一边念经，一边用酒菜供奉灶君及其他神仙，同时还要用酒糟涂抹灶门，据说这样可以让灶君上天之后晕头晕脑，不会做出对人不利的汇报。最后，为灶君烧化纸钱，并将灶君的坐骑（纸马）放在灶门口一同烧化，恭送灶君及百神上天。

宋人的祭灶很讲规矩。一是祭灶由男性参与，女性要回避。按理说，一年四季女性使用厨房和灶台更多，而祭灶偏偏不让女性参与，这多少有些说不过去。二是还要为灶君准备“甲马”（供灶君乘坐）和“料豆”（草料和黑豆，供灶君的坐骑食用）。该念的念，该烧的烧，一切程序走完，把灶君像也在供桌前烧掉后，祭灶的主要程序就走完了。

不过，宋朝人在祭灶过后还有个习俗叫“照虚耗”。“虚耗”是百神中的一种，它虚无缥缈，无色无形，不像灶君那样监察善恶，也没有庇护凡人的能力，相反它还会给人捣鬼、添麻烦。腊月二十四这天祭灶送神，百神都去吃供品，吃饱了好乖乖地飞升，唯独虚耗不吃这一套，留在你家不走。那怎么办？只好用火烧它，把它赶走。据说虚耗通常都躲在床下面，于是宋人就准备好一盏盏油灯放到床铺底下，从天黑点到天明，算是送走了虚耗。

（十五）除夕

临近岁末，人们就开始着手除夕的各项准备活动了，主要就是各种食物、用品的购置。《梦华录》关于除夕前的礼俗，有如下记载，“近岁节，市井皆印卖门神、钟馗、桃板、桃符，及财门钝驴、回头鹿马、天行帖子”。除了用品，街市上还售卖“撒佛花、韭黄、生菜、兰芽、勃荷、胡桃、泽州饧”及干茄瓠、马牙菜、胶牙饧等各种时蔬、坚果，生意火爆。

撒佛花，可能指的是一种传自胡人的植物或蔬菜。韭黄，与今人食用之韭黄无异，是一种冬季种植培育的韭菜品种，比春秋的绿色韭菜鲜嫩。生菜有两种说法：一种说法是宋代泛指可以生食的蔬菜为生菜；另一种说法为生菜特指莴苣。兰芽，指的是可以食用的兰花的嫩芽。北宋政治家晏殊曾作词《蝶恋花·南雁依稀回侧阵》，“雪霁墙阴，偏觉兰芽嫩”，从侧面证实了这种兰花是冬天发芽生长的。勃荷，同薄荷，既可食用也可入药。“勃荷”的名称相传源自佛家，北宋志怪小说《洞微志》讲述了一头名叫“勃贺”的猪立化涅槃的故事。胡桃（核桃），学界曾凭借西晋张华的《博物志》认定核桃被称作胡桃是因为它是在西汉时从西域传入中国的。但近年发掘出的河北磁山遗址，证实了胡桃在八千年前就已在今河北、山东一带种植。泽州饧，是一种产自泽州（今山西晋城）的用麦芽熬成的糖稀。南宋《西湖老人繁胜录》将泽州饧与数十种甜小吃并列，归集为“糖煎”吃食。

除夕日前数日，或除夕当日，君臣之间，寺观僧道与施主之间，商人、医者与主顾之间，亲友之间，都要互相馈赠年节礼物。《苏轼诗集》：“岁晚相与馈问，为馈岁。”

宋神宗赵顼即位后，命画工摹拓钟馗像，雕版印刷，精心裱装后，于除夕日赐给中书省和枢密院中的官员。除夕夜，宋神宗又派入内供奉官“就东、西府给赐钟馗之像”。

除夕当天，皇宫里会举行驱鬼逐疫的大傩仪。仪式上，皇城亲事官、诸班直的人戴着假面具，身穿刺绣或绘画的彩色衣服，手执金枪和龙旗。教坊里的人分别扮成将军、门神、判官、钟馗小妹、土地爷、灶神等角色共一千多人，参与这个仪式。大家先在皇宫驱鬼逐疫，之后一路来到南薰门外转龙湾，在这个地方“埋祟”。

除夕夜里，普通人家，围炉而坐，“守岁”整晚。“守岁”，又称分岁。此夜灯烛不能熄灭，民间称作“守岁烛”“照年”“上灯”。《梦华录》记载:“士庶之家，围炉团坐，达旦不寐，谓之‘守岁’。”

拾壹

十一、北宋东京由朝廷主导的重要礼仪庆典活动

《梦华录》的第六至第十卷，以正月到十二月的时间为序，介绍东京城中的岁时节令、朝廷庆典与民间习俗。其中，重点介绍的是元旦大朝会、上元节观灯、皇帝驾幸金明池观争标与百戏、六月六日崔府君生日二十四日神保观神生日、十月十日天宁节宫廷大宴、冬至日南郊大礼，以及除夕夜禁中呈大傩仪等由朝廷主导的重要礼仪庆典活动，展现了东京城作为首都的政治功能的实现方式。

（一）元旦朝会

一元复始，万象更新。“元旦”的“元”，有开始之意，“旦”是天明的意思，“元旦”便是一年开始的第一天。但在古代，“元旦”与现在并不是同一天。夏代以前，曾规定“元旦”必须和立春同一天。夏代则以正月初一为“元旦”，商朝以十二月初一为“元旦”，周代以十一月初一为“元旦”，秦朝以十月初一为“元旦”，汉武帝刘彻规定以正月初一为“元旦”。

“爆竹声中一岁除，春风送暖入屠苏。千门万户曈曈日，总把新桃换旧符。”在《元日》一诗中，王安石将北宋百姓的生活景象与除旧布新的政治愿景联系在一起。

农历元旦这天，朝廷要举行盛大、隆重的大朝会。一大早，皇帝起身上朝，先虔诚上香，“为苍生祈百谷于上穹”。随后，皇帝给太后拜年，然后文武百官向皇帝拜年。每年元旦，宋、辽两国都要互派“贺正旦使”，入朝相贺。西夏、高丽、交趾、回纥、于阗、真腊、大理、三佛齐等属国，此时也都派遣使臣来到东京，祝贺大宋元旦。“交趾”，指的是越南；“真腊”，指的是柬埔寨；“三佛齐”，指的是苏门答腊岛。在大朝会上拜贺皇帝之后，这些外国使臣会被安排到使馆休息，正月初二在各使馆赐国宴；正月初三，请各外国使臣到玉津园参加礼仪性的射箭比赛，朝廷会选出“能射武臣伴射”，在射箭比赛中表现出色的伴射武臣，不但可以得到皇帝的丰厚赏赐，而且“京师市井儿遮路争献口号，观者如堵”，热情丝毫不逊于今日的粉丝们对待为国争光的体育明星。

（二）元宵与观灯

农历正月十五元宵节在宋代又称为“上元节”，是中华民族的传统节日之一。到了商品经济繁荣的宋代，元宵节迎来了属于自己的辉煌。《梦华录》中详细记载了北宋东京城元宵节前盛大的准备工作和“上元观灯”习俗。

为了迎接来年的上元灯节，从年前的冬至日以后，开封府就开始搭建山棚，所竖立的巨木正对着宣德楼。从那时起，游人已经开始聚集。表演各种奇特技艺、新异本领的人会聚于御街的两条长廊下，“歌舞百戏，鳞鳞相切，乐声嘈杂十余里”。各式各样的演出奇异巧妙，每天都令人耳目一新。甚至为迎接元宵节特意搭建的山棚，在《梦华录》中也有详细描述。“灯山上彩，金碧相射，锦绣交辉”，灯山面向皇宫的那一侧，全都以彩带结扎，堆叠如山，上面画着各种神仙故事，或是坊市中卖药、卖卦人的形象。山棚前方横亘着三座彩门，各自挂有彩带装饰的金泥巨匾。彩山左右，彩带装饰出文殊菩萨、普贤菩萨的形象，分别骑跨着狮子和白象，手指间流出五道水柱，他们的手不停地摇动。水经由辘轳提升至灯山最高处，储存在木柜中，按时倾倒出来，就像瀑布飞流而下。而在左右两座彩门上，以草把编织成欢快嬉戏的巨龙形状，再用青色帷幕轻遮。草把上密密麻麻地点缀着成千上万盏灯烛，远远望去，起伏蜿蜒，宛如双龙腾飞。

从灯山至宣德门楼横大街一百多丈的路上，用棘刺围起一块空地，叫作“棘盆”。棘盆内设有乐棚。宣德楼上为皇帝预备了庄严的御座。宣德楼下则搭建起一座临时表演舞台，为元宵节增添了绚烂的色彩。

正月十四，皇帝会出巡五岳观迎祥池，和百官一起参加宴会，各种禁军的装扮会带上喜庆的点缀。

从皇帝每年正月十四都去五岳观可以看出，道教作为本土宗教是很受重视的，皇帝出行的场面也很壮观，队伍最前方是“红纱帖金烛笼二百对”，之后才有“教坊、钧容直乐部前引”，皇室车驾后方也跟着“诸班直马队作乐”，车驾的周围由近侍卫士围住，外侧才是宰相、亲王、宗室等。

正月十五，皇帝同样是宴请群臣。正月十六，皇帝登上宣德楼，“御座临轩，宣万姓”，除了与民同乐，还有一项活动，“西朵楼下，开封尹弹压，幕次罗列，罪人满前”，这是一种以儆效尤的做法，在皇帝面前，把犯人押出来，“时复决遣”，当时就给出判决结果，“楼上时传口敕，特令放罪”，城楼上不时传下皇帝口谕，对罪犯特别赦免或从轻发落。在万民面前进行的这项活动所起到的警示作用比其他时候要好很多。

（三）寒食与清明

早在先秦时期，“清明”便作为一种节气名称出现，但直到唐朝前期，“清明”依然只是节气，并未形成节日。唐朝中后期，作为节气的“清明”与作为节日的“寒食”，因时间巧合而被关联起来。《梦华录》中，孟元老以“清明节”统领寒食、清明这一时段，似乎宋代已有“清明成节”的意识。宋代的清明节，承袭唐代寒食、清明节假的传统，节日活动变得更丰富多样。

在孟元老的回忆中，从寒食节开始的三天中，宋人“皆出城上坟，但一百五日最盛”。清明时节，新坟寂寂，悠悠的思绪飘荡在坟茔之间。京城中，喧嚣的街巷渐渐静谧，人们纷纷出城，向着郊外而去，走向那些隐藏着家族记忆的静寂之地。宫廷之内，早在清明的前半个月，宫人便已穿梭于绚烂的车马之间，前往朝拜皇陵。宗室及南班官等皇室近亲也被派往各处陵墓，身披紫衫，戴白绢三角子（指的是有三个角的头巾），裹着青色绑腿。仪仗好像要穿越时空，车马用金铜做装饰，车幔如天青的梦，车额缀以锦缎，门帘点缀着珍珠。伴随着绢纱灯笼的引领，皇室近亲们行至奉先寺、道者院，祭祀诸位妃嫔的坟墓。京城各门的纸马铺，都在当街，用纸折叠成楼阁的形状，高高低低摆放在街头巷尾，如同一幅五光十色的画卷。

城外的原野热闹非凡，扫墓的行人或聚集在随风摇曳的树下，或者在园林花圃中，摆设着杯盘，轻声交流，以酒致敬。东京城里，那些禁军护卫像战士一般，骑在马上，奏响军乐，四处踏青，称为“摔脚”。旗帜迎风招展，军容雄壮，人马精锐，成为清明节另一番独特风景。

（四）六月六日崔府君生日

崔府君究竟是何许人？据文献记载，府君姓崔名子玉。南宋时比较普遍的说法，他是东汉的崔瑗，也有人传为北魏的崔浩。

《续资治通鉴长编》引证《仁宗实录》的记载：“府君，唐贞观中为滏阳令，再迁蒲州刺史，失其名。在滏阳有爱惠名，立祠后，因葬其地。咸平三年，尝命磁州葺其庙，而京师北郊及郡县建庙宇，奉之如岳祠，于是因民所向而封崇之。”滏阳县，在今河北省邯郸市，唐属相州，宋属磁州。当地崔府君庙中所供奉的，应该是唐代滏阳县令崔某，而不应该是东汉的著名学者崔瑗。

以“崔子玉”知名的这位崔府君，唐宋时期在中国北方影响很大。今藏于伦敦大英博物馆编号为S2630的敦煌写卷《唐太宗入冥记》，讲述的是唐太宗李世民因“杀兄弟于前殿，囚慈父于后宫”，生魂被摄入冥界接受审判的故事。故事中的主人公之一便是名为崔子玉的冥府判官。这位崔子玉，自称在阳间曾为“辅阳县尉”。故事中，他因在冥府解脱了唐太宗，而被封为“蒲州刺史兼河北廿四州采访使”。辅、滏字异音同，“辅阳”应该就是“滏阳”。

就“崔府君”而言，有两种可能：一是唐代前期滏阳确实曾有过崔姓县官原型，因行德政有异绩而被民众崇信，之后在他身上发生了很多灵异事件，因此他成为河朔地区供奉的一尊神灵；二是崔子玉完全是一虚构人物，随唐太宗入冥故事的传播而被误认为实有其人，进而被安置于滏阳（“辅阳”）。现在看来，似乎后一种可能性较大。

磁州地区对于崔府君的供奉，相传始于唐朝中期。宋太宗赵光义即位后，汴京城北建起了崔府君庙。此后，北宋历代皇帝或赐庙额，或遣官祭告。公元1117年，宋徽宗赵佶加封崔府君为“护国显应昭惠王”，民间称之“应王”。

（五）六月二十四日神保观神生日

神保观，是宋徽宗赵佶于1117年诏修的观宇，专门奉祀“灌口二郎”（后世通称“二郎神”）。

“二郎神”相传为战国时修建都江堰的李冰之子，据说他曾在灌口锁孽龙，后又随父亲治水，造福百姓，所以被作为神崇奉。后世的“二郎神”崇拜融合了其他人物，发展到今天演变为杨戬是“二郎神”，但在宋代时还是李二郎。因为李冰治水在蜀地，所以蜀地对二郎十分崇拜。北宋初年，蜀中地区的王小波、李顺起义借祭祀“二郎神”的大典民众聚集时生事，因此宋初对“灌口二郎”的祭祀是禁止的，并将隋代的眉山太守赵昱封为二郎神，想移花接木。宋仁宗赵祯即位后，西夏军围困延州（今陕西省延安市），因突降暴雪而围城自解，民间传言这是“灌口二郎”显灵所致。“灌口二郎”由此重新获得官方认可，并被不断推崇，其所司职能也不断扩展，几乎事事都可以向他求祷。

但宋徽宗赵佶诏修神保观却是因为一句谶语。据洪迈的《夷坚丙志·卷九·二郎庙》记载：“政和七年，京师市中一小儿骑猎犬扬言于众曰：‘哥哥遣我来，昨日申时，灌口庙为火所焚，欲于此地建立。’儿方七岁，问其乡里及姓名，皆不答。”得知此事后，宋徽宗立即下诏修建“神保观”，专门供奉“灌口二郎”。另据《宋史·卷六十六·志第十九》记载：“政和七年，诏修神保观，俗所谓‘二郎神’者。京师人素畏之，自春及夏，倾城男女负土以献。”

虽然宋徽宗诏修神保观是因为所谓的“灌口二郎”“显圣”，但就北宋东京所处的地理位置来看，其正处于黄河下游岸边、黄泛区的中心位置。黄河下游易决口，在这样一个地方，人们供奉一位上晓天文、下通地理且变害为利的“灌口二郎”，来镇守京都，镇住黄灾，惠及万民，也就是情理之中的事了。尤其是六七月雨季，正是水灾易发之时，将神保观之神的生日定在此时，更有一番深意。

神保观修好之后，来此祭祀“灌口二郎”便成为朝廷官方的重大庆典。农历六月二十三这天，宫中就派御前侍卫前来奉献供品。内宫后苑作坊与翰林书艺局等处，也分别制造出供游戏玩乐的物品，比如毬杖、弹弓、射猎禽兽用的器具，以及马鞍辔、衔勒、铁木笼子之类的物品，全都制作得十分精巧。“毬”，指的是古代游戏时所用的一种外表带毛的实心球；“毬杖”，指的是击球的用具。由乐队奏乐迎接这些宫中所献之物到庙里安放。庙里则在正殿前搭建露台并设置演出百戏的乐棚，教坊司、钧容直负责奏乐，同时交替上演杂剧和舞蹈。太官局（也称尚食局）负责提供各类食品，从白天到晚上，供奉二十四盏食品，都有一定的次序。六月二十四日凌晨，人们就来庙里争烧头炉香，甚至有人在二十三日夜里就住到庙里，以便午夜就起来，好争个第一。天亮后，宫廷中的各官署以及各行各业的百姓来此烧香献送供品的就更多了。庙里的露台上点起社火，杂剧和杂耍表演就在露台上进行，所献的物品动辄数以万计。这一天从早上开始便安排百戏演出，直到夜幕降临都安排不完。小唱、说诨话、叫果子都是当年北宋东京的说唱曲艺。大殿前立起两根幡竿，高几十丈。左边的由京城所竖立，右边的由修内司竖立，是两家各自拿出材料搭建并分别由两家来管理。艺高胆大的艺人们，会爬上高竿子进行表演。也有的人在高竿顶端安放横木，站在上面，装神弄鬼，口吐烟火，令人惊骇。表演直到傍晚才结束。

（六）天宁节

在宋代，皇帝的生日都被定为节日，据王明清的《挥麈录·前录·卷一》记载可知，诞节立名这个习惯从唐明皇的千秋节开始，皇帝的生日就有了专属的名字，并被定为一个单独的节日。《梦华录》记载，十月初十宋徽宗赵佶生日这天被定为天宁节，并且有盛大的贺寿仪式。

宋朝御宴本就排面盛大，挥霍无度的宋徽宗更为其生日——天宁节专门制定了一套需要五天时间才能完成的仪式，其规模之大堪称北宋之最。为这五天的寿筵，教坊乐人、歌伎需要提前一个月彩排，一切都按照章程紧锣密鼓地开展。十月初八，枢密院修武郎以上的武官拜寿；初十尚书省率领宣教郎以上文官，到相国寺祝寿，吃斋筵后还要接受宋徽宗的赐宴，到紫宸殿贺寿，行三十三拜礼；十月初十之后才是家宴。而到了十月十二，才是天宁节的重头戏——文武百官、亲王宗室、各国使节都来到宫中，共庆寿筵。

天宁节这一天，声乐丝竹不绝于耳，随着口

技禽鸣之声环绕殿宇之内，宛如鸾鸟凤凰翔集宫中。集英殿上，宗亲宰相、各国使臣坐于廊间，面前放置着美酒佳肴，包括环饼、油饼、水果、枣塔以及猪、羊、鸡、鹅等的连骨熟肉。寿筵上酒器精美，殿上的酒器为纯金制造，廊下的酒器为纯银制造。

寿筵的流程也十分讲究，共需进九盏酒，第三盏酒后上菜肴，每一轮敬酒都有不同的乐声和菜肴相配。第一盏、第二盏御酒时，歌伎唱祝寿歌，笙箫笛合奏，由宰执带头，百官进酒。第三盏御酒时便有了菜肴——下酒肉、咸豉、爆肉、双下驼峰饺子。第四盏，节目为打和，就像今天的相声、小品类节目，这一轮炙子骨头、索粉、白肉、胡饼会被呈上来。第五盏时，是琵琶独奏和杂戏专场，这时吃些群仙炙、天花饼、太平毕罗、干饭、缕肉羹、莲花肉饼，正合时宜。第六盏御酒时达到了宴会的高潮，蹴鞠表演深受宋徽宗赵佶的喜爱，他也会下场表演一番。第七盏御酒时女童舞蹈队上场，每一盏酒都会有不同的菜上来，这一轮是汴京大街上销售火爆的胡饼，还有北宋王室很爱的排炊羊等。第八盏、第九盏御酒时主要是唱歌、跳舞，曲子都相对缓慢，面食也缓缓送了上来。盛大的庆典之后，与会的百官、大臣都戴着皇帝赏赐的簪花各自回家，随从们也会戴上簪花，这些都由官府出钱支付。

（七）冬至

古人一向很重视冬至节气，有“冬至大如年”的说法，且有庆贺冬至的习俗。早在周朝，先民便把冬至视为一年之岁首，即元旦；汉代，冬至被列为“冬节”，朝廷、官府一律放假休息。唐代之后的历朝，将“冬至”与“元旦”并重，文武百官放假七天。

《梦华录》详细记载了北宋时的祭天礼仪：北宋皇帝在冬至前三日便开始准备，先赴太庙青城斋宿，冬至前夜三更驾出南郊，去郊坛行礼。皇帝在举行郊天礼时，更换青衮龙服祭服，头戴二十四旒平天冠。郊坛高三层，共七十二级，方圆大概三丈，有四个阶道，正南午（马）阶，东面卯（兔）阶，西面酉（鸡）阶，北面子（鼠）阶。坛上昊天上帝的神主设在北方，面朝南，东南面设宋太祖神主。祭祀的仪式非常隆重，配奏乐曲，跳文舞、武舞；皇帝在坛上行礼，如是三次。场面宏大，军队、仪仗、百官多达几十万人，围立于坛边。

值得注意的是，天子南郊之礼每三年举行一次，每遇南郊大礼之年，宋代朝廷都要提前两个月在宣德门广场“教车象”，即训练大象车队。经过训练，“象至宣德楼前，团转行步数遭，成列，使之面北而拜，亦能唱喏”。宣德门广场周围有房产的人家，这时候便可以天天观赏驯象演习，“诸戚里、宗室、贵族之家，勾呼就私第观看”。此时，宣德门外的御街也特别热闹，“游人嬉集，观者如织。卖扑土木粉捏小象儿并纸画，看人携归，以为献遗”。献遗，就是亲戚、朋友间相互赠送礼物。

宫廷的郊祭制度对民间产生了影响，民间也在这一天祭祀祖先。冬至在宋代是国家法定节假日，假期为七天。《宋史》记载：“元日、冬至、寒食假各七日。"《梦华录》记载:"十一月,冬至。京师最重此节,虽至贫者,一年之间,积累假借,至此日更易新衣,备办饮食,享祀先祖。官放关扑,庆贺往来,一如年节。"

忙碌了将近一年的老百姓,在冬至节这一天也会放松享乐一下,添置新衣,置办饮食,祭祀祖先。官府也凑趣,允许在这天举行关扑之类的赌博活动,平添了几分热闹。在冬至这几天,皇帝会进行大规模的赏赐,赏赐对象包括群臣、百姓,赏赐方式分门别类,如赏赐钱物、诗赋、筵席于臣僚甚至恩荫官员子弟。同时,冬至日大朝会结束后,皇帝会于宫廷之中设宴以犒劳百官,营造出君臣融洽、其乐融融的氛围。对民众而言,冬至日朝廷也会采取一些措施减轻民众的负担。

至此,上自朝廷下至民间,对冬至节的重视已和元旦差不多。男女老幼,鲜衣怒马,往来游赏行乐。

冬至作为传统社会重要的岁时节日,无论是在古代还是现代,都为人们所重视,也被赋予了丰富的社会、人文价值,这既是古代劳动人民的生活智慧，与人们的日常生活相适应，承载着人们对生活的厚重期望，又是中华优秀传统文化的组成部分，对于国家和民族来说，是一笔宝贵的文化遗产和精神财富。因此，在大力提倡弘扬中华优秀传统文化的今天，冬至节应该被传承、被延续。

后记

对《梦华录》一书的解读至此告一段落。

作为中国笔记文学的经典之作，《梦华录》宛若文字版的《清明上河图》，带给人们一幅有温度的风情画卷，也让读者体验到宋代的文化特质，感受到宋人的生活态度，同时也为后人留下了探索那个时代各个阶层居民生活面貌的大量宝贵资料。

史学家陈寅恪先生曾言："华夏民族之文化，历数千载之演进，造极于赵宋之世。"在《梦华录》中，通过当时的市井生活，我们能细腻地感知中华文化发展高点的繁盛形态。不过,《梦华录》中的黍离之悲自然也会引人思索——为何这座城市会转眼变成梦中繁华?在历史的时空中,这本书因此也得以超越单纯的地理志、风俗志意义,给我们留下了更多的思考空间。